Grazyna Fosar
Franz Bludorf

Niemand ist Nobody

Michaels Verlag

Wiedergeburt

Wer nicht will, wird nicht zunichte,
Kehrt beständig wieder heim.
Frisch herauf zu altem Lichte
Dringt der neue Lebenskeim.

Keiner fürchte, zu versinken,
Der ins Tiefe Dunkel fährt;
Tausend Möglichkeiten winken
Dem, der gerne wiederkehrt.

Dennoch seh' ich dich erbeben,
Eh du in die Urne langst.
Weil dir bange vor dem Leben,
Hast du vor dem Tode Angst.

Wilhelm Busch

Inhalt

Willkommen zurück

Julia Stevens war immer schön. Mit fünfzehn Jahren war ihr Leben schon ein Erfolg. Nach einer kurzen Ausbildung in der Model-Schule konnte sie das erste Mal den Catwalk auf und ab laufen. Und an diesem Abend, nachdem sie zum Abschluß ein monumentales Hochzeitskleid präsentiert hatte, gab es eine riesige Party. Es wurde viel gelacht und getanzt und getrunken. Natürlich trank sie nicht, denn sie hatte am nächsten Tage ein Fotoshooting und mußte frisch aussehen. Ihr Agent aber, der sie ins Hotel fahren sollte, hatte etwas tiefer ins Glas geschaut.

Der Wagen fuhr spät abends in flottem Tempo den Broadway hinunter. Es gab kaum Verkehr. Der silberfarbene Sierra kam plötzlich wie ein Geist aus der kleinen Nebenstraße. Ein lautes Kreischen der Bremsen, ein Schreckensschrei aus dem Wageninnern, dann ein Krachen, und dann die Stille...

Das große Glück begann mit einem Unglück.

Philip Brass bekam sein neues Herz, und er und seine Eltern waren darüber sehr glücklich. Zwei Jahre hatte der achtzehnjährige Schüler darauf warten müssen. Seine Herzkrankheit hatte sich zunehmend verschlimmert, und eine Transplantation war seine einzige Hoffnung gewesen.

Die ersten drei Monate mit dem neuen Herzen liefen reibungslos. Philip hatte keine Ahnung, daß er Julias Herz in sich trug. Doch ganz allmählich kam eine schleichende Angst in ihm hoch. Vor allem, wenn er mit dem Auto fuhr. Nachts bei Dunkelheit zu fahren, traute er sich überhaupt nicht mehr.

Philip wurde während der Rekonvaleszenz auch von einem Psychologen betreut, der aber auch keine Erklärung für seine plötzlichen Ängste finden konnte. Woher mochten diese ständigen Alpträume kommen, aus denen er immer vom Geräusch kreischender Bremsen aufgeweckt wurde und sich dann schweißgebadet in seinem Bett wiederfand?

Schon bald bemerkten seine Eltern noch andere merkwürdige Veränderungen an ihrem Sohn. Er begeisterte sich zunehmend für Boutiquen, die er zusammen mit seiner Schwester Suzie aufsuchte. Weibliche Kleidung faszinierte ihn. Stundenlang verbrachte er damit,

seine Hände zu maniküren. Er entwickelte ein starkes Interesse für Kosmetik. Früher hatten ihn solche Dinge nicht mehr interessiert als jeden anderen jungen Mann auch.
Langsam fingen seine Freunde an, Bemerkungen über ihn zu machen. Gleichzeitig war er ein ganz normal entwickelter heterosexueller junger Mann, der sich seine plötzlichen Vorlieben selbst nicht erklären konnte. „Da ist etwas in mir, das will das.“, sagte er. Erst als die Probleme mit seinen Ängsten immer akuter wurden, fiel der Familie auf, daß alles mit der Transplantation angefangen hatte. Philip begann Fragen zu stellen: „Wessen Herz trage ich eigentlich in mir?“ Trotz aller Bemühungen gelang es der Familie nicht, den Namen des Spenders herauszufinden. Erst jetzt, nach fünf Jahren, erfuhr Philip die Wahrheit. Über eine Selbsthilfegruppe von Betroffenen und mit Hilfe von Internet-Kontakten stieß er schließlich auf den Namen Julia Stevens, die genau in jener Nacht tödlich verunglückt war, als er sein neues Herz bekommen hatte. Ihr Herz.
Wie sich Philips Leben weiterentwickeln wird, muß die Zukunft zeigen.

Debbie Vega wurde noch einmal geboren

Zumindest hatte sie so ein Gefühl. Dabei hatte es zweieinhalb Jahre zuvor noch ganz anders für sie ausgesehen.
Wie so viele junge Amerikaner hatte sie einen Traum von einer großen Karriere und einem hohen Einkommen gehabt. Sie begann den streßreichen Job eines Brokers an der Wall Street. Tatsächlich kam sie gut voran, doch eines Tages im Jahre 1992 – sie war erst 29 Jahre alt – spürte sie eine zunehmende Müdigkeit und Kraftlosigkeit. Zunächst führte sie es auf die Belastungen ihres Berufs zurück. Doch als die Beschwerden sich verschlimmerten, suchte sie einen Arzt auf, der ihr eine niederschmetternde Diagnose stellte – eine Autoimmunerkrankung der Leber. Falls nicht bald ein Spender für eine Transplantation gefunden würde, wäre dies ein Todesurteil für sie.
Debbie gab nicht auf. Sie gründete eine Selbsthilfeorganisation, um während der zermürbenden und nervenaufreibenden Wartezeit auf ein Spenderorgan anderen Menschen mit ähnlichem Schicksal Mut zu machen. Da sie lateinamerikanischer Abstammung ist, nannte sie die Organisation LOLA (Latin Organisation for Liver Awareness).
Dann – Ende 1995 – endlich ein Hoffnungsschimmer. Die Ärzte hat-

ten einen für sie passenden Organspender gefunden, von dem sie eine neue Leber erhalten sollte. Die Operation verlief erfolgreich. Nach einiger Zeit konnten die Ärzte Debbie in ihr neues Leben entlassen.
Doch es schien im wahrsten Sinne des Wortes ein „neues“ Leben zu sein. Es dauerte nämlich nicht lange, da zeigten sich in Debbie Vegas Persönlichkeit einige markante Veränderungen.
Es war nur zwei Tage nach der Operation, da verspürte die junge Frau plötzlich einen ungewohnten Heißhunger. Sie bat ihren Mann: „Schatz, kannst du mir bitte eine große Tüte Cheesedoodles und Erdnüsse von M&M besorgen?“
Ihr Mann war verwirrt. Nie zuvor hatte Debbie Fast Food oder Knabberzeug gemocht. Und ausgerechnet jetzt so ein Wunsch?
Das unzähmbare Verlangen der Frau auf diese ungewöhnlichen „Nahrungsmittel“ hielt tagelang an. Auf nichts anderes hatte sie Appetit, nur auf Chips und Erdnüsse.
So langsam reifte in ihr der Verdacht, daß vielleicht der Organspender eine Vorliebe für diese Dinge gehabt haben mochte. Schließlich ist die Leber ein wichtiges Organ des Verdauungstrakts, ein kompliziertes chemisches Labor, in dem die Eiweiße aus der aufgenommenen Nahrung in körpereigene Proteine umgewandelt werden. Konnte die Leber, die die Ärzte in Debbies Körper eingepflanzt hatten, in ihr ein Verlangen nach der für sie „gewohnten“ Nahrung auslösen?
Debbie nahm sich vor, das herauszufinden. Sie fragte eine Krankenschwester, wer eigentlich der Spender gewesen sei. Doch die Schwester mußte bedauern. Sie wußte lediglich, daß es ein Junge war. Mehr konnte sie vorerst nicht in Erfahrung bringen.
Im Laufe der Zeit spürte Debbie Vega, wie ihre Lebenskräfte zurückkehrten. Nicht nur auf den Zustand vor ihrer Krankheit – sie fühlte ganz einfach, wie sie körperlich stärker wurde. Sie entwickelte einen Bewegungsdrang, den sie früher bei sich nicht gekannt hatte.
Eines Tages sah sie im Fernsehen einen Film über Kampfsport. Spontan sagte sie sich: „Das ist etwas für mich.“ Sie belegte Kurse und trainierte eifrig die Bewegungsabläufe bei Karate und anderen Kampfsportarten. Es fiel ihr leicht, sie zu erlernen. Auch ihr Musikgeschmack veränderte sich. Früher hatte sie mit der typischen Musik der jungen Leute – etwa Rap oder House – nie etwas anfangen können. Wenn sie jetzt solche Songs hörte, verstand sie plötzlich alles, wußte sie, was die Musik aussagen sollte.

Am beunruhigendsten für sie war jedoch ein Traum, den sie unmittelbar nach dem Aufwachen aus der Narkose gehabt hatte. Eigentlich war es kein richtiger Traum gewesen, eher eine Vision, erschreckend realistisch. Sie sah ein junges Paar, beides Farbige. Dann der verstörendste Augenblick – plötzlich hörte jede Wahrnehmung jäh auf. Nur Dunkelheit und beängstigende Stille umfing sie.
Debbie wußte genau – sie mußte herausfinden, wer der unbekannte Organspender gewesen war und welches Ende er genommen hatte. Mit Hilfe ihrer Ärzte fand sie es heraus. Es war ein farbiger Junge namens Howie Vareen gewesen.
Nachdem sie erst einmal seinen Namen kannte, konnte Debbie ohne Probleme weiterkommen. Sie fand heraus, daß Howie zwei ältere Schwestern gehabt hatte, und zwei Jahre nach ihrer Operation entschloß sich Debbie nach langer, reiflicher Überlegung, Kontakt zu ihnen aufzunehmen und sie kennenzulernen.
In Deutschland wäre so etwas vermutlich kaum möglich.
Wie würden die Schwestern die Frau aufnehmen, die die Leber ihres verstorbenen Bruders in sich trug?
Die Begegnung war überraschend positiv. Die Schwestern fanden spontan eine freundschaftliche Beziehung zu Debbie. Von ihnen erfuhr sie jetzt alles über Howies Leben, was sie wissen wollte. Fast Food habe er besonders gerne gemocht, Chips und Erdnüsse. Seine Lieblingsmusik war House und Rap, und – er war aktiver Kampfsportler.
Regelrecht unheimlich wurde es, als Debbie die Schwestern nach Howies Tod fragte. Es war ein tragisches Ereignis gewesen. Howie hatte Selbstmord begangen. Vor den Augen seiner Freundin hatte er sich mit einer Pistole in den Kopf geschossen. Debbie erinnerte sich an ihre Vision nach dem Aufwachen aus der Narkose – die zwei farbigen Jugendlichen, die plötzliche Dunkelheit...
Sie beschrieb den Schwestern, wie das junge Mädchen aus ihrem Traum ausgesehen hatte, welche Kleidung es trug. Ja, genau so hatte Howies Freundin an jenem Tag ausgesehen, so die Schwestern.
Debbie Vega steht bis heute mit Howies Schwestern in freundschaftlicher Verbindung. Sie sagten ihr, sie hätten zwar den Bruder verloren, dafür aber eine Schwester gewonnen, auch wenn sie nur die Leber des Bruders in sich trägt.
Noch eine Merkwürdigkeit ganz am Rande – eine der Schwestern von Howie heißt Debbie, die andere Lola...

So unglaublich diese Geschichte auch klingen mag, sie hat sich tatsächlich vor einigen Jahren in den USA genau so zugetragen. Debbie Vega (deren Name hier nicht verändert ist) lebt bis heute dort und spricht ganz offen und ohne Scheu über ihre Erlebnisse. Ihre behandelnden Ärzte und nicht zuletzt Howies Schwestern können ihre Schilderungen bestätigen.[1]

Aber welche Erklärung kann es für diese seltsamen Korrelationen geben? Die meisten Gehirnforscher vertreten bis heute kategorisch den Standpunkt, die menschlichen Erfahrungen und Erinnerungen, die Persönlichkeit insgesamt, ja sogar das Bewußtsein seien ausschließlich im Gehirn gespeichert und von diesem produziert worden. Doch Howies Gehirn wurde durch den Kopfschuß irreparabel verletzt, und es wurde nach seinem Tod mit all seinen anderen sterblichen Überresten begraben. Dennoch hat ganz offenbar ein Teil seiner Persönlichkeit, seiner Vorlieben und Neigungen, seinen körperlichen Tod überlebt – und lebt nun im Körper und in der Persönlichkeit von Debbie Vega weiter.

Eine solche Deutung – obwohl sie eigentlich klar auf der Hand liegt – wird von vielen Ärzten und anderen Wissenschaftlern abgelehnt. Sie machen für Debbies Wahrnehmungen und Persönlichkeitsveränderungen nur die „Nebenwirkungen der Medikamente" verantwortlich. Transplantationspatienten müssen ja lebenslang starke Immunsuppressiva einnehmen, um die Abstoßungsreaktion des Körpers gegen das fremde Organ zu unterdrücken. Das könnte vielleicht Stimmungsschwankungen erklären oder Veränderungen in der Vorliebe für bestimmte Nahrungsmittel. Medikamente können aber wohl kaum für Erinnerungsfetzen aus dem Leben des Verstorbenen verantwortlich sein, die nunmehr aus dem Unbewußten des Organempfängers auftauchen.

Dennoch haben vor allem viele Ärzte einen ganz konkreten Grund, derartige Vorkommnisse – und Debbie Vega ist bei weitem kein Einzelfall – nicht an die große Glocke zu hängen.

Würde es sich in der Bevölkerung herumsprechen, daß bei einer Organtransplantation auch Teile der Persönlichkeit des Spenders mit übertragen werden, dann könnte dies zu einer Verunsicherung sowohl bei potentiellen Spendern als auch bei potentiellen Empfängern führen. Menschen könnten abgeschreckt werden, sich als Organspender registrieren zu lassen. Transplantationspatienten könnten anfangen, unangenehme Fragen zu stellen: Wer war der Mensch, dessen Organ in meinen Körper eingepflanzt werden soll? Bin ich bereit, damit auch Teile seiner Persönlichkeit zu übernehmen?

Transplantationspatientin überführt Mörder

Einer der wenigen Wissenschaftler, die derartigen Phänomenen offen gegenüberstehen, ist Professor Gary Schwartz, Mediziner und Psychologe von der Universität Arizona. Ihm sind Dutzende solcher Fälle bekannt, bei denen Menschen nach Transplantationen ganz unterschiedlicher Organe hinterher über Teile der Persönlichkeitsstruktur oder Erinnerungen des Spenders verfügten. Essensgewohnheiten waren darunter, aber auch Vorlieben für bestimmte Musik oder Freizeitbeschäftigungen bis hin zu sexuellen Gewohnheiten. „Simple biophysikalische Erklärungsmodelle reichen nicht aus, um solche Phänomene zu erklären.“, betont Schwartz. Die Beweise sind für ihn zu überzeugend, um nur an Zufälle oder Nebenwirkungen von Medikamenten zu glauben.

Einer der spektakulärsten Fälle betrifft ein achtjähriges Mädchen, das eine Herztransplantation erhalten hatte. Kurz nach der Operation begann das Kind plötzlich unter Alpträumen zu leiden. Als die Mutter sich schon keinen Rat mehr wußte, ging sie mit der Tochter zu einem Kinderpsychologen, der die Träume des Kindes analysieren wollte. Der Therapeut kam zu der Überzeugung, die Eindrücke, die das Mädchen in seinen Träumen hatte, seien viel zu spezifisch, als daß man sie als bloße Alptraumphantasien hätte abtun können. Nur – in der Vergangenheit des Mädchens gab es keine traumatischen Erlebnisse, die sich in dieser Form in ihren Träumen hätten manifestieren können.

Der Psychologe hegte daraufhin den Verdacht, es könne etwas mit dem Schicksal des Herzspenders zu tun haben. Man begann Nachforschungen anzustellen. Es stellte sich schon bald heraus, was keiner der Beteiligten vorher gewußt hatte: Spender des Herzens war ein zehnjähriges Mädchen gewesen, das eines Nachts auf der Straße von einem Unbekannten grausam ermordet worden war. Der Täter konnte nie gefunden werden.

Eine genauere Untersuchung der Träume der kleinen Empfängerin des Herzens des Mordopfers ergab, daß sie in der Tat den Tatort genau beschreiben konnte. Und – was noch wichtiger war: Sie beschrieb auch genau den Mörder, wie er aussah, welche Kleidung er trug und welche Waffe er benutzte. Die Mutter des Kindes wandte sich schließlich mit diesen Angaben an die Polizei. So ungewöhnlich die Informationsquelle auch sein mochte – die Beamten gingen diesen Hinweisen nach, denn sie wollten nichts unversucht lassen, um den Mord doch noch aufzuklären. Und in der Tat: Der unbekannte Mann ließ sich identifizieren. Er wurde wenig später festgenommen, der Tat überführt und verurteilt.

Kann man das etwa mit den „Nebenwirkungen von Medikamenten“ erklären?

Claire Sylvia war die erste Herz-Lungen-Empfängerin an der amerikanischen Ostküste. Auch ihre Operation verlief gut, aber sie fühlte sich hinterher sehr merkwürdig. Etwas hatte sich in ihr verändert, das spürte sie ganz deutlich. Die Ärzte beruhigten sie: „Das Herz ist doch nur eine Pumpe. Sie werden schon bald wieder ganz die Alte sein.“

Aber ist eine Herztransplantation wirklich das Gleiche, als ob man in einer Waschmaschine nur eine kaputte Pumpe auswechselt? Claire blieb skeptisch. „Wessen Zellen sind da in mir?“, fragte sie sich, und sie war beunruhigt: „Werden sie eines Tages die Oberhand gewinnen?“

Claire Sylvia war klassische Tänzerin, und ihr Beruf hatte stets von ihr verlangt, daß sie ganz besonders auf ihre Gesundheit und Ernährung achtete. Sie war immer ganz stolz auf ihren gesunden Lebenswandel gewesen. Doch nach der Operation – noch im Krankenhaus – stellte man ihr die Frage, was sie am liebsten tun würde, weil man sie seelisch aufbauen wollte. Claire wußte nicht, warum sie das antwortete: „Am liebsten ein Bier trinken.“

Weiterhin spürte sie, daß da etwas in ihr war, was jünger war als sie, jugendlich, voller Tatendrang und Abenteuerlust. Etwas, das Vorlieben für ganz andere Musik, anderes Essen usw. hatte. Im Gegensatz zu Debbie Vega sträubte sich Claire dagegen, diese Persönlichkeitsanteile anzunehmen. Dadurch blieb weiter ein Fremdkörper in ihr, etwas, das sie beunruhigte.

Es gab nur einen einzigen Menschen, der ihr ihre Fragen beantworten konnte, und eines Tages begegnete sie diesem Menschen.

Sie träumte, über ein großes Feld zu gehen, begleitet von einem jungen Mann, der sich ihr als Tim Allan vorstellte. Innerlich fühlte sie in diesem Traum, daß der junge Mann nicht bei ihr bleiben konnte, und so gaben sie sich zum Abschied einen Kuß. Während dieses Kusses,

Claire, hatte sie das Gefühl, „ihn in sich hineinzuatmen". Mann sagte ihr, selbst wenn er jetzt wegginge, würden sie n „für immer zusammen" sein. Kurz darauf erwachte sie. endes Gefühl für das Spenderherz war verflogen, sie befand sich in einer fast euphorischen Stimmung.

Gemeinsam mit ihrem Therapeuten, dem Psychologen Robert Bosmak, machte sie sich nun auf die Suche nach dem Spender ihres Herzens. Sie fanden heraus, daß es ein junger Mann gewesen war, der tatsächlich Tim Allan hieß.

Schon bald ging es Claire wieder so gut, daß sie allein Auto fahren konnte. Spontan machte sie eine Spazierfahrt und hielt unterwegs an einem Restaurant der Fast-Food-Kette „Kentucky Fried Chicken" an. Sie kaufte sich eine Tüte Chicken Nuggets. Früher hätte sie eine solche Ernährung strikt abgelehnt. Etwa zwei Jahre nach ihrer Operation nahm sie Kontakt zu Tim Allans Angehörigen auf und erfuhr von ihnen, daß solche Chicken Nuggets sein Lieblingsgericht gewesen seien. Er hatte noch unmittelbar vor seinem Tod welche gekauft. Tim Allan war mit seinem Motorrad verunglückt. Am Unfallort hatte man noch in der Tasche seiner Motorradjacke die Tüte mit den Chikken Nuggets gefunden.

Langsam fingen Erinnerungen, die nicht ihre eigenen waren, an, Claire zu überschwemmen. Sie hielt Kontakt zu Tims Familie, um mehr über ihn zu erfahren, und besuchte auch mit ihnen zusammen sein Grab. Auf dem Grabstein stand geschrieben: „Für immer zusammen." Genau das waren Tims letzte Worte in Claires Traum gewesen.

Man könnte nun auf den Gedanken kommen, das menschliche Gedächtnis sei einfach ganzheitlicher im Körper verteilt, nicht nur im Gehirn, sondern auch in den übrigen Organen. Bei einer Transplantation würde dann ein Teil der Erinnerungen des Spenders auf den Empfänger übertragen.

Das Beispiel von Claire zeigt, daß es auch so nicht sein kann. Wie konnten Worte, die auf seinem Grabstein stehen, ein Teil von Tims Gedächtnis (zu Lebzeiten) gewesen sein? Wie konnten sich seine Zellen an etwas „erinnern", was erst nach seinem Tod stattgefunden hat?

Angesichts solch bizarrer Ereignisse ist es nachzuvollziehen, daß sich viele Wissenschaftler ganz einfach davor drücken, sich mit solchen Fragen näher zu befassen. Sie begnügen sich mit den bekannten

vordergründigen Scheinerklärungen und machen sich weiter keine Gedanken darüber.
Können Teile der menschlichen Persönlichkeit doch den Tod überleben? Prof. Gary Schwartz erinnert in diesem Zusammenhang an ein Zitat des Psychologen William James: *„Um zu widerlegen, daß alle Krähen schwarz sind, muß man nur eine einzige weiße Krähe finden."*
Und weiter sagt Schwartz: *„Wir fangen erst an, Krähen zu sammeln, und wenn wir so viele unterschiedlich gefärbte Vögel sehen, dann erkennen wir, daß unser Universum ein viel interessanterer Ort ist, als wir lange gedacht haben. Ärzte dachten immer, Organtransplantationen seien nicht viel anderes als ein Austausch von Ersatzteilen, so wie bei einem Auto. So einfach scheint es nicht zu sein."*
Der Herzchirurg *Dr. Mehmet Oz* sagt im gleichen Kontext: *„Viele Menschen denken, das Herz sei nur eine Pumpe, mit einem simplen Mechanismus und leicht zu ersetzen. Aber daß es unsere Lyrik geradezu beherrscht, könnte bedeuten, daß wir uns einer viel subtileren Wirkung des Herzens bewußt sind."* Er selbst bezeichnet das Herz als das „Fenster zur Seele".
Dr. Oz entschloß sich zu einem mutigen, aber bemerkenswerten Experiment. Er lernte Julie Motz kennen, eine bekannte Sensitive, und er bat sie, bei einer seiner Transplantationen im OP dabei zu sein. Es geschahen daraufhin – so Dr. Oz – seltsame Dinge.
Natürlich behinderte Julie Motz das Operationsteam nicht bei seiner Arbeit, aber noch bevor das neue Herz eingepflanzt wurde, ging sie zu dem Organ hin und begann ihm Fragen zu stellen, ohne es dabei zu berühren. Daraufhin nahm sie innere Bilder wahr, sie sah, wie zwei Frauen nachts in einem fahrenden Auto in einem heftigen Streit miteinander lagen. Dr. Oz bestätigte – das Spenderherz stammte von dem Opfer eines Autounfalls. Zwei Frauen hatten im Auto gesessen, die Mutter am Steuer überlebte, während ihre Tochter auf dem Beifahrersitz starb.
Nach dem Einsetzen des Herzens in den Brustkorb des Empfängers kam es zu einer Komplikation. Das Herz wollte nicht anfangen zu schlagen. Die Ärzte waren ratlos. Doch Julie Motz empfing innerlich eine Botschaft: *„Wenn ich mich aufrege und wütend werde und anfange, schneller zu schlagen, dann werde ich getötet."*
Das waren die letzten Eindrücke der Verstorbenen in ihrem Leben gewesen, denn ihr Tod war ja eine unmittelbare Folge des Streits mit

ihrer Mutter, die daraufhin die Kontrolle über den Wagen verloren hatte. Die Schlußfolgerung mußte das Bewußtsein der Frau allerdings ganz offenbar erst nach dem Tod getroffen haben.
Kurzentschlossen ging Julie zu der narkotisierten Patientin und flüsterte ihr ins Ohr: *„Du mußt wütend werden. Erlaube deinem Herzen zu schlagen."* Kurz darauf begann das Organ tatsächlich normal zu arbeiten. Dr. Oz und seine Kollegen waren sprachlos. Sie hatten so etwas noch nie zuvor gesehen.

Eine Frau „einigt" sich mit ihrem Herzen

Eindrucksvoll verlief auch der Fall der Catherine Beckman, einer älteren Frau, die ebenfalls ein neues Herz eingepflanzt bekam. Nach fünfstündiger Operation erwachte sie mit ihrem neuen Herzen. Doch genau wie Claire Sylvia spürte sie mehr und mehr diese „fremde Energie" in sich und wehrte sich innerlich dagegen, sie anzunehmen. Einerseits fühlte sie sich „prall und lebendig", wie sie es ausdrückte, andererseits begann sich ihr Charakter signifikant zu verändern. Sie wurde reizbar, verlor ständig und unkontrolliert die Beherrschung.
Erneut schoben es ihre Ärzte auf den „postoperativen Streß und die Medikamente". Doch auch Catherine ließ sich nicht mit so lakonischen Erklärungen abspeisen. Sie spürte, wie das unbekannte Gefühl in ihr wuchs und sie beunruhigte. Ihre Nachforschungen ergaben, daß sie das Herz eines elfjährigen Jungen in sich trug, der von einem Auto überfahren worden war.
Selbst eine Begegnung mit den Hinterbliebenen, zehn Jahre nach der Operation, brachte für Catherine keine Erleichterung. Erneut verlor sie ihre Beherrschung, indem sie den Leuten sagte: „Ihr habt zehn Jahre mit seiner Abwesenheit leben müssen, ich aber mußte zehn Jahre lang mit seiner Anwesenheit leben."
Als ihr auch eine Psychotherapie nicht weiterhalf, faßte Catherine Beckman eines Tages einen verzweifelten Entschluß. Sie sagte sich – im Grunde haben die Ärzte vielleicht sogar recht, ihr Zustand war eine Nebenwirkung der Medikamente. Nach wie vor mußte sie täglich starke Medikamente zur Unterdrückung der Abstoßungsreaktion einnehmen. „Wie kann man etwas annehmen, was man innerlich ablehnt?", fragte sie sich. Und wenn man diesen Gedanken konsequent weiterdenkt, so waren die Medikamente doch sichtbarer Ausdruck ihrer inneren Ablehnung.

Catherine Beckman entschloß sich, auf eigene Gefahr die Medikamente abzusetzen. Ihre Ärzte rieten ihr natürlich nachdrücklich davon ab. Nach aller medizinischen Erfahrung wäre ihr Tod nur eine Frage von wenigen Tagen gewesen. Catherine war sich der Tragweite ihres Schrittes bewußt. Sie versuchte, diese wenigen Tage zu nutzen, um mental in sich eine „liebevolle Einigung“ zwischen ihrem Körper und dem fremden Herzen zu entwickeln, das in ihr schlug. Es mag naiv gewesen sein zu glauben, daß so etwas funktionieren könnte. Aber Catherine Beckman war in diesem Moment auch bereit, notfalls den Tod zu akzeptieren. Auf keinen Fall wollte sie so, wie es war, weiterleben.
Doch Catherine starb nicht. Noch nach mehr als einem Jahr war keine Abstoßungsreaktion ihres Körpers gegen das fremde Herz zu beobachten, obwohl sie die Medikamente nicht mehr eingenommen hatte. Die Ärzte waren sprachlos. Catherine nahm Kontakt auf zu einem anerkannten Spezialisten, Dr. Niloo Edwards vom Columbian Presbyterian Medical Center in New York. Sie wollte sicherstellen, daß die Wissenschaft von ihrem Fall Kenntnis nahm und sich damit auseinandersetzte. Dr. Edwards ist so ein wichtiger und sachkundiger Zeuge, daß Catherine Beckman, allein durch ihre veränderte mentale Einstellung, mit einem fremden Herzen in sich lebt, ohne daß es zu der gefürchteten Abstoßungsreaktion des Körpers gegen das Organ kommt.
Der Arzt zeigte sich von diesem Fall zugleich fasziniert und beunruhigt. Nach wie vor – so seine Aussage – würde er niemals einem Patienten raten, die Medikamente abzusetzen, da das Risiko ganz einfach zu hoch ist. Dieser Ansicht kann man sicher nur zustimmen. Dennoch zeigt der Fall Catherine Beckman eine wichtige Erkenntnis: Die Immunreaktion des Körpers gegen ein transplantiertes Organ wird nicht allein durch einen biochemischen Vorgang, sondern ganz offenbar auch durch eine mentale Auseinandersetzung mit Bewußtseinsfragmenten verursacht, die bei der Transplantation mit übertragen wurden.
Manche Neurologen sind inzwischen der Meinung, daß die Empfänger von Organen gleichzeitig Informationsträger sind, die Persönlichkeitsanteile des Spenders in sich tragen. Viele Patienten haben Angst, nach der Operation jemand anderes zu werden. Weil die Angst vor dem Verlust der eigenen Identität sehr stark ist, kann man schon fast von der Entstehung einer neuen Art von Phobie bei Menschen sprechen.

Medizinische Kriterien für Organtransplantationen

Damit bei einem Patienten eine Transplantation eines Spenderorgans durchgeführt werden kann, müssen bestimmte medizinische Kriterien erfüllt sein. Dadurch soll eine bestmögliche Verträglichkeit des eingepflanzten Organgewebes gewährleistet werden.
Hierzu gehören:

1. Verträglichkeit der *Blutgruppen* zwischen Spender und Empfänger.
2. Verträglichkeit der *HLA-Gewebemerkmale*: Jeder Mensch hat an den Oberflächen seiner Körperzellen bestimmte Merkmale, die zwar nicht einzigartig sind, aber bei unterschiedlichen Menschen nur sehr selten übereinstimmen. Je besser die HLA-Übereinstimmung ist, desto besser die Prognose für die langfristige Verträglichkeit des Organs.
3. Das *Crossmatch*: Unmittelbar vor der Operation testet das verantwortliche Ärzteteam – schon im Transplantationszentrum – die Verträglichkeit des Spendergewebes mit dem Blut des Empfängers. Hat der Patient Antikörper gegen das Empfängergewebe im Blut, kann die Transplantation noch im letzten Moment abgesagt werden.
4. Aus Sicherheitsgründen werden Spender und Empfänger auch auf Antikörper gegen das *Cytomegalie-Virus* (CMV) getestet (eine meldepflichtige Infektionskrankheit, die beim normalen Erwachsenen meist unauffällig verläuft). Empfängt ein CMV-negativer Patient Gewebe eines CMV-positiven Spenders, besteht erhebliche Gefahr einer Infektion. Die Operation kann jedoch unter gewissen Sicherheitsvorkehrungen meist durchgeführt werden.

Im Gegensatz zu den umfangreichen immunologischen Tests wird eine „psychische Verträglichkeit“ zwischen Spender und Empfänger bis heute nicht berücksichtigt.[2]

Außerdem – vergessen wir nicht: Die Transplantation beeinflußt auch das Immunsystem, das schon seit langer Zeit als Teil der Persönlichkeit angesehen wird.
Man schätzt heute, daß auf der ganzen Welt mittlerweile rund 20.000

Herztransplantationen durchgeführt worden sind. Hinzu kommen fast genau so viele Nierentransplantationen, über 70.000 Leber- und 10.000 Lungenverpflanzungen. Wenn man diese Zahlen sieht, kann man das Problem der Persönlichkeitsübertragung nicht mehr bagatellisieren.
Ein Mädchen begann nach einer Herztransplantation Musikstücke zu komponieren. Es zeigte sich, daß es das Herz eines Jungen in sich trägt, der sehr musikalisch war.
Eine Hausfrau erhielt das Herz eines Callgirls. Seither begann sie Nachtclubs zu besuchen und träumt regelmäßig davon, auf der Bühne einen Striptease aufzuführen.
Ein Jugendlicher, der eine neue Niere empfangen hatte von einem Mädchen, das ertrunken war, entwickelte Angst vor Wasser.
Die Mehrheit der Patienten spricht nach der Transplantation über den Eindruck einer „geteilten Psyche". Von 200 Transplantationspatienten, die an einer Umfrage teilgenommen hatten, gaben mehr als 150 zu, daß sie in ihrem Charakter unterschiedliche Veränderungen festgestellt hatten.

Das Ich – ein „Windows XP" für das Gehirn?

Transplantationspatienten liefern – wie wir sehen – ein vollkommen neues Forschungsfeld für Bewußtseinsforscher. Ganz offenbar lassen sich die alten orthodoxen Denkmodelle vieler Gehirnforscher nicht mehr aufrechterhalten. Die heutige Wissenschaft vergleicht das menschliche Gehirn im Wesentlichen mit einem Computer. Obwohl wir selbst diese Auffassung nicht teilen, ist es wichtig, daß wir alle dieses Modell jetzt kennenlernen. Genauer gesagt – soll das Gehirn die Rolle der Hardware spielen. Die menschliche Persönlichkeit mit all ihren Erfahrungen, Erinnerungen, Neigungen und Abneigungen wäre nach diesem Denkmodell die Software.
Das Ich – sozusagen die Identität der menschlichen Persönlichkeit – sei nichts weiter als eine Illusion, erschaffen vom Gehirn, eine Art „Benutzeroberfläche" wie „Microsoft Windows", die uns hilft, unsere Wahrnehmungen zu ordnen und zu bewerten. So bezeichnete es zumindest der Mainzer Philosoph Thomas Metzinger.
Durch Gehirnoperationen kommt es nun aber recht häufig zu einschneidenden Veränderungen der Persönlichkeit des Patienten. Charakterzüge, Vorlieben und Abneigungen können sich massiv wandeln. Im Rahmen dieses Denkmodells wäre also – so die meisten Wissen-

schaftler – die Existenz eines menschlichen Bewußtseins untrennbar an das Gehirn gekoppelt. Ohne die Hardware des Gehirns kann die Software des Bewußtseins nicht laufen. Für ein Leben nach dem Tod oder für eine unsterbliche Seele ist in einem solchen Modell natürlich kein Platz.

Oder doch? Die Argumentation enthält ein paar wesentliche Denkfehler. Der Vergleich Gehirn-Computer erweist sich als relativ vordergründig, vielleicht auch dadurch verursacht, daß Gehirnforscher zu wenig Ahnung von Computern haben. Es könnte nämlich sein, daß die Analogie viel weiter geht, als Neurologen es beurteilen können, und daß daraus gerade *nicht* die Argumentation folgt, daß unsere Erfahrungen „im" Gehirn sitzen und mit diesem eines Tages begraben werden. Aber gut – wenn das die Position der heutigen Wissenschaftler ist, dann muß man ihnen auch auf diesem Feld entgegnen:

1. Selbst wenn man bei dem Denkmodell mit „Hardware" und „Software" bleibt, besitzt die Argumentationskette schon eine entscheidende Schwachstelle. Es ist klar – wenn der „Computer" versagt, kann man die Software nicht mehr laufen lassen, die Ergebnisse nicht mehr sehen, die sie liefert. *Aber das bedeutet natürlich noch lange nicht, daß die Software nicht mehr existiert!* Sie wissen es: Auch wenn Ihr Computer einmal kaputt sein sollte, stehen doch die CD-ROMs mit der Software weiter in Ihrem Schrank und lassen sich wieder verwenden, sobald Sie einen neuen Computer gekauft haben.

2. Wenn man den Vergleich Gehirn – Computer dazu benutzt, um damit die untrennbare Kopplung der menschlichen Persönlichkeit an dieses eine Gehirn zu begründen, so hinkt man auch der Entwicklung der Computertechnik um Jahrzehnte hinterher. Software ist heutzutage längst nicht mehr in einen einzelnen Computer eingesperrt, sondern sie kann im weltweiten Netz mit anderen Softwareprogrammen kommunizieren, Daten austauschen und sich sogar selbst im Netz ausbreiten – man denke etwa an die Computerviren. Sie lassen sich durchs Netz treiben, in einer inaktiven Form, bis sie irgendwo einen Hardware-Nexus finden, der sie zu neuem „Leben" erwachen läßt. Gleichermaßen gibt es gewichtige Indizien, die dafür sprechen, daß auch menschliche Erfahrungen und Erinnerungen nicht im Gehirn „eingesperrt" sind.

3. Im Grunde reden wir hier überhaupt nicht von „Software", sondern von *Daten*, mit denen die Software des Gehirns operiert. Erinnerungen und Erfahrungen sind keine Programme, sondern Informationen. Solche Informationen existieren so lange, wie es ein Trägermedium gibt, auf dem sie transportiert werden können. Professor Gary Schwartz macht es an einem Beispiel deutlich, das wir alle kennen: Jede Nacht sehen wir unzählige Sterne am Himmel. Viele von ihnen existieren längst nicht mehr, aber das Licht, das sie vor ihrem Untergang ausgesandt hatten, ist immer noch im Weltraum unterwegs, so daß wir immer noch Informationen über ihre Existenz erhalten können.

4. Bis heute ist noch kein Computer erfunden worden, der sich seine eigenen Programme schreibt. Selbst wenn also unser Gehirn ein Computer wäre und unsere Persönlichkeit die darauf ablaufende Software – woher kommt diese Software? Wer ist der Programmierer? Heutige künstliche Intelligenz ist zwar durchaus in der Lage, bestehende Programme selbsttätig weiterzuentwickeln. Aber auch das funktioniert nur durch Kontrolle von außen. Eine Zielstrategie muß der künstlichen Intelligenz von außen vorgegeben werden.[3]

5. Der wohl größte Fehler in der Argumentationskette der Gehirnforscher besteht darin, das Ich mit der Persönlichkeit oder gar mit dem Bewußtsein gleichzusetzen. Selbst Sigmund Freud, der noch die Bedeutung des Ich stark überbetonte, erkannte an, daß es daneben auch noch eine weitere Persönlichkeitsstruktur gibt, die er das Unbewußte nannte. Niemand behauptet, das Ich oder Ego einer Person sei unsterblich. Es ist in der Tat nur ein Programm, das uns eine Art Benutzeroberfläche bietet, etwas, womit wir uns identifizieren. Um das Ich einschneidend zu verändern, braucht kein Chirurg eine Gehirnoperation durchzuführen. Ein gut geschulter Therapeut kann im Gespräch mit einem Menschen durch bloße Worte ganz massive Ich-Veränderungen hervorrufen, und im Kleinen vollziehen sich solche Änderungen auch im Alltag ganz von selbst. Wenn wir also auf der Suche nach einer unsterblichen Seele sind, die den Tod überdauern soll, dann sollten wir keinesfalls auf der Ebene des Ego suchen.

An dieser Stelle sehen wir, daß ganz automatisch viele neue Fragen auftauchen, die uns im Verlauf des Buches noch beschäftigen werden. Bevor man über ein Leben nach dem Tod nachdenkt, muß man sich zum Beispiel mit der Frage auseinandersetzen: Was soll eigentlich nach dem Tod weiterleben? Das Ego sicher nicht, wie wir schon sagten. Die Persönlichkeit? Das Bewußtsein? Die Seele? Das Unbewußte, das ja nach C. G. Jung auch persönlichkeitsübergreifende Schichten hat (kollektives Unbewußtes), die sicher nicht durch den Tod eines Menschen aufhören zu existieren? Dies alles sind Fragen, die nicht so auf die Schnelle beantwortet werden können, zumal wir uns auch darüber klar werden müßten, wie die einzelnen Begriffe eigentlich definiert sind.

Was auf jeden Fall von einem Menschen nach seinem Tod bleibt, ist Information – die Information über sein Leben, seine Vorlieben und Abneigungen, seine Persönlichkeit. Das gilt nicht nur für die Erinnerungen in anderen Menschen, die ihn gekannt haben. Die Navajo-Indianer Nordamerikas sagen: „Jede Information lebt so lange wie der letzte Mensch, der sich an sie erinnert." Ganz offenbar bleibt aber von der menschlichen Persönlichkeit noch etwas Unmittelbareres erhalten, etwas, was auf andere Menschen übertragen werden kann, bei einer Organtransplantation – und nicht nur dort.

Wie schon gesagt, braucht Information einen Träger, um erhalten zu bleiben, also im Grunde Energie. Energie ist jedoch unzerstörbar, sie kann nur in andere Energieformen gewandelt werden. Was hingegen geschieht mit der Information nach längerer Zeit? Sie bleibt nicht ewig in der ursprünglichen Form erhalten, sondern kann in Wechselwirkung mit anderen Informationen treten. Diesen Vorgang nennt man Resonanz. Wenn zwei ähnliche Informationen aufeinandertreffen, verstärken sie einander sogar. Jede Energieform – auch ein Körper eines anderen Lebewesens – kann eine frei sich ausbreitende Information übernehmen, vorausgesetzt, sie ist zu dieser Information resonanzfähig.

Diese Resonanz ist im Fall der Organtransplantationen nicht unbedingt vorhanden, da ja charakterliche Eigenschaften momentan noch nicht als Kriterien für die Auswahl eines Spenderorgans gelten. Wenn aber die Information des Spenders von der Intensität her stark ist, kann sie im Empfänger sogar die Oberhand gewinnen. Entweder akzeptiert der Empfänger die Fremdinformation, so wie es bei Deb-

bie Vega der Fall war. Sie landete schließlich bei Karate und Erdnüssen, aber im Grunde ging es ihr gut. Es sind schließlich auch Anteile ihrer ursprünglichen Persönlichkeit erhalten geblieben.
Oder – man wehrt sich gegen die fremde Energie, wie es Claire und Catherine anfangs taten. Dann gibt es Probleme.
Eine Patientin der österreichischen Psychologin Brigitte Bunsel behauptet, daß sie nach der Transplantation Körper und Seele mit noch einer anderen Person teilt. Sie sagt: „Mein bisheriges Ich hat sich in ein Wir verwandelt."
Wie das Beispiel von Catherine Beckman zeigt, läßt sich dieses Problem nur auf eine Art überwinden. Die beiden Persönlichkeiten in einem Körper müssen zu einer „Einigung" kommen. Dadurch würde nachträglich eine Akzeptanz, also eine Resonanz, hergestellt. Nur so kann das Leben nach einer Transplantation einigermaßen harmonisch verlaufen.
Die Frage ist also nicht mehr, ob von der Persönlichkeit eines Menschen etwas bleibt, sondern nur, ob die Informationen später ziellos durchs Universum treiben, oder ob sie z. B. von einem anderen Menschen aufgeschnappt und weiterverwendet werden können.
Im Fall der Organtransplantation ist das Organ die Trägersubstanz, die zur Übertragung von Bewußtseinsfragmenten auf den Empfänger dient. Bevor man vordergründig urteilt, die Information sei irgendwie Teil der Materie, aus der das Organ besteht, muß man sich allerdings Gedanken darüber machen, wo nun eigentlich solche Informationen wirklich gespeichert sind. Es ist noch etwas subtiler, feinstofflicher, als es auf den ersten Blick aussieht. Nach den Erkenntnissen heutiger Naturwissenschaften ist es unsere Erbsubstanz, die DNA, die Träger solcher Informationen sein kann. Nicht in den Biomolekülen selbst, aus denen sie aufgebaut ist. Dann könnte ja nach der Zeugung eines Lebewesens keine Information mehr dazukommen. Die DNA besitzt, wie man heute weiß, um sich herum ein Feld aus elektromagnetischer Strahlung, eine Art Lichthülle, die mit Informationen geprägt ist, die Körper und Geist beeinflussen. Die Informationen in dieser Lichthülle werden im Laufe des Lebens ständig aktualisiert und mit Daten aus der Umgebung abgeglichen, und nach dem Tod geht diese Information natürlich genau so wenig verloren wie das Licht längst untergegangener Sterne, das noch nach Jahrmillionen durchs All vagabundieren kann.

Was passiert nun aber mit einem Menschen, der kein Organspender ist, sondern nach seinem Tod mit seinem vollständigen Körper begraben wird? In diesem Fall gibt es keinen „Empfänger“, der einen Teil seiner Persönlichkeit übernehmen könnte. Ist diese Information dann für immer verloren, oder vagabundiert sie auch ziellos durchs Weltall?

Vermutlich nicht. Es scheint auch andere Wege zu geben, wie Informationen über die Persönlichkeit eines Menschen im Netzwerk des Bewußtseins irgendwo neu andocken können. Auch solche Fälle sind massenhaft bekannt, und sie führen zum Denkmodell der Reinkarnation, also der Wiedergeburt der Persönlichkeit in einem neuen Körper.

Schon wieder so ein Reizwort. Die meisten Menschen verbinden Reinkarnation im besten Fall mit asiatischen Religionen oder aber mit einer neumodischen europäischen Esoterikwelle. Dabei sollte eines klar sein, im Gegensatz zu sonstigen religiösen Vorstellungen über Himmel und Hölle: Wenn es Reinkarnation geben sollte, so wäre sie keine religiöse Angelegenheit, sondern ein Naturgesetz – ein schlichter Vorgang der Informationsübertragung von einem Sender auf einen Empfänger, die nur voneinander getrennt sind durch die Barriere der Zeit.

Wer immer sich mit therapeutischer Hypnose und verwandten Verfahren der Psychotherapie beschäftigt, kommt eines Tages ganz automatisch zu dem Schluß, daß es so etwas wie Reinkarnation geben muß. Daran ändert auch die bedauerliche Tatsache nichts, daß nicht ausreichend geschulte „Rückführungs-Therapeuten“ auf esoterischen Messen eine ziemliche Show veranstalten und dabei massenweise chinesische Prinzessinnen, Napoleons und Cleopatras „erzeugen“ (und damit leider auch einigen Schaden anrichten können).

Wieder müssen Fragen im Vordergrund stehen: Was soll da eigentlich „reinkarnieren“? Geschieht das ganz einfach naturgesetzlich und zweckfrei, oder steckt eine Absicht dahinter? Das führt dann ganz automatisch zur Frage des „Karmas“, also der Wiederholung von bestimmten Situationen aus „früheren Leben“ zum Zwecke des Lernens und der Weiterentwicklung. Auch hierfür gibt es Ansätze, derartige Vorstellungen in ein modernes, wissenschaftlich geprägtes Weltbild einzuordnen.

Niemand ist Nobody

Wir schreiben das Jahr 1908. Die Familie Eady hatte sich gerade entschlossen, mit ihrer kleinen Tochter Dorothy das British Museum in London zu besuchen. Das Mädchen war erst vier Jahre alt, und es geschah das, was geschehen mußte. Die Säle waren viel zu groß für das Kind, und alles war langweilig. Dorothy wehrte sich ständig dagegen, weiter mit den Eltern zu laufen.

Schließlich erreichte die Familie die ägyptische Abteilung. Hier änderte sich die Stimmung plötzlich total.

Zuerst stand die kleine Dorothy wie angewurzelt da, und dann begann sie, blitzschnell quer durch den ganzen Saal zu rennen. Sie küßte die Füße der ägyptischen Statuen und hockte sich dann in der Nähe einer Glasvitrine hin, in der eine Mumie ausgestellt war. Sie wollte diesen Platz nicht mehr verlassen.

Die Eltern entschieden sich, den Rundgang durch das Museum fortzusetzen, und sie ließen Dorothy mit der Mumie allein.

Nach einer Stunde kamen die Eltern zurück. Die Mutter wollte das Mädchen auf den Arm nehmen, aber Dorothy krallte sich krampfhaft an der Vitrine mit der Mumie fest und schrie mit vollkommen veränderter, tiefer Stimme: „Laßt mich hier. Ich bin bei meinen Leuten."

Das seltsame Verhalten des Kindes hatte eigentlich schon ein Jahr zuvor angefangen. Das Mädchen hatte damals einen Unfall gehabt. Sie war die Treppe hinuntergefallen und hatte das Bewußtsein verloren. In diesem Zustand verblieb sie relativ lange, so daß der Arzt sie nach einer ersten Untersuchung sogar für tot erklärte. Doch nach etwa einer Stunde, als die Leiche des Kindes schon aufgebahrt werden sollte, stellte sich heraus, daß Dorothy noch lebte und sogar keinerlei Spuren irgendwelcher Verletzungen hatte.

Dieser Zwischenfall hatte bei dem Kind einen Prozeß ausgelöst, der für die weitere Entwicklung ihres Lebens sehr wichtig war. Sie hatte einen ständig sich wiederholenden Traum. Darin kam ein großes Gebäude mit hohen Säulen vor, sowie ein riesiger Garten voller Bäume, Blumen und Früchte. Gleichzeitig entwickelten sich bei ihr erste Symptome einer Depression. Das Mädchen weinte oft grundlos, und sie sagte immer wieder zu den Eltern, sie würde gerne nach

Hause zurückkehren. Obwohl die Familie versuchte, sie davon zu überzeugen, daß sie doch zu Hause war und daß es ihr dort schließlich gut ging, war sie damit nicht einverstanden. Sie empfand ihr Elternhaus als fremd. Allerdings war sie auch nicht in der Lage zu sagen, wo sich ihr wahres Elternhaus befand.

Der Fall „Omm Seti“

Die erste Spur, die auf Ägypten hinwies, ergab sich an jenem Tag im British Museum.

Abb. 1: Der Stein von Rosetta steht seit 1802 im British Museum in London.

War es Intuition oder eine bewußte Handlung? Einige Monate nach dem Vorfall im Museum jedenfalls brachte ihr Vater eine Enzyklopädie für Kinder mit nach Hause. In diesem Buch gab es mehrere Abbildungen und Zeichnungen, die Szenen aus dem alten Ägypten darstellten. Besondere Aufmerksamkeit widmete Dorothy der Abbildung des berühmten Rosettasteins, dem ersten bekannten Artefakt, das die Übersetzung ägyptischer Hieroglyphen ermöglichte, da er einen Text in Hieroglyphenschrift und gleichzeitig auf Demotisch (eine neuere ägyptische Sprache) und auf Griechisch enthielt. Der Stein konnte den Archäologen so als Wörterbuch dienen. Mit der Lupe in der Hand saß das Kind stundenlang da und betrachtete die Abbildung des Steines. Zum Erstaunen ihrer Mutter erklärte sie auch, die Sprache zu kennen, in der die Schriftzeichen verfaßt worden waren. Sie habe sie nur vergessen.

Ihr Traum über das seltsame Gebäude mit den hohen Säulen erhielt erst etwas mehr Sinn, als Dorothy sieben Jahre alt war. Auslöser war eine Abbildung des Tempels von Seti I. in Abydos. Dorothys Vater war verzweifelt, als er hörte, daß seine Tochter voller Freude ausrief: „Das ist mein Haus. Hier habe ich gewohnt."

Dann allerdings verwandelte sich ihre Freude in eine große Traurigkeit, und sie fragte: „Aber warum sind das alles Ruinen? Und wo ist der Garten?"

Hier war die Reaktion der Familie sehr bestimmt. Tempel in der Wüste haben keine Gärten, so erklärte man ihr. Außerdem solle sie endlich aufhören, solchen Unsinn zu erzählen.

Abb. 2: Die Stadt Abydos in Ägypten, fotografiert von Dorothy Eadys Begleiter Hanny El Zeini. Im Hintergrund links der Tempel des Osiris.

45 Jahre später fuhr Dorothy Eady als Mitarbeiterin der Abteilung für ägyptische Altertümer nach Abydos und mietete eine Wohnung

in der Nähe des Tempels von Seti I. Endlich, so spürte sie, war sie nach Hause gekommen. Sie lebte hier bis zu ihrem Tod im Jahre 1981. Den Menschen in Ägypten war sie nur unter dem Namen Omm Seti bekannt, was auf Deutsch so viel bedeutet wie „Mutter von Seti". Dorothy Eady hatte zwischenzeitlich einen Ägypter geheiratet und ihm einen Sohn geboren, den sie Seti genannt hatte.
Und was den Garten betraf – er wurde tatsächlich von Archäologen entdeckt, und zwar genau an der Stelle, die Dorothy ihnen genannt hatte, nämlich an der Südseite des Tempels.
Sie war fest davon überzeugt, daß sie die Reinkarnation einer Frau aus dem alten Ägypten war. Ihr ganzes Leben war höchst ungewöhnlich. Sie war eine sehr kreative, dynamische und mutige Frau, dabei aber auch sehr exzentrisch. Schon als junges Mädchen hatte sie ein Studium der Ägyptologie begonnen, und Sir Ernest Wallis Budge, der Kurator für ägyptische Altertümer des British Museum, hatte ihr persönlich Privatunterricht im Lesen von Hieroglyphen erteilt. Die ganze Zeit über hatte sie weiterhin merkwürdige Träume, in denen immer wieder Ägypten vorkam, und auch Anfälle von Somnambulismus.

Abb. 3: Die britische Archäologin Dorothy Eady (1904-1981), genannt Omm Seti.

Sie war auch sehr belesen und hatte an der Kunstakademie das Zeichnen gelernt.
Ein weiterer wichtiger Schritt zur Erkenntnis ihrer ägyptischen Wurzeln ergab sich, als sie 27 Jahre alt war. Sie begann damals als Journalistin für eine ägyptische Zeitung in London zu schreiben. In ihrer Arbeit beschäftigte sie sich hauptsächlich mit der Anfertigung politischer Zeichnungen sowie mit Artikeln, die meist den Wunsch der Ägypter nach Freiheit vom britischen Kolonialismus zum Inhalt hatten.

Bei einem Besuch im britischen Unterhaus lernte sie einen sehr attraktiven jungen Ägypter, Imam Abdel Maguid, kennen, und es wurde eine spontane und sehr romantische Liebesaffäre daraus. Sie heirateten, und schon bald darauf packten sie ihre Koffer und gingen nach Ägypten.

Erst dort traten ernsthafte Differenzen zwischen den Eheleuten auf. Imam widmete sich vor allem der Modernisierung Ägyptens, während sich Dorothy ausschließlich für die Vergangenheit des Landes interessierte. Er wollte im Zentrum des modernen Kairo wohnen, sie dagegen bevorzugte einen Ausblick auf die Pyramiden usw.

In diesem Hin und Her wurde dann der Sohn Seti geboren. Dorothy war jedoch keine Mutter im Sinne des klassischen Rollenbildes. Ihre Interessen lagen ausnahmslos im außerfamiliären Bereich.

Man kann sich das Entsetzen ihres Mannes vorstellen, als er mit einem merkwürdigen Phänomen konfrontiert wurde: Seine Frau stand oft während der Nacht auf, und wenn das Mondlicht hell genug war, beschrieb sie seitenweise Papierblätter in großer Geschwindigkeit mit Hieroglyphen. Dorothy selbst bezeichnete es als automatisches Schreiben, und sie konnte den Zustand, in dem sie dies tat, relativ präzise beschreiben.

Sie sagte: „Es ist so, als ob ich unter einem merkwürdigen Bann stehen würde. Ich bin nicht im Traum, aber auch nicht wach." Sie hatte auch ein Gefühl, jemand würde ihr diese Texte diktieren.

Diese nächtlichen Eskapaden dauerten fast ein ganzes Jahr, und sie schrieb in dieser Zeit nahezu 70 Seiten mit Hieroglyphenschrift voll.

Den Text habe ihr ein „Geist" mit Namen Hor-Ra diktiert, so sagte sie. Der Inhalt betraf ihr früheres Leben in Ägypten. Omm Seti hat diese Schriften stets für Wahrheit gehalten.

Die geheimnisvollen Texte erzählten, sie sei ein Mädchen mit Namen Bentreshyt gewesen. Schon frühzeitig gaben sie ihre Eltern in den Tempel Kom El Sultan. Er befand sich etwas nördlich vom Tempel Setis I., der damals gerade im Bau war. Bentreshyt sollte dort zu einer Priesterin erzogen werden.

Mit zwölf Jahren legte sie ein Keuschheitsgelübde ab. Sie lernte auch komplizierte Regeln und Rituale des Tempels, die mit Tod und Auferstehung von Osiris zu tun hatten. Es ist schon interessant, daß Dorothy Eady ihrem jetzigen Mann absolut keine Details über Hieroglyphen und ihre ägyptische Vorgeschichte erzählt hatte.

Abb. 4: Der Osiristempel von Abydos

In jenem früheren Leben in Ägypten hatte sie als Bentreshyt auch den Pharao Seti I. im Garten seines Tempels getroffen.
In Dorothys heutiger Familie waren inzwischen Abenteuer und merkwürdige Ereignisse an der Tagesordnung. Zum Beispiel rannte ihr Schwiegervater eines Nachts schreiend auf die Straße. Er behauptete, er habe die Gestalt eines Pharaos auf Dorothys Bett sitzen sehen.
Nach drei Jahren war die Ehe von Dorothy und Imam am Ende, und der Mann reiste als Lehrer in den Irak. Dorothy zog mit dem Sohn um nach Giza, in die Nähe der Pyramiden. In den nächsten zwanzig Jahren arbeitete sie als Assistentin zweier berühmter Ägyptologen, Selim Hassan und Achmed Fakhry. Ihnen half sie bei Ausgrabungen und beim Katalogisieren der Fundstücke auf dem Giza-Plateau und in Dashur. Sie leistete damals einen bedeutsamen Beitrag zur Ägyptologie, besonders wenn es um Expertisen ging. Speziell Dr. William Kelly Simpson, Dozent der Ägyptologie an der Yale-

Universität, war von Dorothy Eadys Wissen und Kenntnissen sehr beeindruckt. Er sagte, kein anderer Spezialist jener Zeit hätte so gut ägyptische Sprache und ägyptische Kunst miteinander verbinden können wie sie.

Es ist merkwürdig, aber es dauerte 19 weitere Jahre, bis Dorothy tatsächlich nach Abydos fuhr. Sie behauptete immer, einen starken inneren Wunsch gehabt zu haben, dorthin zu fahren, aber – wie sie sagte – etwas von ihr Unabhängiges und Stärkeres hatte ihr nie erlaubt, diesen Platz zu besuchen.

Als sie endlich einen kurzen Ausflug nach Abydos machen konnte, verbrachte sie die ganze Nacht im Tempel Setis I., um dort ihre Rituale abzuhalten.

Im Jahre 1956 erlaubte ihr die Abteilung für ägyptische Altertümer tatsächlich, in Abydos zu arbeiten. Sie spielte eine wichtige Rolle bei den archäologischen Forschungsarbeiten. Vor allem wollte man damals die ursprüngliche Größe des Tempels genau bestimmen.

Diese Ausgrabungen führten letztendlich dazu, daß man die Überreste des Gartens von Seti I. tatsächlich fand – genau den Garten, den sie immer in ihren Träumen gesehen hatte.

Dorothy lebte wie gesagt bis zum Ende ihres Lebens in Abydos, in einem kleinen Häuschen, zusammen mit Katzen, Gänsen, einem Maultier und einigen Schlangen. Regelmäßig betete sie im Tempel und verehrte dabei ganz offen die alten ägyptischen Götter. Dieses absonderliche Benehmen führte anfangs dazu, daß die Einheimischen sie als „Hexe" ablehnten. Später jedoch änderte sich die Einstellung in ihrer Nachbarschaft, und sie erfuhr großen Respekt von seiten der heutigen Ägypter.

Omm Seti tat nie etwas dazu, um sich herum einen Mythos aufzubauen, und sie gründete auch keine Glaubensgemeinschaft o. ä. Sie versuchte niemals jemanden davon zu überzeugen, daß ihre Visionen echt seien. Sie galt als anerkannte Expertin für Abydos und kannte Details aus der Geschichte des Tempels, die sonst überhaupt nicht bekannt waren. In Wirklichkeit war Omm Seti im tiefsten Innern felsenfest von der ägyptischen Magie überzeugt. Sie hatte auch die Gabe, mit Tieren zu kommunizieren, die auf ihre Gedanken reagierten. Zum Beispiel gehorchten ihr Schlangen aufs Wort und taten ihr nie etwas Böses an. Sie war davon überzeugt, daß die Macht der ägyptischen Götter an manchen Orten der Kraft in Ägypten bis heute wirken würde.

Von allen ihren Bekannten und den Wissenschaftlern, mit denen sie auf der rationalen Ebene eng verbunden war und zusammenarbeitete, hat niemand je ein negatives Wort über sie geäußert oder ihr in irgendeinem Punkt widersprochen. Nie konnte man ihr nachweisen, daß sie etwas über das alte Ägypten gesagt hätte, was sich im Nachhinein als falsch herausgestellt hatte.

Dr. Hanny El Zeini, ein Chemiker, begleitete Dorothy in den nächsten zwölf Jahren und wurde zu ihrem engsten Freund. Gemeinsam forschten und publizierten sie, unter anderem das Buch „Abydos – Holy City of Ancient Egypt". Gerade diesem Mann hatte sie ihre tiefsten ägyptischen Reinkarnationserinnerungen anvertraut. Vom Anfang ihres Kennenlernens an entschied sich El Zeini, die Aussagen von Dorothy über den Garten des Tempels zu verifizieren. Mehrmals sprach er mit dem Leiter der Ausgrabungen, und man zeigte ihm schließlich den Platz, wo man den Garten entdeckt hatte. Es waren dort Bewässerungskanäle zu sehen, aber die Überreste von Baumstämmen und Wurzeln waren schon vom Sand der Wüste zugeschüttet. Der Ausgrabungsleiter beschrieb die Rolle von Omm Seti bei den Ausgrabungen folgendermaßen: „Sie war es, die die Wurzeln der Bäume entdeckt hat. Sie hat auch immens geholfen, einen Tunnel zu finden, der unter dem nördlichen Teil des Tempels verläuft. Sie scheint einen geheimnisvollen Sinn für das Terrain zu besitzen, über das sie läuft. Ich bin erstaunt über ihre tiefen Kenntnisse, was diesen Tempel und seine Umgebung betrifft. Ich wage zu behaupten, daß die Anwesenheit dieser Frau absolut unentbehrlich ist, während jeglicher archäologischer Expeditionen in der Region Abydos."

Diese Einschätzung überzeugte El Zeini. Er war sich nun sicher, daß diese Frau wirklich etwas wußte. Kurze Zeit später erzählte Dorothy ihrem Freund die wohl unglaublichste Geschichte im Zusammenhang mit ihren ägyptischen Wurzeln.

Laut Aussage von Dorothy hatte sich Pharao Seti I. in das Mädchen Bentreshyt verliebt, als er sie im Garten des Tempels getroffen hatte. Sie war damals vierzehn Jahre alt. Ihre Verbindung war gefährlich, weil die Gesetze des Tempels verlangten, daß das Mädchen eine Jungfrau bleiben mußte. Leider wurde Bentreshyt doch schwanger, und die Priester des Tempels zwangen sie zur Aussage, daß sie einen Liebhaber hatte. Sie sagten ihr auch, daß sie für dieses Vergehen die Todesstrafe erhalten würde. Da sie Angst hatte, daß während eines Prozesses die Identität ihres Liebhabers herauskommen könnte, tötete sie sich selbst. Der Pharao Seti I. soll geschworen haben, daß er sie niemals vergessen würde.

Ab diesem Moment wird die ganze Geschichte um Dorothy Eady bizarr. Sie sagte, als sie vierzehn Jahre alt war, sei der Pharao zu ihr zurückgekehrt und habe ihr einen Besuch abgestattet. Sie erzählte, eines Nachts aufgewacht zu sein mit einem Gefühl, daß eine große Schwere auf ihre Brust drückte. Als sie die Augen öffnete, sah sie das mumifizierte Gesicht des Pharaos. Dorothy war schockiert und gleichzeitig überglücklich. Es war für sie so, als ob das, worauf sie gewartet hatte, nun endlich eingetroffen war.

„Dann hat er mir das Nachthemd heruntergerissen.", erzählte sie weiter.

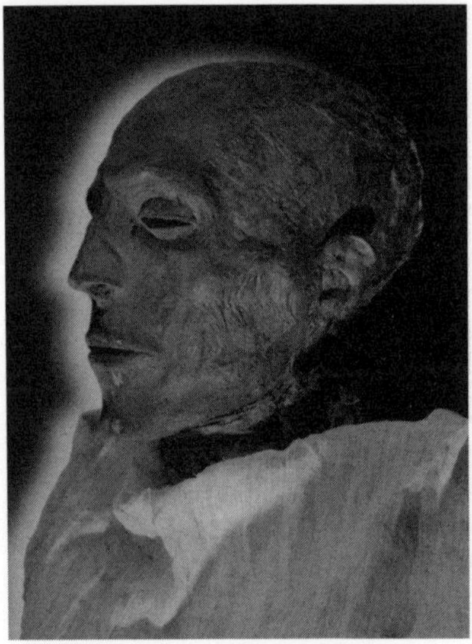

Abb. 5: Mumie des ägyptischen Pharaos Seti I.

Der nächste „Besuch" von Seti fand statt, als Dorothy schon in Ägypten wohnte. Er kam wieder, aber schon nicht mehr als Mumie, sondern als Mann im Alter von etwa sechzig Jahren. Sie „trafen" sich weiter, und sie und ihr astraler Liebhaber verbrachten zahlreiche Nächte zusammen. Die Zeiten für die Treffen waren nach ihrer Aussage auch durch bestimmte Regeln festgelegt. Seti konnte sie nur deshalb besuchen, weil er dafür die „Erlaubnis" bekommen hatte von einem „Rat von Amentet". Das ist der Name des ägyptischen Jenseits. Seti soll zu ihr gesagt haben, sobald sie nach Amentet käme, würde er sie heiraten.

Die Verbindung zum Geist eines Pharao war der wahre Grund, daß sie so lange nicht nach Abydos kam. In Abydos sollte Dorothy schon wieder die Rolle einer Priesterin spielen und keusch leben. Diesmal entschied sie sich, diese Regel zu befolgen. Sie war überzeugt, wenn sie sich diesmal an die Regel halten würde, könnte sie nach dem Tode tatsächlich mit Seti zusammen sein.

Während ihres gesamten Aufenthalts in Ägypten führte Dorothy Eady auch ein geheimes Tagebuch, dem sie alle ihre Erlebnisse anvertraute. Sie selbst hat zu ihren Erlebnissen stets Distanz gehalten, und manchmal machte sie sich ernsthafte Gedanken, ob sie nicht „verrückt“ sei. Sie zog in Betracht, daß der Treppensturz in ihrer Kindheit Spuren in ihrem Gehirn hinterlassen hatte und daß dies für diese ganzen Erlebnisse verantwortlich war.

Der Journalist Jonathan Cott, der als einziger eine Biographie von Dorothy Eady geschrieben hat, sprach mit vielen Experten über ihren möglichen Geisteszustand. Nach Aussage der Experten lebte Dorothy in ihrer eigenen parallelen Wirklichkeit. Doch dabei war sie vollkommen rational und normal in ihren Alltagshandlungen, und es behinderte sie nicht dabei, ihren Pflichten nachzukommen. Im Gegenteil – es hatte ihr Leben bereichert. Auf jeden Fall steht fest, daß sie während ihres gesamten Lebens keine Psychotherapie benötigt hat. Sie war als Wissenschaftlerin in Fachkreisen allseits geschätzt und respektiert. Das Vorwort zu ihrer Biographie schrieb kein Geringerer als der anerkannte amerikanische Astronom Carl Sagan, der von dieser Frau genau so fasziniert war wie alle anderen, die sie kannten.

Es stellt sich die Frage, ob hier tatsächlich ein Fall von Reinkarnation vorliegt, oder ob Dorothy Eady ihr Wissen über Ägypten und speziell über den alten Tempel aus anderen Quellen bezogen hatte. Fest steht, daß sie dieses Wissen nicht aus irdischen Quellen hatte. Sie wußte von Fakten, die zu jener Zeit in keinem Lehrbuch zu finden waren. Viele Experten sind der Meinung, daß der unglaubwürdigste Teil ihrer Erfahrungen – die „Liebesaffäre“ mit Seti – eine Art von Wachträumen gewesen sein konnte, in denen sie zu Informationen Zugang hatte, die sie nicht in der Lage war zu interpretieren.

Auch ihre Behauptungen über den Garten im Tempel von Abydos relativieren sich, wenn man berücksichtigt, daß fast alle ägyptischen Tempel Gärten hatten. Allerdings machte die Archäologie im Jahre 1908 auf diesem Gebiet erst ihre ersten Schritte, und ein vierjähriges Kind hätte davon auf keinen Fall etwas wissen können. Omm Seti betonte oft, daß sich unter dem Tempel in einer Geheimkammer historische und religiöse Dokumente befinden würden. Wenn diese Dokumente eines Tages gefunden würden, wäre das eine Entdekkung, die die Öffnung des Grabes von Tutenchamun in den Schatten

stellen würde. Bis jetzt aber ist niemand den Informationen von Dorothy Eady nachgegangen.
Im Gegensatz zu der Information über den Garten und den Tunnel, die aus „persönlichen Erinnerungen“ von Omm Seti stammen, hat sie die Details über die unterirdische Bibliothek während eines ihrer „Treffen“ mit dem Pharao Seti erfahren. Manche Fragmente dieser Gespräche sind in ihren Tagebüchern erhalten und wurden von Jonathan Cott in der Biographie zitiert. Unabhängig davon, ob wir es hier mit Phantasie oder Realität zu tun haben, sind diese Gespräche faszinierend. Wir kommen hier an eine Fülle von Informationen, die die unterschiedlichsten Lebensbereiche betreffen, von Moral und Sex bis hin zu den Möglichkeiten für Flüge in den Kosmos. Notabene – Seti vertrat bezüglich der kosmischen Reisen eine eher ablehnende Haltung.
Ironischerweise sind heute die wissenschaftlichen Programme zur Suche nach außerirdischer Intelligenz mit dem Namen SETI verbunden (Search for Extraterrestrial Intelligence).
Auch viele historische Details, die Seti angeblich Dorothy mitgeteilt haben soll, stimmen. Es wurde bestätigt, daß Seti das Osirion in Abydos nicht erbaut haben konnte, weil es viel älter ist. Der Pharao hat ihr angeblich auch gesagt, daß die Sphinx zum Kult des Gottes Horus erbaut worden sei und viel älter sei als das Reich des Pharaos Chefren (2350 v. Chr.), der für den Erbauer der Sphinx gehalten wird. Bis heute sind diese Fakten umstritten, aber viele Ägyptologen teilen diese Ansicht.
Omm Setis Tagebücher sind bislang als Ganzes nicht veröffentlicht. Dies wäre allerdings nötig, um das Material umfassend bewerten zu können. Es ist schade, daß eine so einmalige Persönlichkeit niemals von einem Psychologen oder Parapsychologen untersucht worden ist. Es gibt nämlich viele Menschen, die von sich behaupten, in früheren Leben ihre Wurzeln in Ägypten gehabt zu haben. Aber niemand hat so überzeugend und nachweislich korrekt wie Omm Seti seine Behauptungen untermauern können. Es ist auch bemerkenswert, daß bis jetzt kein Mensch, weder aus Ägypten, noch aus dem westlichen Kulturkreis, je so ein tiefes Wissen über Abydos gehabt hat wie sie. Der Ägyptologe und Experte für die XIX. Dynastie (zu der auch Seti I. gehörte), Kenneth Kitchen von der Universität Liverpool, hat Dorothy Eady bewundert, doch seine Meinung über die ganze Geschichte war

folgendermaßen: „Omm Seti hatte gute Schlußfolgerungen bezüglich des Seti-Tempels erreicht, weil sie dort viel mehr Zeit verbracht hatte als wir alle *(vor allem, als sie vier Jahre alt war, Herr Dozent! Anm. d. Autoren).* Deshalb hatte sie die Möglichkeit, verschiedene Beobachtungen zu machen. Das hat nichts mit irgendwelchen früheren Leben zu tun... Das jetzige Leben ist mehr als ausreichend!"

Wir wollen uns hier nicht in die Diskussion einmischen, ob Dorothy nun eine Reinkarnation einer ägyptischen Priesterin war oder nicht, doch von einem Universitätsprofessor sollte man schon erwarten, daß er sich die Fakten nicht so willkürlich zurechtbiegt.

Dr. James P. Allen, der ehemalige Chef eines amerikanischen Forschungszentrums, erinnert sich: „Sie war auf keinen Fall ein Scharlatan. Omm Seti glaubte tatsächlich selbst fest an alle diese Verrücktheiten; sie war von alledem so tief überzeugt, daß diese Geschichten fast den Eindruck einer realen Vision machten, einer Fata Morgana. Man konnte sie fast sehen. Sie konnte dich in einen Zustand bringen, daß du deine eigene Wahrnehmung der Realität in Frage stelltest."

Sollte sie wirklich früher einmal ägyptische Priesterin gewesen sein, so würde es uns nicht wundern, daß sie das konnte...

Es ist durchaus möglich, daß eines Tages eine archäologische Entdeckung einen Beweis erbringt, der Omm Seti bestätigt. Wenn diese Bibliothek unter dem Tempel gefunden würde, würde der Fall Omm Seti sofort ganz anders eingeordnet werden müssen. Aber selbst dann wird uns die eigentliche Quelle der Information nicht bekannt sein. Waren sie Resultat tiefer eigener Kenntnisse über Abydos, oder kamen sie aus einer paranormalen Quelle? Ist Dorothy Eady ein Beweis für die Existenz der Reinkarnation, so wie sie es selbst glaubte, oder hat sie die Eindrücke aus der Vergangenheit empfangen mit Hilfe bestimmter Fähigkeiten, die sie selbst nicht verstehen konnte? Bedauerlicherweise können diese Fragen nach ihrem Tod nicht mehr geklärt werden. Der Fall wird für immer ein Rätsel bleiben.[4]

Gedächtnis ist überall

Bestimmt werden sich viele von uns jetzt fragen: Warum ereignen sich solche abgefahrenen Geschichten immer irgendwo und bei irgendwem, aber nicht bei mir? Abgesehen davon, daß es nicht unbedingt zum Lebenstraum eines Menschen gehören muß, nachts auf dem Bett eine Mumie zu sehen – jeder Mensch verfügt über eine

andere Art von Sensitivität, und nicht immer kann er bewußt Zugang zu subtilen Informationen haben.
Wir alle tragen in uns Informationen über frühere Ereignisse, Gefühle und Emotionen. Es ist unsere Aufgabe, aus diesen Grundlagen eine neue und selbstbewußte Persönlichkeit zu entwickeln. Bei den meisten Menschen geschieht dies vollkommen unbewußt (und nicht immer erfolgreich). Andere versuchen, sich dieser Informationen bewußt zu werden. Sie sind abrufbar

- in der Meditation
- in Träumen
- durch „Surfen" im morphogenetischen Feld
- in einer Rückführung
- in Déjà-vu-Erlebnissen
- durch Remote Viewing
- ganz spontan durch plötzliches Wissen.

Niemand ist Nobody. Doch wir sind nicht derselbe, der wir einmal „gewesen" sind. Jeder Mensch ist einmalig und unwiederholbar. Darin liegt eine Chance, erfolgreich zu sein und alte Belastungen loszuwerden. Das Schicksal läßt sich korrigieren.
Wir leben aber nicht nur, um unser Schicksal zu korrigieren. Das Leben soll auch Freude machen und uns neue und interessante Erkenntnisse bringen.
Selbstverständlich gibt es Menschen, die sich im Leben hauptsächlich auf ihre Intuition verlassen. Sogar ein hoch spirituell entwickeltes Wesen wird sich allerdings in der heutigen Welt nicht mehr zurechtfinden können, wenn es sich nur auf sein Gefühl verläßt. Es entspricht einfach nicht mehr unserer Lebensweise in der westlichen Zivilisation des 21. Jahrhunderts. Meist brauchen wir eine feste Basis, auf die wir vertrauen, um uns in der heutigen globalisierten Welt orientieren zu können.
Gerade eine gesunde Mischung aus Intellekt und Intuition erweist sich als erfolgversprechender Weg für den Menschen der Zukunft.
Doch wie wir alle wissen, war die Zukunft nicht nur „früher auch besser", wie es Karl Valentin einst ausdrückte, sie braucht auch eine

Vergangenheit. Es entspricht unserem Naturell, die Zeit dabei als einen linearen, gleichförmig dahinfließenden Ordnungsfaktor aufzufassen. Eine Zeit, die dafür sorgt, daß alles hübsch nacheinander geschieht, wie Anna einst an „Mister Gott“ schrieb.
Bleiben wir also vorerst noch ein wenig bei dieser bequemen Vorstellung. Zu den Zeitschleifen, die Sie vielleicht aus unserem Buch „Zeitfalle“ schon kennen, kommen wir später noch. Zuerst wollen wir uns um die sichere Basis unter unseren Füßen kümmern. Schließlich braucht eine Seele, die in der Materie Regie über das Leben zu führen hat, ein bißchen Komfort, und dazu gehört natürlich auch etwas Stabilität.
Aus der Literatur, vielleicht aus manchen Seminaren oder Fernsehberichten kennen sicher viele von Ihnen den Begriff „höhere Dimensionen“, die meist mit einer „jenseitigen Welt“ oder „geistigen Phänomenen“ in Verbindung gebracht werden.
Wenn wir schon ein wenig Mut gefaßt haben, können wir uns vorstellen, daß wir dieses ganze Dimensionstheater durch ein geschichtetes „Layer-Modell“ ersetzen. Jedes einzelne dieser Layers beschreibt dabei einen bestimmten Aspekt des Universums, also zum Beispiel Raum, Zeit oder auch geistige Aspekte, kann aber selbst noch eine innere Dimensionsstruktur haben.

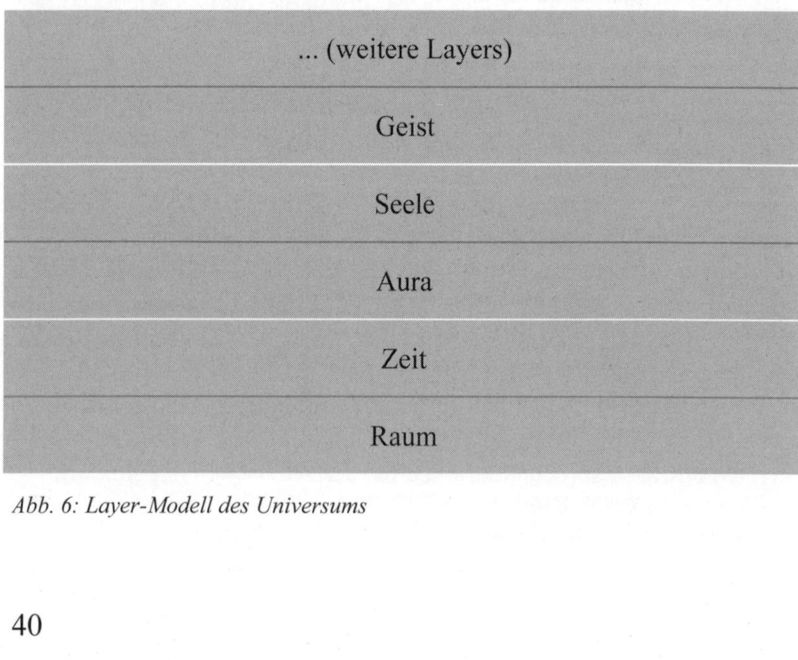

Abb. 6: Layer-Modell des Universums

So wissen wir zum Beispiel, daß der Raum, in dem wir leben, eine innere Struktur von drei Dimensionen hat – Länge, Breite und Höhe. Über die innere Struktur der Zeit wissen wir noch relativ wenig. Im Gegensatz dazu weiß man über die Aura eines Menschen schon zahlreiche interessante Details.

Wie kann man aber einer Seele erklären, was eine Seele ist? Das haben berühmte Philosophen seit Jahrtausenden nicht geschafft, also wollen wir es nicht einmal versuchen. Im tiefsten Innern seiner Seele trägt jeder von uns verborgene Schätze, aber auch zahlreiche Probleme. Sie können, müssen aber nicht, im Rahmen der Entwicklung eines Menschen eine nähere Betrachtung erfordern.

Und der Geist? Schon Hermes Trismegistos wußte, daß alle Materie aus dem Geist erschaffen sein soll. Dieses erste hermetische Gesetz bekräftigt also die Existenz einer hinter unserer materiellen Welt stehenden geistigen Schöpferkraft, was nicht allein Grundlage religiöser Gottesvorstellungen sein muß. Es besagt mehr, daß nämlich die Materie von dem einen (und einzigen) Geist erschaffen sei, daß es also überhaupt nur einen einzigen Geist gibt. Daraus folgt, daß unser menschlicher Geist selbst göttlich ist als ein Teil jenes einen Geistes, daß er eins mit allem ist.[5]

Sie merken schon, es ist alles ganz einfach... Dabei reden wir doch nur über den Menschen, der im Körper inkarniert ist.

Unseren Körper können wir am besten mit den Layers von Raum und Zeit beschreiben. Er nimmt ein gewisses begrenztes räumliches Volumen ein, und das auch nur für eine begrenzte Zeit. Doch als Ganzheit besiedeln wir auch die anderen Layers, in denen eher feinstoffliche Komponenten unseres Seins angesiedelt sind.

Was bedeutet es aber, daß wir „Informationen in uns tragen"? Wir tragen sie schließlich nicht in der Hosentasche. Solche Informationen können natürlich in unserem Gedächtnis angesiedelt sein, andere haben wir schon vergessen. Dann sagt man, daß wir sie im Unbewußten tragen. Lange Zeit nahm man an, daß Gedächtnis, Unterbewußtsein etc. ausschließlich im Gehirn lokalisiert seien. Die Erfahrungen mit Organtransplantationen haben allerdings bewiesen, daß das nicht so ist. Gedächtnis und Unterbewußtsein sind zumindest über den ganzen Körper verteilt, d. h. wir tragen Informationen letztendlich in jeder Zelle unseres Körpers, genauer: im Zellkern, in unserer Erbsubstanz, der DNA.

Damit meinen wir nicht, daß diese Informationen biochemisch in den

Bestandteilen des DNA-Moleküls enthalten sind. Sonst könnte man ja nach seiner Geburt keine neuen Informationen mehr aufnehmen.
Genaugenommen gibt es solche Informationen auch in unserer unmittelbaren Umgebung, in die das Energiefeld des Menschen, seine Aura, ausstrahlt. Was immer die Seele sein mag – der Anteil von ihr, den wir bewußt ausleben, unsere Psyche, wirkt durch alle Layers der Existenz hindurch bis auf die Zellebene des Körpers. Kurz gesagt: Man muß den Menschen holistisch betrachten, denn es erweist sich als unmöglich, geistigen Strukturen wie unserem Gedächtnis einen festen Ort zuzuweisen.

Informationen im morphogenetischen Feld

Wir sagten, Information ist unzerstörbar. Sie bleibt erhalten, solange es ein Trägermedium gibt, dem sie aufgeprägt werden kann. Kennen Sie ein paar derartige Trägermedien? Natürlich, es kann die Materie selbst sein, es können z. B. elektromagnetische Wellen sein. Wasser ist auch ein hervorragendes Trägermedium. Es gibt kaum jemand, der besser Informationen über Sie speichern kann als Ihre Schwiegermutter ☺. Auch Ihre Katze weiß über Sie mehr, als Sie denken. Was unser Hund wirklich von uns hält, gehört nicht hierher.
Darüber hinaus gibt es aber auch Informationsfelder, über deren genaue physikalische Natur man bislang noch recht wenig weiß. Der britische Biologe Rupert Sheldrake nannte sie morphogenetische Felder. In ihnen sind Informationen über Formen und Ereignisse gespeichert. Von dort sind diese Informationen auch wieder abrufbar, vorausgesetzt, man hat einen Zugang zu ihnen.
Wie kann man also an Informationen über „frühere Leben“ herankommen, z. B. in einem Traum? Die einfachste Möglichkeit ist es, sich kurz vor dem Schlafengehen auf den Bettrand zu setzen, in sich eine innere Stille entstehen zu lassen und sich zu sagen: Heute nacht möchte ich einen Reinkarnationstraum haben. Danach schnell auf das Kissen und einschlafen.
Die Erfahrung zeigt, daß Menschen – vorausgesetzt, sie erinnern sich überhaupt an ihre Träume – sehr detaillierte Reinkarnationsträume haben können. Meditationstechniken, die zu Reinkarnationserinnerungen führen können, sind ein Kapitel für sich, weil sie von den Menschen eine bestimmte Vorbereitung verlangen, bevor man sich selbst mit der Vergangenheit konfrontiert.

Man soll aber nicht glauben, man würde Meditationen oder Träume „brauchen", um Zugang zu Informationen aus dem morphogenetischen Feld zu erhalten. Das morphogenetische Feld liegt schließlich nicht einfach so herum und wartet darauf, ob zufällig irgend jemand meditiert. Es ist die entscheidende Struktur, über die der größte Teil der Kommunikation im Universum abläuft, und diese Kommunikation findet ständig statt. Nur sind uns diese Kommunikationsprozesse normalerweise nicht bewußt. Veränderte Bewußtseinszustände wie Traum oder Meditation dienen also nur als Hilfen, uns dieser elementaren Kommunikation bewußt zu werden.

Das morphogenetische Feld

Kernaussage der Theorie der morphogenetischen Felder ist es, daß jedes Ereignis im Universum von sich eine unsichtbare Spur hinterläßt. Dadurch wird es wahrscheinlicher, daß etwas Gewohntes sich wiederholt, als daß etwas vollkommen Neues geschieht.
Das morphogenetische Feld ist wie ein unsichtbarer Bauplan. Es beeinflußt spätere Ereignisse, sich ähnlich zur Vergangenheit auszurichten, so wie das Magnetfeld eines Stabmagneten Eisenfeilspäne zur Ausrichtung nach einem bestimmten Muster zwingt. Dadurch werden Abläufe in der Natur durch fortlaufende Wiederholung immer zwingender, bis sie schließlich fast unumgänglich werden. Rupert Sheldrake nennt diesen Vorgang morphische Resonanz.
Und doch führen diese Entwicklungen am Ende nicht zu einer statischen Welt, in der sich nichts mehr verändert. Es bleibt immer möglich, daß ein Ereignis vom Gewohnten abweicht und so ein vollkommen neues morphogenetisches Feld bildet, das dann die Basis für eine neue Entwicklungslinie darstellt.

Früher, als ich groß war...

Insbesondere Kinder im Vorschulalter haben diesen Zugang oft noch ganz unmittelbar, weil solche direkten Wahrnehmungen in diesem Alter noch nicht zu sehr durch intellektuelle Denkprozesse überlagert sind. So wurde Ulrike eines Tages mit einer seltsamen Behauptung ihres kleinen Sohnes konfrontiert:

Markus: „Mutti, ich fühle, daß ich früher schon mal erwachsen war."
Mutter: „Was hast du gemacht, als du erwachsen warst?"
Markus: „Ich habe mit der Natur gearbeitet."
Zuerst glaubte Ulrike, er würde sich das nur einbilden, doch Markus beharrte derartig auf seiner Behauptung, schon einmal groß gewesen zu sein, daß sie dann weiter fragte.
Mutter: „Als du erwachsen warst, haben wir uns da gekannt?'
Markus: „Ja, aber du warst ein Baby. Und bist schon als Baby wieder zum lieben Gott gekommen - wegen der Flut."
Mutter: „Und wer warst du?"
Markus: „Ein alter Mann."
Mutter: „Mein Großvater?"
Markus: „Nein, dein Babysitter."

Hatte Markus etwa wirklich schon einmal gelebt?
In der heutigen Zeit versteht man Reinkarnation eher als ein *Resonanzphänomen.* Der Mensch wird im Hier und Jetzt beeinflußt durch das Denken und Handeln von Menschen früherer Zeitalter. Dies ist nicht im Sinne historischer Entwicklungen gemeint. Er steht vielmehr in Resonanz zu einzelnen früheren Ereignissen und Erlebnissen früherer Menschen, die sein heutiges Leben prägen.
Als Konsequenz aus den theoretischen Vorarbeiten von C. G. *Jung* zum *kollektiven Unbewußten,* von *Rudolf Steiner* über die *Akasha-Chronik* und von *Rupert Sheldrake* über das *morphogenetische Feld* kann man heute tatsächlich von der Existenz eines *Informationsfeldes* nach Art eines Weltgedächtnisses ausgehen. Hierauf basiert die Vorstellung von Reinkarnation als Resonanz. In diesem Informationsfeld müßten dann nämlich alle Erlebnisse aller Menschen, die je gelebt haben, gespeichert und auch wieder reaktivierbar sein. Dies ermöglicht prinzipiell auch eine objektive, also von individuellen Erinnerungsbruchstücken unabhängige Zugangsmöglichkeit zur *Reinkarnationsspur* eines Menschen.

Halding-Karmaanalysen

Weshalb sollte ein Mensch überhaupt über frühere Leben erfahren? Die Überprüfung einer solchen Reinkarnationsspur eines Menschen ist deshalb sehr sinnvoll, da die im Unbewußten liegenden Erinnerungen an frühere Leben seine heutige Existenz mit prägen. Sehr häufig stehen sie

in Zusammenhang mit heutigen Lebensproblemen, deren Ursachen oft anders nicht erklärbar sind. Hier kommt zum Begriff der Reinkarnation noch der Gedanke des *Karmas* hinzu, der auf keinen Fall im Sinne einer „Bestrafung“ oder „Belohnung“ früherer Taten mißverstanden werden darf. Es handelt sich eher um einen Lernprozeß. Man lernt aus Fehlern, indem man sie nach Möglichkeit nicht wiederholt. Schwierig ist solch ein Lernprozeß dann, wenn man den Fehler, den man heute korrigieren soll, nicht in diesem Leben begangen hat und sich daher auch nicht daran erinnert. Die unbewußte Prägung ist aber trotzdem vorhanden und sorgt dann für rational nur schwer erklärbare Vorlieben und Abneigungen, Antriebe und Hemmungen. Gleiches gilt für Talente, Begabungen oder visionäre Fähigkeiten, die oft bei einem Menschen ganz plötzlich auftreten, ohne daß man es durch Vererbung erklären könnte.
Man kann davon ausgehen, daß Genies wie Einstein oder Mozart bereits bestimmte Voraussetzungen für ihre außergewöhnlichen Leistungen im Leben mitbrachten.
Das *Halding-Resonanzverfahren* ermöglicht es, aus dem genannten Informationsfeld genau die für heute wichtigen Anteile aus der Reinkarnationsspur eines Menschen herauszufiltern. Es ist also im Grunde keine klassische „Reinkarnationstherapie“, sondern eine *Karmaanalyse.* Es schildert punktgenau die Begebenheiten aus einer oder mehreren früheren Existenzen eines Menschen, die für sein heutiges Leben im Hier und Jetzt noch Bedeutung haben.
Man kann eine solche Halding-Analyse sogar erstellen, ohne daß der Mensch dabei ist. Er muß lediglich einige persönliche Daten angeben:

1. Den *Geburtsnamen* (so wie er in der Geburtsurkunde steht)
2. Den *Geburtsort* (so wie der Ort im Moment der Geburt hieß)
3. Das *Geburtsdatum*
4. Die *Uhrzeit der Geburt* (falls bekannt)

Erstaunlicherweise reichen diese vier Daten bereits vollkommen aus, um ein vollständiges Karmaprotokoll eines Menschen zu erstellen. Wenn der Betroffene es jedoch wünscht, kann er zusätzlich noch Angaben zu seiner heutigen Lebenssituation hinzufügen, etwa bestimmte Lebensprobleme oder die Namen wichtiger Bezugspersonen. Dies ermöglicht in diesen Themenbereichen dann noch präzisere Aussagen.
Alle angegebenen Daten werden in *Resonanzzahlen* umgewandelt, basierend auf einem speziellen numerologischen Verfahren.

Genau diese Zahlen bilden den Schlüssel zur Karmaanalyse. Sie ergeben so etwas wie einen PIN-Code des Menschen und ermöglichen den Zugang zu seinem „seelischen Fingerabdruck“ im morphogenetischen Feld („Akasha-Chronik“). Dadurch können ganz bestimmte Informationen über Karma und Lebensplan eines Menschen abgerufen werden.
Was geschah also wirklich, als Markus „schon einmal groß“ war?
Die Halding-Analyse für den kleinen Markus bestätigte nicht nur, daß er „schon einmal groß war“ (was ja selbstverständlich ist, wenn es so etwas wie Reinkarnation geben sollte), sondern auch die damalige Beziehung zu seiner heutigen Mutter:

„Im 17. Jh. lebte Ulrike in Bulgarien in einem kleinen Dorf. Sie war ein kleiner Knabe im Hause eines Bauern. ... Der Bauer war ein Witwer. ... Das Kind wurde gehütet von einem alten Nachbarn. Er war der Großvater des Nachbarbauern und ist heute Markus. Der Alte erzählte dem kleinen Knaben vielerlei Märchen von Riesen, Hexen und Zauberern...
Eines Tages trat der Fluß über die Ufer und riß das Haus des Bauern mit sich. Der kleine Knabe ertrank in den Fluten, aber der alte Mann hat ihn herausgeholt im Glauben, ihn zu retten. Es war leider zu spät.“

Die Halding-Analyse ergab aber noch weitere Details über Ort und Zeit des Geschehens, die sich hinterher objektiv überprüfen bzw. mit den Erinnerungen von Markus vergleichen ließen. So bat Ulrike ihren Sohn zum Beispiel, das Haus zu beschreiben, in dem er damals gewohnt hatte. Ihre Recherchen in Archiven und Bibliotheken ergaben später, daß die Bauart der Bauernhäuser, wie sie Markus beschrieb, tatsächlich für Bulgarien im 17. Jahrhundert typisch war.

Die Halding-Analyse erweist sich in vielen Fällen als sehr praktisch. Sie wird in schriftlicher Form vorbereitet und ermöglicht es dem Menschen, effektiv an seinen Erkenntnisprozessen selbständig zu arbeiten. An manchen Problemen knabbert er vielleicht zwei Monate, an anderen möglicherweise sogar Jahre. Jeder kann selbst seinen Weg und sein Tempo bestimmen. Es sind dazu keine aufwendigen Rückführungen in Hypnose notwendig, die nicht nur seelisch recht belastend, sondern aufgrund der notwendigen Anzahl von Sitzungen

auch recht teuer sein können. Es gibt Fälle, bei denen man auf Rückführungen nicht verzichten kann. Auf die unterschiedlichen Aspekte solcher Therapien werden wir später noch ausführlich eingehen.
Halding-Analysen bringen oft sehr überraschende Erkenntnisse zutage. Daher werden wir natürlich auch immer wieder gefragt, wie das Verfahren eigentlich funktioniert.
Es steckt zum Teil sehr altes Wissen hinter dieser Methode, und wir werden Ihnen jetzt teilweise verraten, wie es geht...

Und Gott würfelt doch...

BERLIN, INTERNATIONALE FUNKAUSSTELLUNG. Eine Woche lang standen die Messehallen am Funkturm ganz im Zeichen der bunten und etwas schrillen Welt der modernen Unterhaltungselektronik. Menschenmengen ohne Ende wälzten sich durch die Hallen, vorbei an flimmernden Multivisionsvideowänden, zwischen riesigen Plasmabildschirmen, multimediafähigen Handys, iPods und MP3-Playern.

Was für die einen aufregend und interessant war, war für andere nicht mehr als der alltägliche Streß. Carsten Vollmer hatte sich mittlerweile schon den dritten Kaffee eingegossen, und nachdem jetzt am Stand seiner Firma gerade einmal nicht so viel los war, drehte er sich mit seinem Drehstuhl um 180 Grad zu einem Computerbildschirm und surfte gelangweilt im Internet herum.

Es war ein nervtötender Routinejob. Nur selten kam ein Fachmann an den Stand, der ihm eine wirklich interessante Frage stellte. Achtzig Prozent der Zeit verbrachte Carsten damit, Prospekte zu verteilen, in denen seine Firma ihre neue Video-Bearbeitungssoftware vorstellte, an deren Entwicklung er maßgeblich beteiligt gewesen war.

Er schaute auf seine Uhr. Noch zweieinhalb Stunden absitzen, und dann Feierabend, den er – welch verlockende Perspektive! – vermutlich in einem ungemütlichen Hotelzimmer vor dem Fernseher verbringen würde, in Gesellschaft einer Minibar und einiger trockener Knabberkekse. Er kannte in Berlin praktisch niemanden, und nach all dem Trubel des Tages hatte er im Grunde auch keine Lust mehr auf Action.

„Allo!“, sprach ihn plötzlich jemand mit unverkennbar französischem Akzent von hinten an. Ohne sich umzudrehen, grabschte Carsten nach einem vorbereiteten Satz Prospekte und knallte das buntbedruckte Papier auf den Tresen. Doch diese Interessentin schien sich nicht so leicht abwimmeln zu lassen. „Aber aber, Monsieur!“, hörte er jetzt die Stimme wieder, „Halten Sie das etwa für moderne Kundenbetreuung?“

Carsten rückte seine gelockerte Krawatte wieder in eine korrekt-businessmäßige Position und drehte sich um. Vor ihm stand eine attraktive junge Frau, bekleidet mit Jeans und einer Windjacke, den modischen Rucksack lässig geschultert. Vor Überraschung fiel ihm fast die Kinnlade herunter. „Nicole-Marie? Was tust du denn hier?“

„Ich war einige Tage auf einem Fachkongreß in Berlin und wollte mir zum Abschluß noch die Messe anschauen. Ist das nicht irre? Da haben wir uns vor einem Jahr auf dem Flughafen von Mexico City Lebewohl gesagt und sind in die unterschiedlichsten Himmelsrichtungen davongeflogen, und jetzt laufen wir uns hier wieder über den Weg.“

„Vielleicht stecken wir in einer Zeitfalle?“, scherzte Carsten. Er mußte daran zurückdenken, wie sie sich während einiger ereignisarmer Tage auf hoher See an Bord des Kreuzfahrtschiffes die Zeit damit vertrieben hatten, einem liebevoll-verrückten Geschichtsprofessor die Grundlagen der Chaostheorie und der fraktalen Zeit beizubringen. Wir hoffen, daß auch Sie sich noch an diese Begegnung aus unserem Buch „Zeitfalle“ erinnern.

Nicole-Marie mußte lachen. „Eine Zeitfalle? Ja, warum nicht? Aber dazu fehlt uns eigentlich noch unser gemeinsamer alter Freund Hubert Schaffhauser.“

„Mal bloß nicht den Teufel an die Wand.“, brummte Carsten. Im Grunde hatte er den verschrobenen Professor durchaus gemocht. Allerdings war Schaffhauser für das Scheitern mehrerer Versuche von Carsten verantwortlich gewesen, mit Nicole-Marie einen kleinen Urlaubsflirt anzufangen – ganz einfach, weil er immer im unpassendsten Moment dazugekommen war.

„Keine Angst, mon ami,“ lachte Nicole, „was sollte der schon hier in deiner digitalisierten Welt zu...“

Sie konnte ihren Satz nicht beenden, denn sie sah, wie Carstens Gesichtsausdruck plötzlich erstarrte. Augen und Mund waren weit geöffnet, und er brachte nur zwei Worte heraus: „Doch Zeitfalle!“

Nicole-Marie drehte sich um und sah, wie etwa zehn Meter von ihnen entfernt ein älterer, grauhaariger Mann mit Vollbart gedankenversunken den Gang entlangschlenderte. Er war wie ein Tourist gekleidet und trug in beiden Händen Plastiktüten, die mit Prospekten und anderen typischen Jagdtrophäen von der Funkausstellung vollgestopft waren.

„Ich glaub’, mich knutscht ein Elch!“, sagte Nicole-Marie, „Das ist doch tatsächlich unser Professor. Was sucht der denn hier?“

Hubert Schaffhauser machte ein ernstes Gesicht, und zu Carsten gewandt beantwortete er die Frage: „Sie, Herr Vollmer.“

Carsten Vollmer versuchte es gar nicht erst, seine Überraschung zu verbergen. Doch bevor er etwas antworten konnte, fuhr Schaffhauser fort: „Ich hatte schon mein Flugticket nach Hamburg, da rief ich Gott sei Dank noch bei Ihrer Firma an, um mich mit Ihnen zu verabreden." Er wedelte mit der Visitenkarte, die ihm Carsten damals in Mexiko gegeben hatte. „Dort sagte man mir, daß Sie hier seien, also buchte ich um, und da bin ich."
„Da sind Sie.", wiederholte Carsten mit leicht unterkühltem Tonfall in der Stimme, „Und gefunden haben Sie mich auch. Was kann ich also für sie tun?"
„Nicht hier," sagte Schaffhauser, fast flüsternd, „können wir uns nicht nachher irgendwo in der Stadt treffen, wenn Sie hier fertig sind?"
Na super, dachte Carsten bei sich. Er hatte schon insgeheim Pläne geschmiedet für ein romantisches Wiedersehens-Candlelight-Dinner mit Nicole-Marie. Na klar, da durfte doch dieser Mensch nicht fehlen.
„Es ist wirklich wichtig", fügte Schaffhauser hinzu, mit eindringlichem Tonfall in der Stimme.
„Na ja, wenn Sie extra deswegen aus München hierher geflogen sind..." Carstens Widerstand war gebrochen. „Also, Professor, ich habe hier noch bis sechs zu tun. Dann treffen wir uns am Haupteingang, am Dag-Hammarskjöld-Platz."
„Die Einladung gilt natürlich auch für Sie, Mademoiselle.", sagte Schaffhauser, dann packte er seine Siebensachen wieder zusammen und ging.
Nicole-Marie zuckte erst mit den Schultern, während sie Carsten ansah. Dann prustete sie vor Lachen. „Ich glaube, er ist doch verrückt."
Als Carsten und Nicole-Marie kurz nach 18.00 Uhr das Messegelände verließen, wartete nicht nur Hubert Schaffhauser auf die beiden, sondern auch ein Taxi mit laufendem Motor. Offenbar hatte der Professor keine Zeit zu verlieren, und er hatte den Taxifahrer auch schon genau über sein Ziel instruiert, denn kaum waren sie alle eingestiegen, da brauste der Wagen auch schon los, vorbei am Charlottenburger Schloß, das in der tiefstehenden Abendsonne in den tollsten Farben erglühte. Über den Kreisverkehr am Ernst-Reuter-Platz kamen sie zur Technischen Universität und schlugen dann den weiteren Weg durch den Tiergarten ein. Als sie auch Reichstag und Brandenburger Tor hinter sich gelassen hatten und in die „Linden" eingebogen waren, neigte sich ihre Fahrt dem Ende zu. Direkt neben der alten Staatsoper, am Opernpalais, hielt das Taxi an.

„Gehen Sie ruhig schon rein.“, sagte Schaffhauser, „Ich habe für uns einen Tisch reserviert, ich muß nur noch das Taxi bezahlen.“
Schickes Ambiente, dachte Carsten, als er sich umsah. Gleich vis-à-vis die Neue Wache, daneben die alte Staatsbibliothek und das historische Hauptgebäude der Humboldt-Universität mit den überlebensgroßen Standbildern der beiden Gründer, Alexander und Wilhelm von Humboldt. Unendlich fern erschien ihm jetzt die laute, bunte Glitzerwelt der Unterhaltungselektronik, wiedererstanden dagegen die Epoche des klassischen Humanismus. Klar, das hier war Schaffhausers Welt. Offenbar brauchte er für das Gespräch ein Heimspiel.
Auch beim Essen bewies Schaffhauser als Gastgeber Stil. Er wartete mit seinem eigentlichen Thema bis zum Dessert.

Melodie der Schöpfung

„Wir haben doch auf unserer Reise viel über Chaos, Fraktale[6] und die Kultur der alten Mayas gesprochen. Sie sagten damals, unsere ganze Welt, alle historischen Ereignisse, würden aufgebaut aus einer Art fraktaler Matrix.
Die Mayas hatten diese Zeitfraktale eingehend studiert und berechenbar gemacht. Die Frage, die sich nun stellt, ist folgende: Wenn man das Prinzip dieser fraktalen Matrix verstanden hat, dann müßte es doch eigentlich möglich sein, gezielt in diese Matrix einzugreifen, um z. B. Daten aus ihr auszulesen oder sie sogar zu manipulieren, d.h. den Verlauf der Geschichte zu erkennen, vielleicht sogar zu ändern, oder nicht?“
Carsten Vollmer wiegte den Kopf hin und her. Aus seinem Gesichtsausdruck sprach Skepsis. „Natürlich, in einer synthetischen, simulierten Computerwelt wäre das möglich, aber in der Realität - nicht wirklich.“
„Und wenn ich Ihnen sage, ich habe vermutlich eine Quelle gefunden, daß jemand das kann - das heißt konnte - vielleicht schon vor Jahrtausenden?“
„Ist das Ihr Ernst?“
„Ja, nur brauche ich das Fachwissen von Ihnen beiden, um beurteilen zu können, ob ich da richtig liege.“
Carsten gab ihm ein Zeichen mit der Hand, daß er zur Sache kommen sollte. Schon zwei Stunden hatte er jetzt für Schaffhauser geopfert, und noch immer wußte er nicht, ob es nicht vertane Zeit war.
„Also.“, Schaffhauser schien zu einer größeren Rede anzusetzen. „Es

gab bzw. gibt neben den Mayas noch ein zweites Volk, das absolut fasziniert war von Zahlen und Mathematik, so sehr, daß die Mathematik Eingang in seine religiösen Vorstellungen fand. Ich spreche hier von den Juden."
Carsten und Nicole-Marie schauten den Professor etwas ungläubig an, aber ihr Interesse war geweckt.
„Die Juden hatten – und haben bis heute – ein ausgeklügeltes System, das auf der Austauschbarkeit von Zahlen und Buchstaben ihres Alphabets beruht. Kurz gesagt – sie sind fasziniert von der Vorstellung, in ihren heiligen Schriften, z. B. des Alten Testaments, zusätzliche verschlüsselte Informationen zu entdecken. Dazu hatten sie die *Gematrie* entwickelt, ein System zur Ver- und Entschlüsselung von Begriffen, basierend auf einer solchen Entsprechung von Zahlen und Buchstaben. Das alles ist in ihren geheimen spirituellen Büchern enthalten, der Kabbala."
Carsten Vollmer lehnte sich entspannt zurück. „Die Kabbala? Aber Professor. Das sind doch nur irgendwelche Wahrsagemethoden, die, so weit ich weiß, auch erst im Mittelalter in Europa entstanden sind."
„Irrtum. Dieser Eindruck entstand nur in heutiger Zeit, weil Unwissende das alte Wissen derart trivialisiert haben.", warnte Schaffhauser. „Das originale Wissen ging viel tiefer. Sie haben recht, die Kabbala, wie wir sie heute kennen, wurde etwa im 12. und 13. Jahrhundert verfaßt, vorwiegend in Südfrankreich und Spanien. Aber bedenken Sie den Namen. Das Wort Kabbala ist natürlich hebräisch und bedeutet *Überlieferung*. Die kabbalistischen Schriften fußen auf einem uralten Wissen, das zuvor vielfach nur mündlich weitergegeben worden war.
Nicht so eilig also, Carsten. Lassen Sie mich es erklären. Die Kabbala war ursprünglich eine Sammlung heiliger Schriften, die keine Aufnahme ins Alte Testament gefunden hatten, unter anderem auch deswegen, weil dieses Wissen nicht für jedermann verfügbar sein sollte. Es ging darin um Methoden, um einen direkten spirituellen Kontakt zu Gott zu erreichen. Ich wette, Nicole-Marie würde es eine Art visionärer Erlebnisse nennen. Eine solche Erfahrung hatte einst der Prophet Hesekiel geschildert, der eine Vision vom sogenannten Gotteswagen, der *Merkaba*, hatte.
Interessanterweise landeten die Kabbalisten daraufhin nicht, wie man erwarten könnte und wie es bei anderen Religionen auch der Fall war, bei Askese- und Meditationsübungen, sondern bei diesem selt-

samen Decodierungs- und Verschlüsselungssystem. Sie waren davon überzeugt, die Welt sei ursprünglich erschaffen worden durch das Aussprechen von Worten."
Schaffhauser sah ein Schmunzeln in Carstens Mundwinkel. „Keine voreiligen Schlüsse.", fuhr er fort, „In Ihrem Computer machen Sie schließlich das Gleiche. Sie erschaffen ganze virtuelle Welten durch das Formulieren von Programmen, die Sie dann ablaufen lassen. Was ich Ihnen jetzt hier erzähle, ist das Resultat monatelanger Recherchen und eines intensiven Quellenstudiums. Also, im kabbalistischen Buch Sefer Jezira, das nach allgemeiner Auffassung etwa aus dem 3.-6. Jahrhundert n. Chr. stammt, heißt es: *22 Buchstaben; Er zeichnete sie ein, Er baute sie aus, Er wog sie, Er wechselte sie, und Er kombinierte sie, und Er formte mit ihnen die Seele der ganzen Schöpfung und alles, was zukünftig geschaffen werden wird.*
Und nun das Gleiche – etwas weniger präzise für das breite Volk – am Anfang des Johannes-Evangeliums, wo ausdrücklich gesagt wird: *Am Anfang war das Wort*. Später haben sich auch viele christliche Mystiker der Kabbala zugewandt und das alte Wissen durch Verbindung mit neuplatonischen und arabischen Quellen weiterentwickelt. Am kraftvollsten scheint mir aber die ursprüngliche Version gewesen zu sein."
„Und Sie glauben tatsächlich, mit diesem Kabbala-System könne man die Welt erschaffen?"
„Ich glaube inzwischen, daß sich Worte unter gewissen Umständen materialisieren können.", sagte Schaffhauser, „Aber für einen normalen Menschen ist das sicher schwierig zu bewerkstelligen."
„Heißt das, ich könnte mir eine schöne Wohnung materialisieren, mit voller Einrichtung?", fragte Nicole-Marie.
„Im Prinzip ja, das heißt nein, eher nicht. Wie im Buch *Kusari* des Kabbalisten *Jehuda Halevi* erklärt wird, besteht die Schöpferkraft Gottes in einer vollkommenen Einheit (Übereinstimmung) von *Sefar*, *Sippur* und *Sepher*, d. h. *Zahl*, *Sprache* und *Schrift*. Beim Menschen, so Halevi, existiert eine solche Kohärenz nicht. Wir zählen mit dem Intellekt, sprechen mit dem Mund und schreiben mit der Hand.
Menschliche Worte, Schrift und Gedanken beschreiben ein Objekt, ohne das Objekt selbst zu sein. Göttliche Berechnungen, Worte und Schriften hingegen – so die Kabbalisten – erschaffen ein Ding, mit dem sie vollkommen identisch sind. So etwas kann ein normaler Mensch sicher nicht vollbringen.

Was aber einfacher möglich sein könnte, ist es, auf diese Weise irgendwie einen Zugang zur Matrix zu erhalten, zu Informationen, die ihr eingeprägt sind, kurz gesagt: Zu den Zeitschleifen und Zeitfraktalen.[7]
Daß die Juden dieses Wissen zumindest für schützenswert gehalten haben, dafür spricht die Tatsache, daß sie einige strenge Regeln und Gesetze aufgestellt hatten, die – isoliert betrachtet – absonderlich erscheinen. So zum Beispiel, daß der Name Gottes nicht ausgesprochen werden durfte."

„Davon habe ich schon gehört.", warf Nicole-Marie ein.

„Schauen Sie sich die zehn Gebote an. Die meisten von ihnen bringen den Leuten ganz elementare Moralbegriffe bei – du sollst nicht töten, du sollst nicht stehlen usw. Das zweite Gebot wirkt dagegen in heutiger Zeit sehr merkwürdig: *Du sollst den Namen des Herrn, deines Gottes, nicht unnützlich führen, denn der Herr wird den nicht ungestraft lassen, der seinen Namen mißbraucht.*

Abb. 7: Das „Speculum Cabalae mysticae" aus dem „Oedipus Aegyptiacus" von Athanasius Kircher, einem christlichen Kabbalisten des 17. Jh., zeigt in einer Kreisform die 72 Namen Gottes. Im Zentrum finden sich die hebräischen Schriftzeichen „JHVH", das Tetragrammaton.

Die Kabbalisten hatten Gott insgesamt 72 Namen erteilt, die seinen unterschiedlichen Eigenschaften entsprechen sollen.

Der eigentliche geheime Name Gottes durfte zwar *aufgeschrieben* werden, aber auch nur deshalb, weil er sogar beim Aufschreiben im Grunde *nicht* aufgeschrieben wurde."

Nicole-Marie rollte bei dieser Bemerkung mit den Augen, und Carsten räusperte sich leise. Doch Schaffhauser war weiterhin voll in seinem Element.

„Der Name Gottes lautet in

hebräischer Schrift JHVH...", er zeichnete dabei auf ein Blatt Papier die hebräischen Schriftzeichen

יהוה

„...wobei die vier Buchstaben auch den vier Elementen entsprechen sollen, dem *Tetragrammaton*, aus dem die Schöpfung aufgebaut ist. Das hebräische Alphabet umfaßt nur Konsonanten, die nach Ansicht der Kabbalisten lediglich die Textur der Welt bilden, wohingegen den Worten das Leben und damit die Macht erst durch die Vokale eingehaucht wird. Daß diese Vokale in den Schriften nicht mitgeschrieben wurden, bedeutet offenbar, daß die Texte davor bewahrt werden sollten, von Unbefugten ausgesprochen zu werden, da die zu den Gottesnamen gehörenden Vokale nur Eingeweihten bekannt waren. Den geheimen Namen Gottes durfte selbst der Hohepriester im Tempel von Jerusalem nur einmal im Jahr, zum Fest Jom Kippur, aussprechen, und selbst dann auch nur, wenn er sich ganz allein im Allerheiligsten befand."

„Das alles sind sicher interessante historische und philosophische Betrachtungen. Die Frage ist nur – wie können wir Ihnen helfen?", warf Carsten ein.

„Ich brauche physikalisches und mathematisches Fachwissen, um festzustellen, ob sich das Ganze irgendwie einordnen läßt. Sie beide sind dafür wie geschaffen. Es geht mir darum, daß die jüdischen Eingeweihten offenbar viel über die Kraft des gesprochenen Wortes wußten. Wenn Worte sich in der Realität manifestieren können, dann ist es klar, daß die Öffentlichkeit vor unbefugter Benutzung derartigen Wissens geschützt werden mußte. Die ganzen seltsamen Verbote wären also erklärlich.

Es ging sogar so weit, daß man damals ganz konkrete Anweisungen für die korrekte Aussprache von Namen und Worten gab. Moment, ich muß mal meine Notizen hervorholen.

Abraham Abulafia, ein Kabbalist des 13. Jahrhunderts, schrieb dazu: *‚Trenne nicht zwischen einem Atemzug und dem Atemzug eines Buchstaben, sondern halte ihn durch, ob der Atemzug nun ein kurzer oder ein langer sei. Doch zwischen den Buchstaben des Namens und dem Aleph in der Geraden oder zwischen dem Aleph und dem Buchstaben des Namens in den umgekehrten Reihen kannst du zwei Atemzüge tun, ohne etwas auszusprechen, aber nicht mehr. Und nach Abschluß jeder Reihe darfst du fünf Atemzüge tun, nicht mehr, doch können es auch weniger als fünf sein.'*"

„Also, Professor, wenn das so weitergeht, werde ich in Zukunft meinen Kaffee immer drei Mal linksherum und vier Mal rechts herum umrühren. Vielleicht auch fünf Mal, aber auf keinen Fall mehr als sechs.“
Carsten, der gerade getrunken hatte, verschluckte sich vor Lachen. Schaffhauser tat so, als hätte er das alles nicht gehört, und fuhr mit seinem Vortrag fort:
„Nun wissen wir heute, daß Sprache auch Frequenz bedeutet, und jetzt, so denke ich, können wir zur modernen Naturwissenschaft überwechseln. Die Festlegung solcher Atemregeln zeigt deutlich, daß es darum ging, bestimmte Frequenzen beim Sprechen einzuhalten. Und ich denke doch, daß man mit Frequenzen einiges bewirken kann. Wir haben auf unserer Reise bereits über Rituale gesprochen, mit denen Zeitschleifen ausgelöst werden können...“
Nicole-Marie nahm einen Schluck Kaffee und formulierte dann ihre Antwort.
„Es ist zwar nicht mein unmittelbares Fachgebiet, aber meines Wissens steht es außer Frage, daß das gesprochene Wort sehr große Macht ausüben kann. Einmal natürlich direkt durch den hörbaren Inhalt, in Form von Propaganda zum Beispiel.“
„Die Kabbalisten unterschieden aber zwischen drei Ebenen, auf denen ein Text wirken kann, speziell natürlich, wenn er aus der Bibel stammte. Da gab es *Pshath*, den wörtlichen Sinn, *Drash*, die Erklärung und *Sod*, den verborgenen Sinn. Der verborgene Sinn wurde rein mathematisch berechnet, indem man die Buchstabenwerte addierte.“
„Ich war ja auch noch nicht fertig.“, unterbrach ihn Nicole-Marie. „Ich denke, daß Worte auch unterschwellig wirken können und dabei noch andere Wirkungen auslösen, etwa in der Hypnose, aber auch bei suggestiver Beeinflussung von Menschen im normalen Tageserleben. Die Sprache spricht gleichzeitig unterschiedliche Bewußtseinsschichten an.“
„Aber könnte man dadurch auch Zugang zu Zeitschleifen und Zeitfraktalen der Matrix erhalten?“
„Ich weiß es nicht. Es ist aber bekannt, daß auch Psychologen und Ärzte bereits im 19. Jahrhundert nach mathematischen Regelmäßigkeiten und Zahlenrelationen in der menschlichen Psyche suchten. Ein Beispiel ist der Berliner Arzt Wilhelm Fließ, der aufgrund

intensiver Beobachtungen an seinen Patienten bestimmte grundlegende Biorhythmen erkannte, einen 23-Tage-Zyklus und einen 28-Tage-Zyklus."

„Beide Zahlen spielen auch in der Kabbala eine wichtige Rolle.", fügte Schaffhauser hinzu.

„Dieser Doktor Fließ gehörte übrigens zu den Lehrern von Sigmund Freud, der anfangs von seinen Theorien begeistert war und auch selbst in den Daten seiner Patienten nach Rhythmen und Regelmäßigkeiten suchte. Er hat das später zugunsten seiner Traumdeutung nicht nur aufgegeben, sondern in seinen Publikationen sogar so eindringlich davor gewarnt, daß es den Anschein hatte, er hätte dieses Wissen möglicherweise für gefährlich gehalten."

„Warum?", fragte Carsten.

„Weil die Kabbalisten auch glaubten, daß der Name eines Dinges oder eines Menschen seiner eigentlichen Bestimmung, also seinem Schicksal, entspreche.", antwortete Schaffhauser. „Ich stelle mir vor, daß durch das Aussprechen eines Namens im Umfeld dessen, der diesen Namen trägt, ein gewisses Frequenzmuster erzeugt wird, das bestimmte Entwicklungen begünstigt oder verhindert."

„Also wirklich, Professor.", warf Carsten etwas ungeduldig ein.

„Moment, Carsten, du solltest offener sein.", ermahnte ihn Nicole-Marie, „Die moderne Genetik weiß inzwischen, daß sogar unsere Erbsubstanz, die DNA in unseren Zellen, auf Frequenzen reagieren kann, die mit menschlicher Sprache moduliert sind. Der Name eines Menschen gehört zu den Worten, die am häufigsten in seiner Nähe ausgesprochen werden. Es ist also durchaus möglich, daß der Name bzw. seine inhaltliche Bedeutung Einfluß auf das Schicksal eines Menschen nimmt."

„Jetzt kommen wir auf den Punkt.", rief Schaffhauser triumphierend, „Könnten Sie das bitte etwas genauer ausführen?"

„Gern. Vor einigen Jahren hat eine Moskauer Forschergruppe unter der Leitung des Molekularbiologen Pjotr Garjajev herausgefunden, daß die menschliche DNA von einer Lichtwelle umgeben ist, die Informationen speichern kann. Die Forscher fanden auch heraus, daß die Sprache der DNA, also der genetische Code, nicht nur biochemisch in den Basen der DNA vorhanden ist, sondern auch eher feinstofflich in dieser Lichtwelle, und daß er eine Grammatik besitzt, die allen menschlichen Sprachen zugrunde liegt. Die DNA reagiert also richtig, egal, ob sie auf Deutsch, Russisch oder Kisuaheli angesprochen wird.“ [8]

„Das heißt, hinter den Worten unserer Sprachen steht so etwas wie eine universelle Bedeutung.“, schaltete sich Carsten jetzt wieder in das Gespräch ein. Diesen Aspekt konnte er als Informatiker endlich nachvollziehen.

„Es steckt sogar noch mehr dahinter.“, betonte Schaffhauser und schaute dabei wieder auf seine Notizen. „Wie Mademoiselle Barthelier schon sagte – die verborgene Bedeutung wirkt sich auf den Träger des Namens aus. In der Genesis (2,19) heißt es, Gott habe gesagt, *wie der Mensch jedes Lebende nennen würde, so sollte sein Name sein*. Die Kabbalisten glaubten, die ersten Menschen hätten noch die göttliche Ursprache gesprochen und so den Dingen durch Benennung sofort auch eine Bedeutung verliehen. *Novalis* drückte es in den *Lehrlingen zu Saïs* folgendermaßen aus: *‚Die Sprache und die Sprachzeichen sind a priori aus der menschlichen Natur entstanden, und die ursprüngliche Sprache war echt wissenschaftlich. Sie wiederzufinden ist die Aufgabe des Grammatikers.*’“

Nomen est Omen

„Wenn man bedenkt, auf welche Weise so mancher Mensch zu seinem Namen gekommen ist, wird einem da doch etwas mulmig.“ Carsten war nachdenklich geworden. „Ich meine, die meisten Menschen erhalten ihren Namen doch ziemlich willkürlich.“

„Genau, und dann prägt dieser Name ihr ganzes Leben mit.“, fügte Schaffhauser hinzu. „Der Mensch wird mit etwas konfrontiert und weiß nicht warum. Klingt das nicht nach den alten Gesetzen des Karmas?“

„Meinen Sie Reinkarnation?“, fragte Nicole-Marie, „Ich denke, wir beschäftigen uns hier mit jüdischen Schriften, nicht mit Buddhismus.“

„Die meisten Religionen der Welt lehrten ursprünglich die Reinkarnation.“, erklärte Schaffhauser. „Speziell die jüdischen Kabbalisten waren zutiefst von der Seelenwanderung überzeugt. Im Buch Sohar heißt es: *Alle Seelen sind den Prüfungen der Seelenwanderung unterworfen. Die Menschen wissen nicht, was die Pläne des Allerhöchsten sind. ... Sie wissen nicht, wie viele Seelenwanderungen und geheimnisvolle Prüfungen sie durchmachen müssen.* Kurz gesagt: Die Kabbalisten glaubten an die Wiedergeburt und das Karma. Sie versuchten jedoch nicht, das Karma zu ergründen, weil ihnen dies durch strenge religiöse Gesetze untersagt war. Das heißt natürlich nicht, daß es nicht möglich wäre. Mehr noch – es muß möglich sein, denn sonst hätte man es ja nicht zu verbieten brauchen. Über Namen und Namensberechnungen kann man vermutlich auch Zugang zu früheren Leben eines Menschen erhalten und zu seinem Karma, d. h. zu den Ursachen so mancher heutiger Lebensumstände, die er sich nicht erklären kann."

„Da habe ich eine ganz verrückte Idee.", sagte Nicole- Marie. „Unter Karma versteht man doch, daß ein Mensch eine Lektion aus einem früheren Leben wiederholen muß. Im Grunde ist das nichts anderes als eine fraktale Zeitschleife, sozusagen ein unvollendetes Ritual."

Die beiden Männer sahen sie schweigend an. Offenbar hatten sie ihren Gedankengang noch nicht ganz verstanden.

„Was ich meine, ist Folgendes: Ein Ritual ist doch nicht notwendigerweise etwas Magisches oder Religiöses. Die Psychologie spricht von ritualisierten Handlungen, wenn sie stereotyp immer wiederholt werden. Da gehören dann natürlich auch einige neurotische Alltagsgewohnheiten dazu.

Nehmen wir an, im 18. Jahrhundert lebte ein Mann, der im Leben furchtbar selbstgerecht war. Er konnte nie die Meinungen anderer Menschen akzeptieren. Das ist dann sozusagen eine ritualisierte Handlung gewesen, die er bei jeder sich bietenden Gelegenheit wiederholte, also bildete sich eine fraktale Zeitschleife. Wenn es ihm bis zu seinem Tod nicht gelang, dieses Verhaltensmuster abzustellen, dann blieb diese Zeitschleife als Fraktal in der Matrix erhalten."

„Inaktiv natürlich, da der Mensch, der dieses Muster auslebte, nun nicht mehr da war.", ergänzte Schaffhauser. „Jetzt sind wir auf dem richtigen Weg. Diese Zeitschleife kann sich in unserer heutigen Zeit reaktivieren, unter der Voraussetzung, daß ein Mensch geboren wird, der irgendwie zu diesem Verhaltensmuster resonanzfähig ist. Er bekommt dann diese Zeitschleife übergestülpt, was in der Praxis bedeutet, daß er sich mit dem Problem der Selbstgerechtigkeit hier und jetzt auseinandersetzen muß. Das ist es, was man allgemein als *Karma* bezeichnet. In welcher Form das Karma bearbeitet wird, hängt davon ab, wie die Psyche des heutigen Menschen die Zeitschleife integriert hat. Wenn sie sie bereitwillig aufnimmt, wird er das Muster ganz einfach wiederholen, so wie es der Mann früher auch getan hat. Er wird also wieder selbstgerecht sein, und schon wieder werden sich andere Menschen dagegen zur Wehr setzen.

Er kann aber auch unbewußt dieses Muster vehement ablehnen. Dann integriert er es nicht. Die Zeitschleife bleibt jedoch in seiner Umgebung wirksam. Das heißt, er wird in Kontakt zu anderen Menschen kommen, die ihrerseits ihm gegenüber selbstgerecht sind.
Irgendwann sollte es dann – hoffentlich – zu einer Persönlichkeitsentwicklung kommen, die bewirkt, daß der Mann das Thema Selbstgerechtigkeit dahingehend abschließt, daß er sich bemüht, nicht mehr selbstgerecht zu sein, und daß er sich auch von der Selbstgerechtigkeit anderer Menschen nicht mehr so berühren läßt. Das wäre dann der Abschluß des Rituals, die Auflösung der Zeitschleife, oder – in den alten Begriffen gesprochen: Die Auflösung des Karmas."
„Moment bitte, noch einmal kurz zum Mitschreiben.", warf Carsten ein. „Wir reden doch hier von Reinkarnation. Sie haben aber hier mit keinem Wort gesagt, daß dieser heutige Mann die Wiedergeburt des Mannes aus dem 18. Jahrhundert ist. Sie sagten nur, er hätte irgendwie diese Zeitschleife integriert."
„Genau das ist es, was ich aufgrund meiner Recherchen jetzt glaube.", sagte Schaffhauser. „Ich bin keineswegs ein Verfechter traditioneller, religiöser Reinkarnationsvorstellungen. Ob eine Person wiedergeboren wird, kann man ohnehin nicht beweisen. Was man aber heute beweisen kann, ist, daß Menschen Erinnerungen in sich tragen, die offenbar aus früheren Zeiten stammen. Irgendwo und irgendwie mußten sie sie aufgeschnappt haben."
„Ich kenne diese Berichte,", antwortete Carsten, „habe sie aber nie ernst genommen."
„Ich hoffe, daß Sie wenigstens mich ernst nehmen werden, mein junger Freund.", lachte Schaffhauser. „Ich bin es gewohnt, sorgfältig vorzubereiten, und das gilt auch für unser Treffen heute. Als ich merkte, daß es da möglicherweise etwas zu erforschen gibt, was auf Berichten beruht, die man nur vom Hörensagen kennt, griff ich zu dem einzigen Mittel, das einem Wissenschaftler dann noch zur Verfügung steht..."
„Und das wäre?"
„Na, ein Selbstversuch natürlich. Ich habe mich, noch in München, natürlich bei einem geschulten Therapeuten, einer hypnotischen Rückführung unterzogen. Genauer gesagt, waren es mehrere Rückführungen, denn auch dieser Bewußtseinszustand muß erlernt werden. Da braucht man eine ganze Reihe von Sitzungen."

„Und?“
„Ich erhielt Zugang zu Informationen aus meinem Unbewußten, die ich nie für möglich gehalten hätte. Ich erlebte mich als Mönch in einem Kloster, vermutlich in Frankreich im Mittelalter.“
„Und woher wissen Sie, daß das keine Phantasie war? Sie wollten doch überprüfen, ob es Reinkarnation gibt. Da konnte doch das Wunschdenken durchschlagen.“
„Ich hatte keine Absicht, irgend etwas zu beweisen. Bezüglich des Ergebnisses war ich durchaus offen. Meiner Meinung nach war es deshalb keine Phantasie, weil ich während dieses Erlebnisses ein vollkommen anderer Mensch zu sein schien als heute. Ok, meine Interessen waren ähnlich. Der Mönch war in seinem Kloster als Chronist und Historiker tätig, doch er hatte auch in sich ein unerfülltes Verlangen, das mir heute fremd ist und das er damals nicht zu stillen in der Lage war. Er wollte eine Vollkommenheit erreichen, der er nicht genügte, nach seiner eigenen Einschätzung jedenfalls. Das waren echte Gefühle, die ich wirklich körperlich wiedererlebte. Ich stehe bis heute unter dem Eindruck dieser Erfahrung. Es war eine Mischung von Sehnsucht, persönlichem Ehrgeiz und tiefster Verzweiflung. Er wollte die unmittelbare Gotteserfahrung erreichen, einen Zustand der Ekstase, wie ihn auch die christlichen Mystiker beschrieben hatten, und doch erreichte er es nur, sich intellektuell mit den Fragen seines Glaubens auseinanderzusetzen. Das machte ihn letztendlich kaputt.“
„Also darf ich Sie jetzt Bruder Hubert nennen?“, scherzte Carsten.
„Nein.“ Schaffhauser lächelte. „Ich glaube nicht, daß ich dieser Mönch ‚war’, so wie man es sich landläufig vorstellt, d. h. daß seine Seele in mir steckt. Um es gleich voranzustellen: Daß das menschliche Bewußtsein in irgendeiner Form den Tod überlebt, glaube ich schon. Das ist für mich keine Frage der Religion. Es dürfte eher naturgesetzlich bedingt sein. Da gibt es ja genug Berichte von Menschen, die wiederbelebt wurden und von intensiven Jenseitserfahrungen erzählten. Nur – meiner Meinung nach bleibt die Persönlichkeit des Menschen nicht in der Form erhalten, wie sie während des Lebens war. Dieses Ich ist ein Programm, mit dem wir uns von anderen Menschen abgrenzen, wozu auch die Identifikation mit einem bestimmten Körper gehört.
Dennoch ist nach dem Tode sicher nicht alles aus. Erstens dürfte die

eigentliche Seele noch eine ganz andere Struktur sein als die Persönlichkeit, die wir äußerlich ausleben. Unsere Psyche hat Ebenen, die schon zu Lebzeiten unsere begrenzte Persönlichkeit überschreiten und daher auch beim Tode nicht erlöschen können. Denken Sie etwa an das kollektive Unbewußte von C. G. Jung. Aber auch die ganzen Erfahrungen, Emotionen und Erinnerungen eines Lebens gehen natürlich nicht verloren, sondern bleiben erhalten – als Informationsmuster im Universum, wenn Sie so wollen, auch als Zeitschleifen."
„Aha.", sagte Nicole-Marie, „Und irgendwann wird dann ein neuer Mensch geboren. Dieser Mensch bekommt eine neue Persönlichkeit, die sich erst noch ausformen muß und zu der auch die Identifikation mit dem neuen Körper gehört. Dennoch ist der Mensch im Augenblick seiner Geburt bzw. seiner Zeugung keine ‚Tabula rasa', kein unbeschriebenes weißes Blatt Papier, wie es einst Plato behauptet und während der Aufklärung John Locke wieder aufgegriffen hatte. Die Psyche wird sozusagen – genau wie die Materie seines Körpers – aus einer Art von Substanz gebildet, die schon vorhanden war. Sie wird nicht neu erschaffen. So trägt die Psyche eines Menschen vom Moment der Geburt an Erinnerungen, Emotionen, Fähigkeiten und Abneigungen in sich, die er nicht von seinen Eltern geerbt hat, sondern die zu Menschen gehört hatten, die in früheren Zeiten gelebt hatten."
„Also niemand ist Nobody?", lachte Carsten.
Jetzt griff Schaffhauser wieder ein. „Ich sehe es so, daß die Psyche auch ein Informationsfeld umfaßt, und dieses Feld wird bei der Geburt eben nicht neu gebildet, sondern ist nur Teil eines umfassenderen Feldes, in dem Persönlichkeitsfragmente aller Menschen aller Zeiten erhalten geblieben sind."
„Vielleicht ist es sogar noch mehr, Herr Professor,", vermutete Nicole-Marie, „eine Art Gedächtnis des Universums oder ein morphogenetisches Feld, wie es der britische Biologe Rupert Sheldrake nannte."
„Aber wenn Sie nicht dieser Mönch aus Frankreich waren, im engeren Sinne, warum tragen Sie dann gerade seine Persönlichkeitsanteile in sich?", fragte Carsten. „Warum nicht die von Napoleon oder Julius Caesar oder Till Eulenspiegel? Wer oder was bestimmt, auf welchen Teil dieses Informationsfeldes die Psyche eines Menschen zugreift?"
„Resonanz.", sagte Schaffhauser. „Morphische Resonanz, also Ähnlichkeit."
„Ähnlichkeit von was zu wem?"

„Ich denke, es ist spät geworden, und wenn Sie Zeit haben, werden wir vielleicht morgen weiter reden. Wir werden dann vermutlich auch Ihren Computer und vor allem Ihr Computerwissen brauchen. Im Moment nur so viel: Ich glaube, zumindest für meinen Fall den Schlüssel – kurz gesagt, das Verbindungsglied zwischen mir und diesem Mönch – gefunden zu haben."
„Nun machen Sie es doch nicht so spannend, Professor, oder wollen Sie mir eine schlaflose Nacht bescheren?"
„Es ist mein heutiger Name, Herr Vollmer. Werden Sie nun besser schlafen können?"

22 Möglichkeiten

Carsten konnte es nicht. Im Gegenteil – noch bis in die frühen Morgenstunden wälzte er sich ruhelos im Bett. Es gab einen ganzen Rattenschwanz von Dingen in seinem Kopf, die er nicht abschalten konnte. Zum einen hatte er sich nie zuvor mit Themen wie Reinkarnation beschäftigt. Das war für ihn immer etwas für Leute gewesen, die zu viel Zeit haben. Doch nun mußte er ehrlich zugeben, daß die Ausführungen von Professor Schaffhauser logisch und stimmig waren. Sein Weltbild war zutiefst erschüttert. Zudem beunruhigte ihn noch etwas anderes: Sein – Name – war – Carsten – Vollmer. Er hatte diesen Namen nie gemocht, und er wußte, daß er nur deshalb den Namen Carsten erhalten hatte, weil der Lieblingscousin seiner Mutter so hieß. Ein blöder Zufall, weiter nichts. Tausende von Menschen haben Namen, die aus solch nichtigen Entscheidungen resultierten. Und das sollte bewirkt haben, daß er jetzt vielleicht das Karma irgendeines römischen Legionärs abtragen mußte?
Nicht, daß er schon so richtig an das alles glaubte, aber Schaffhausers Vortrag hatte schon Eindruck bei ihm hinterlassen. Auch bei Carsten gab es natürlich Lebensbereiche, in denen es „hakte", so wie bei jedem anderen Menschen auch. Er kam nie damit klar, wenn ihn jemand von oben herab ansah. Schon zwei Stellungen hatte er auf diese Weise verloren. Deshalb hatte er ja auch manchmal Probleme mit Schaffhauser, speziell, wenn der dazu neigte, ein wenig gönnerhaft zu wirken. Das konnte ihn zur Weißglut treiben, wenn er es auch in solchen Augenblicken meist nicht zeigte.
Aber woher diese Verletzlichkeit kam, wußte Carsten nicht. Jetzt kam er ins Grübeln. Trug er vielleicht Persönlichkeitsanteile in sich von einem Mann, der einmal vor Gericht gestanden hatte? Oder von einem schwar-

zen Sklaven auf einer Baumwollplantage? Warum sollte dann ausgerechnet er die Gewohnheiten dieser Menschen übernommen haben? Schaffhauser hatte gesagt, sie würden morgen den Computer brauchen. Vielleicht könnte Carsten ja dann auch etwas mehr über sich und seinen Namen erfahren. Er öffnete die Augen, um auf die Uhr zu sehen, und sah, daß es draußen schon hell wurde.

Noch zu schlafen, hätte keinen Sinn mehr gehabt. Lieber nahm Carsten eine Dusche und ging dann so früh wie möglich zum Frühstück hinunter. Danach gab es keine Zeit mehr, um sich über frühere Inkarnationen Gedanken zu machen. Der Messestand wartete.

Nicole-Marie hatte prächtig geschlafen, und da ihre beruflichen Aktivitäten in Berlin schon vorbei waren, konnte sie sich noch gegen 10 Uhr am Vormittag behaglich im Bett räkeln.

Ich wußte schon immer, daß ich einen tollen Namen habe, dachte sie. Ohnehin hatte sie vorgehabt, noch bis zum Wochenende in der Stadt zu bleiben, und da war das Treffen mit ihren alten Reisefreunden natürlich ein willkommener Akzent. Jetzt, nach dem Aufstehen, wollte sie aber erst einmal etwas zur kulturellen Erbauung tun. Carsten war sowieso den Tag über beschäftigt, und schon wieder durch die Messehallen zu bummeln, war ihr zu langweilig.

Es war ein schöner, sonniger Tag, als sie vor dem imposanten Bau der Neuen Nationalgalerie stand, die 1968 von dem berühmten Bauhaus-Architekten Ludwig Mies van der Rohe erbaut worden war.

Was für eine seltsame Synchronizität, dachte Nicole-Marie bei sich, als sie die Exponate im Erdgeschoß sah. Es war eine Ausstellung kinetischer Skulpturen des deutschen Künstlers Günter Uecker mit dem Titel „Zeitspiralen“ (Abb. 8). Für jedes der Kunstwerke war auf dem Fußboden eine Sandschicht aufgeschüttet worden, über der ein Mechanismus aus Holzlatten mit angehängten Schnüren rotierte, angetrieben von einem kleinen Elektromotor.

Die Schnüre wurden dabei durch den Sand gezogen und zeichneten in ihm ein Muster – zwar keine „Spiralen“, wie Nicole-Marie sofort feststellte, sondern konzentrische Kreise –, aber es löste bei ihr spontane Assoziationen aus.

Die Buddhisten glauben an das Rad des Karmas, einen nahezu endlosen Kreislauf der Wiedergeburten, aus dem man nur durch Erleuchtung ausbrechen kann. Bei ihnen würde man also tatsächlich die Inkarnationen eines Menschen in Form solch konzentrischer Kreise darstellen.

Abb. 8: Die Zeitspiralen von Günter Uecker, ausgestellt in der Neuen Nationalgalerie in Berlin.

Als im 19. Jahrhundert diese Vorstellungen nach Europa exportiert wurden – insbesondere durch die russische Mystikerin Helena Blavatsky und ihren Schüler Rudolf Steiner – wurde dieses Modell der europäischen Denkweise angepaßt, die ja seinerzeit schon stark von Darwins Evolutionslehre beeinflußt war. Das endlose Rad des Karmas wurde ersetzt durch eine Spirale des Lernens. In jedem Leben entwickelt sich der Mensch ein Stückchen weiter und kann auf diese Weise allmählich dem nur scheinbaren Kreislauf entwachsen.

Nicole-Marie war fasziniert von diesen Kunstwerken, die genau so zerbrechlich und flüchtig waren wie menschliche Existenzen – nicht für die Ewigkeit erschaffen. Diese Zeitspiralen würde nach Jahrtausenden niemand mehr bestaunen können, so wie wir es heute mit den Skulpturen der klassischen Antike tun. Damals verewigte man den Augenblick, der in Stein gehauen wurde und damit natürlich auch erstarrte. Eine griechische Skulptur mochte schön sein, sie hatte jedenfalls nichts Lebendiges an sich. Die „Zeitspiralen“ hingegen machten den ständigen Wandel und die daraus folgende Vergänglichkeit zum Thema.

Die Ausstellung stand im krassen Gegensatz zu der lauten und schrillen Atmosphäre in den Messehallen. Obwohl die Kunstwerke in ständiger Bewegung waren, war dies ein Ort der Stille, geeignet zum Verweilen und Nachdenken.

Abb. 9: Schnüre, die an rotierenden Holzbalken befestigt sind, zeichnen Muster in den lockeren Sand.

Nicole-Marie blieb fast eine Stunde in der Galerie, dann fuhr sie mit dem Taxi ein paar Kilometer weiter, um in der Berliner Filiale des Pariser Kaufhauses „Galéries Lafayette“ etwas französisches Flair mitzunehmen und in einem der Bistros eine Kleinigkeit zu essen. Anschließend, machte sie sich auf den Weg zum Messegelände, um Carsten zu treffen.

Der war natürlich den ganzen Tag schon auf dem Messestand seiner Firma, und heute gab es auch nicht so viel Langeweile wie an den Tagen zuvor. Hubert Schaffhauser war schon früh eingetroffen, und solange es keinen besonderen Andrang am Stand gab, konnten sie beide etwas abseits im hinteren Teil des Standes auf einer bequemen Sitzgruppe Platz nehmen und das Gespräch von gestern abend fortführen. Schaffhauser hatte heute eine Aktentasche dabei, aus der er einen Aktenordner mit unterschiedlichen Zeichnungen und Tabellen nahm.

„Um unser Gespräch von gestern fortzusetzen, möchte ich jetzt etwas mehr zur praktischen Umsetzung der kabbalistischen Theorien kommen.“, begann Schaffhauser im Stil einer Vorlesung an der Uni.

„Selbst wenn uns heute manches sehr mathematisch erscheinen wird und auch so manche Aufgabe von einem Computer erledigt werden kann, dürfen wir aber nie vergessen, daß die eigentlichen Beweggründe der Kabbalisten rein spiritueller Natur waren. Ihr Ziel war es, das Bewußtsein zu Gott zu erheben.“

„So wie bei Hesekiel und seiner Merkaba?“, fragte Carsten.

„Genau. Wie wir alle wissen, glauben die Juden nur an einen einzigen Gott, genau wic die Christen.

Abb. 10: Altes Pergament mit kabbalistischen Lehren, aufgezeichnet von Sasson ben Mordechai (Bagdad 1821). Auf dem rechten Abschnitt ist der kabbalistische Lebensbaum zu sehen. Die Kreise markieren die zehn „Sephiroth“. Sie sind durch insgesamt 22 Entwicklungswege miteinander verbunden.

Seine Schöpfung offenbart sich jedoch in unserer Welt in zahlreichen unterschiedlichen Facetten. Insgesamt unterscheiden die Kabbalisten zehn Sphären der Schöpfung, die sie „Sephiroth“ nennen und die das ganze Spektrum der Bewußtseinsebenen von der grobstofflichsten Form der Materie bis zur höchsten göttlichen Ebene abdecken. Ziel des Menschen ist es dann natürlich, sich entlang dieser Sephiroth, also dieser Ebenen, aus der Materie wieder nach oben zu hangeln. Im uralten Buch Sefer Jezira sind übrigens diese Sephiroth teilweise noch ganz räumliche Dimensionen. Die eher psychologisch ausgerichteten Deutungen kamen erst später auf.“[9]

Abb. 11: Schematische Darstellung des Lebensbaumes der Kabbala. Die zehn Sephiroth sind gerade so angeordnet, daß sie jeweils das wichtigste jüdische und christliche Symbol bilden – das Hexagramm (Sechsstern) und das Kreuz.

Diese Sephiroth beschreiben allerdings keinen linearen Entwicklungsweg von unten nach oben, sondern eine eher matrixähnliche zweidimensionale Struktur, den sogenannten *Lebensbaum*. Schauen Sie hier." Er nahm einige Fotos aus seinem Ordner und zeigte Carsten das Bild eines alten Pergaments (Abb. 10).

„Es ist übrigens interessant, daß durch diese Anordnung der Sephiroth zwei wichtige religiöse Symbole gebildet werden. Zum einen der jüdische Sechsstern oder Davidsstern, der noch heute das Symbol Israels darstellt, und darunter ein christliches Kreuz." (Abb. 11)

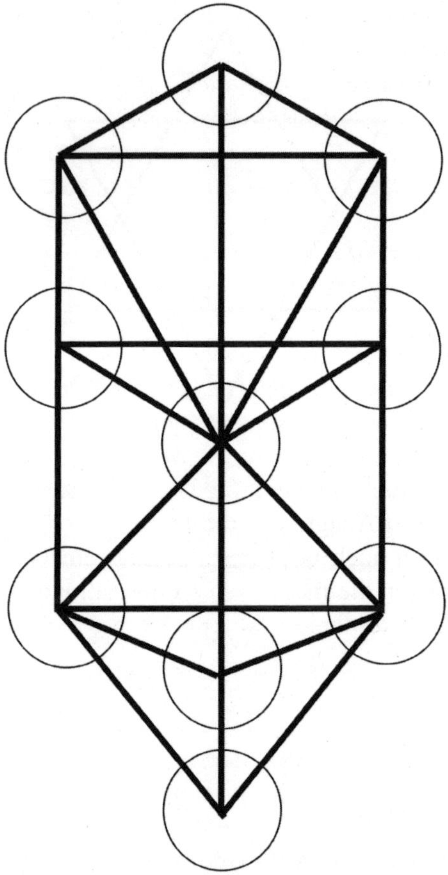

Abb. 12: Kabbalistischer Lebensbaum mit den eingezeichneten Entwicklungspfaden

„Der Mensch", so fuhr Schaffhauser fort, „beginnt seinen Entwicklungsweg natürlich erst einmal ganz unten in diesem Baum. Er ist jedoch nicht vollkommen frei in der Art und Weise, wie er den Lebensbaum erklettert, sondern er muß bestimmte Wege benutzen. Zwischen den Kreisen im Lebensbaum können gerade 22 Verbindungslinien gezogen werden. Dies sind die Entwicklungspfade, die natürlich mit den 22 Buchstaben des hebräischen Alphabets korrespondieren."
In diesem Moment kam auch Nicole-Marie an den Stand, wo sie die

beiden Männer in ihrem angeregten Gespräch fand. Als sie einen Blick auf die Fotos warf, die auf dem Tisch verstreut herumlagen, war ihre Überraschung groß.
„Auf diesem Pergament dort, diese seltsame Struktur mit den konzentrischen Kreisen – was bedeutet das?"
Sie deutete auf einen Ausschnitt aus der Struktur, die auf einem der Fotos zu sehen war (s. auch Abb. 10, rechts oben).
„Solche Schemata gibt es bei den Kabbalisten viele.", erklärte Schaffhauser. „Meist dienten sie zu Codierungszwecken. Man versuchte, mit Hilfe der Gesetze der Kombinatorik aus den vier Buchstaben JHVH des Namens Gottes weitere Namen zu gewinnen. Hierzu benutzte man solche kreisförmigen Strukturen, Buchstabenuhren usw."
„In der Tat.", ergänzte Carsten, „Wenn man jedem Buchstaben eines Wortes eine Zahl zuordnet und diese Zahlen dann aufsummiert, dann ergibt sich immer der gleiche Zahlenwert, selbst wenn man aus dem ursprünglichen Wort Anagramme bildet."
„Ja, aber sie haben auch noch mehr damit gemacht.", sagte Schaffhauser, „Sie bildeten die möglichen Kombinationen von drei der vier Buchstaben des Gottesnamen, weil sie glaubten, dadurch würden die einzelnen Sephiroth versiegelt."
„Was immer sie damit getan haben.", unterbrach ihn Nicole-Marie, „Genau solche Strukturen aus konzentrischen Kreisen habe ich heute in der Nationalgalerie gesehen. Sie hießen dort Zeitspiralen."
„Sicher mögen die kabbalistischen Symbole auch bestimmte Zeitstrukturen angedeutet haben.", meinte Schaffhauser. „Aber im Grunde interessierten sich die Kabbalisten nicht so sehr für Zeitzyklen, dafür waren die Mayas zuständig. Hier geht es um Entwicklungswege des menschlichen Bewußtseins."
Als nächstes zeigte Schaffhauser den beiden eine zweite Zeichnung des Lebensbaumes, bei dem die 22 Pfade eingezeichnet waren (Abb. 12).
„Auf diese Art repräsentiert jede Zahl und jeder Buchstabe ein Stück des Weges nach oben.", erklärte er.
„Und wenn ich jetzt herausfinden will, welcher Weg einem bestimmten Namen entspricht, muß ich einfach die Buchstabenwerte addieren?" Carsten war erstaunt, wie einfach das eigentliche Berechnungsverfahren war.

Hebräisch	Name	Lateinisch	Wert	Hermetisch
א	Alef	A, Ä	1	Merkur
ב	Bet	B	2	Jungfrau
ג	Gimel	G	3	Waage
ד	Dalet	D	4	Skorpion
ה	He	E	5	Jupiter
ו	Waw	U, Ü, V, W	6	Venus
ז	Sajin	Z	7	Schütze
ח	Chet	CH, H	8	Steinbock
ט	Tet	T	9	Wassermann
י	Jod	I, J, Y	10	Uranus
כ	Kaf	C, K	11	Neptun
ל	Lamed	L	12	Fische
מ	Mem	M	13	Widder
נ	Nun	N	14	Stier
ס	Samech	X	15	Saturn
ע	Ajin	O, Ö	16	Mars
פ	Pe	F, P, PH	17	Zwillinge
צ	Zade	SCH, SH, TS, TZ	18	Krebs
ק	Kof	Q	19	Löwe
ר	Resch	R	20	Mond
ש	Schin	S	21	Sonne
ת	Taw	TH	22, 0	Pluto

Tabelle 1: Kabbalistische Umrechnungstabelle (hebräisch)

„Ganz genau." Schaffhauser holte ein Blatt mit einer Tabelle aus seinem Ordner (Tabelle 1). „Hier stehen die Buchstaben des hebräischen Alphabets in ihrer normalen lexikographischen Reihenfolge und daneben die Zahlen von 1 bis 22. Zur Vereinfachung habe ich in einer Extraspalte auch noch die Transkription in unser lateinisches Alphabet eingetragen. Die Planeten- und Tierkreiszeichen-

symbole dienen im Augenblick nur als Gedächtnisstützen, was die Zahlen repräsentieren, falls man eine der Zahlen interpretieren will. Also keine Sorge, wir erstellen hier keine Horoskope."
Schaffhauser legte gleich noch eine zweite Tabelle daneben, die nach der alphabetischen Reihenfolge des lateinischen Alphabets sortiert war. „So werden wir es einfacher haben. Also für meinen Namen habe ich die Berechnung mit etwas Mühe per Hand gemacht. Meine Frage ist nun: Wieviel Arbeit würde es machen. um diese Berechnungstabelle in Ihren Zauberkasten da einzuprogrammieren?"

Lateinisch	**Wert**	**Hermetisch**	**Lateinisch**	**Wert**	**Hermetisch**
A, Ä	1	Merkur	P, PH	17	Zwillinge
B	2	Jungfrau	Q	19	Löwe
C	11	Neptun	R	20	Mond
D	4	Skorpion	S	21	Sonne
E	5	Jupiter	SCH, SH	18	Krebs
F	17	Zwillinge	T	9	Wassermann
G	3	Waage	TH	22, 0	Pluto
H, CH	8	Steinbock	TS, TZ	18	Krebs
I	10	Uranus	U, Ü	6	Venus
J	10	Uranus	V	6	Venus
K	11	Neptun	W	6	Venus
L	12	Fische	X	15	Saturn
M	13	Widder	Y	10	Uranus
N	14	Stier	Z	7	Schütze
O, Ö	16	Mars			

Tabelle 2: Kabbalistische Umrechnungstabelle (lateinisch)

Carsten winkte ab. „Informatik, erstes Semester. Aber ich denke, wir suchen uns jetzt doch mal ein ruhigeres Plätzchen. „Und zu seinem Kollegen, der vorn am Tresen stand, rief er hinüber: „Hey Thomas, du kommst hier doch auch mal eine Weile allein zurecht. Ich muß mit diesen Kunden hier mal in Ruhe ein Projekt durchsprechen."

Dann stand er auf, schnappte sich seinen Aktenkoffer und einen Laptop, der zusammengeklappt in der Ecke stand, und ging.
„Werden Sie mit Ihrem Kollegen keinen Ärger bekommen?“, fragte Schaffhauser etwas besorgt. „Ich meine, weil Sie sich jetzt hier so einfach abseilen.“
„Nein, ich war ja gestern auch den ganzen Nachmittag allein hier. Da hat der sich mit einem alten Kumpel aus der Schule getroffen.“
Carsten Vollmer war wie die meisten seiner Kollegen in einem Hotel direkt am Messegelände untergebracht. So brauchten die drei Freunde nur ein paar Schritte zu Fuß zu gehen und waren schon bald dem Messerummel entkommen. Carsten führte sie allerdings nicht in sein Zimmer – das war seiner Meinung nach zu unaufgeräumt –, sondern fragte an der Rezeption nach einem freien Konferenzraum, den sie für ein paar Stunden nutzen konnten.
Carsten bestellte zunächst eine große Kanne Kaffee für sie alle und etwas Gebäck, dann fuhr er den Laptop hoch und tippte schnell Professor Schaffhausers Umrechnungstabelle ein. Das kleine Programm, um einen beliebigen Text mit Hilfe dieser Tabelle in kabbalistische Zahlen umzurechnen, hatte er ganz schnell geschrieben. Solche ähnlichen Codierungsaufgaben pflegte er seinen Studenten zu stellen, wenn er ab und zu einen Lehrauftrag übernahm.
Als erstes testete er das Programm mit dem Namen „Hubert Schaffhauser“, da hatte er gleich eine Kontrolle, ob er nicht irgendwo einen Fehler gemacht hatte. Der Professor hatte ja gesagt, er habe bereits seinen Namen ausgerechnet:

H + u + b + e + r + t + Sch + a + f + f + h + a + u + s + e + r
= 8 + 6 + 2 + 5 + 20 + 9 + 18 + 1 + 17 + 17 + 8 + 1 + 6 + 21 + 5 + 20
= 164

„Also, Herr Professor,“, sagte Carsten, „Ihren Namen hat das Programm schon berechnet, da kommt die Zahl 164 raus. Ich bin gespannt, was das zu bedeuten hat.“
„Diese Zahl im Grunde noch gar nichts.“, sagte Schaffhauser. „Alle kabbalistischen Zahlen müssen auf Werte im Bereich zwischen 1 und 22 reduziert werden. Bei größeren Zahlen summiert man einfach weiter, bis man zwischen 1 und 22 landet.“
„Also man bildet die Quersumme?“, fragte Carsten.

„Ja, genau."
Carsten sah natürlich auf den ersten Blick, daß die Quersumme von 164, also die Summe der Ziffern 1+6+4, den Wert 11 ergab. Er baute aber diese Quersummenbildung auch gleich in sein kleines Programm ein.
„Voilà.", rief er triumphierend und drehte Schaffhauser den Bildschirm zu. „Da haben Sie Ihre Quersumme 11."
„Gut. Da mein Name Hubert Schaffhauser die kabbalistische Quersumme 11 hat, heißt das, daß dieser Name dem elften Pfad im Lebensbaum der Kabbala entspricht. Mein Lebensweg sollte demnach im Zeichen der Elf stehen. Wenn Sie sich bitte noch mal die gedruckte Tabelle ansehen, dann steht da als Interpretationshilfe das hermetische Prinzip des Neptun."
„Der Planet oder der freundliche Herr aus dem Meer mit der modischen Mistgabel?", lachte Nicole-Marie.
Der Professor grinste. „Weder das eine noch das andere. Aber wenn man's genau nimmt, der Planet. Oder eigentlich doch beide.
Aber wir sind mit der Berechnung noch nicht ganz fertig. Die meisten Kabbalisten berechnen zu einem Namen noch einen weiteren Zahlenwert, den sogenannten X-Faktor. Dazu subtrahiert man von der vollständigen kabbalistischen Summe eines Namen noch die Quersumme und teilt das Resultat durch 9."
„Was immer möglich ist.", kommentierte Carsten. „Jede Zahl, verringert um ihre Quersumme, ist ohne Rest durch 9 teilbar. Das ist ein mathematisches Gesetz."
„Genau." Professor Schaffhauser setzte wieder seine Lehrermiene auf. Carsten versuchte das höflich zu ignorieren. „Es gibt nun unterschiedliche Systeme. Die meisten Kabbalisten addieren zu diesem X-Faktor noch 1 hinzu, falls es sich bei dem Wort um den Namen einer Person handelt. Insgesamt hätten wir also

$$\text{X-Faktor} = (\text{Summe} - \text{Quersumme})/9 + 1$$

Das dezente Geräusch klappernder Tasten auf einer Computertastatur machte deutlich, daß Carsten auch diese Formel sofort in sein Programm einbaute.
„Da ergibt sich bei Ihrem Namen der Wert 18, Professor."
„Richtig. Dieser X-Faktor gibt so etwas wie das Lebensziel an. Beide

Zahlen, die Quersumme und der X-Faktor, zeigen dann also an, welchen Weg der Name begünstigt und welches Ziel man damit erreichen kann. Hermetisch ergibt die 18 das Prinzip Krebs."
„Und der kneift dann den Neptun ins Bein, oder wie?" Nicole-Marie wußte noch nicht, was sie davon halten sollte.
„Moment bitte, wir kommen schon zur Interpretation. Da muß man ein wenig über hermetische Philosophie Bescheid wissen. Die Kabbalisten, die im weitesten Sinne auch zu den Hermetikern gerechnet werden können, glaubten, daß ihre Zahlen stellvertretend stünden für gewisse archetypische Urprinzipien, also sehr umfassende Begriffsklassen, Seinsprinzipien oder wie immer man es nennen will. Die Planeten- und Tierkreiszeichensymbole sind, wie gesagt, nur Benennungen, die sich besonders gut eignen, da diese Begriffe allgemein bekannt sind und jeder davon eine Vorstellung hat. In der hermetischen Philosophie wird ein Analogie- oder Entsprechungsgesetz angenommen, wonach die Urprinzipien auf jeder Ebene des Seins Repräsentanten besitzen. Zusammengefaßt wird dies in dem berühmten Ausspruch: *Wie oben, so unten*."
„Das kann ich nachvollziehen.", warf Nicole-Marie ein. „Die moderne Physik hat immer wieder Beispiele gefunden, daß Naturgesetze im Großen wie im Kleinen ähnlich gelten."
„Vergessen wir nicht die Fraktale und eine ihrer wichtigsten Eigenschaften, die Selbstähnlichkeit.", fügte Carsten hinzu. „Wir hatten doch damals auf dem Schiff darüber gesprochen: Eine fraktale Form ist aus Grundmustern zusammengesetzt, die sich auf jeder Größenordnungsskala wiederholen. Man spricht auch von Skaleninvarianz. Also, wie ich das hier verstehe, sind diese Urprinzipien elementare Fraktale, die gemeinsam die Matrix der Realität aufbauen. Da ist es kein Wunder, wenn man sie auf jeder Ebene wiederfindet. Was aber bedeuten nun Ihre Prinzipien Neptun und Krebs genauer?"
„Wenn wir einmal die Ebene der Psyche hernehmen - und das interessiert uns ja sicher bei einer Schicksalsdeutung am meisten -, so steht das Prinzip Neptun für Spiritualität, Inspiration, für das Überschreiten des normalen Alltagsbewußtseins.
Genau das hat mich ja so erschüttert, denn exakt um diesen Themenbereich ging es bei dem mittelalterlichen Mönch, als der ich mich in der hypnotischen Rückführung erlebte. Damals hatte ich noch keine Ahnung, welche Zahlen mein Name ergeben würde. Dieser Mönch

wollte in höhere Bewußtseinsebenen vordringen und schaffte es nicht. Mein Name zeichnet heute einen ähnlichen Lebensweg vor, und so kam meine Psyche möglicherweise in Resonanz zu diesem Persönlichkeitsfragment eines mittelalterlichen Mönches."

„Kamen Sie in Resonanz zu ihm, weil Sie so heißen, oder heißen Sie so, weil Sie früher der Mönch waren?"

„Die berühmte Frage, was zuerst da war, das Ei oder die Henne. Ich weiß es nicht."

„Lassen wir doch bitte das Geflügel aus dem Spiel.", rief Nicole-Marie. „Wie kann man nun herausfinden, Monsieur le Professeur, ob und wie Sie es heute besser machen könnten als er? Ganz nebenbei - Sie sind schließlich kein Mönch, und so weit ich weiß, gehören ekstatische Gotteserfahrungen auch nicht zu Ihren normalen Beschäftigungen des Alltags."

„Nein, natürlich nicht. Auch hier muß man wieder die Analogiegesetze anwenden, oder, wie Sie es vielleicht ausdrücken würden, das Fraktal auf einer anderen Skalenebene betrachten. Wie wir wissen, führt das zu gleichwertigen Resultaten. Inspiration und Suche nach Verborgenem ist ja durchaus etwas, womit sich auch ein Historiker beschäftigen kann.

Ich vermute, der Mönch ist letztendlich daran gescheitert, daß sein Wunsch nach Vervollkommnung doch eher seinem Ehrgeiz entsprungen war als einem echten Bedürfnis nach geistiger Höherentwicklung. Es geht hier gar nicht um Moral oder so etwas. Auch persönlicher Ehrgeiz hat ja durchaus seine Berechtigung. Auf jeden Fall sollte ich heute vermutlich anders vorgehen."

„Woraus schließen Sie das?"

„Aus dem X-Faktor meines Namens. Da steht die 18, das Prinzip des Krebses, das viel mit Rückzug nach innen und mit Selbsterkenntnis zu tun hat. Mein Name begünstigt also eher die Erreichung eines solchen Zieles. Das Prinzip birgt gerade im Äußeren auch die Gefahr, mit Lügen, Angriffen und übler Nachrede konfrontiert zu werden.

Das ist doch klar, daß ich nicht die Absicht habe, Mönch zu werden. Wenn ich mich aber in meiner Arbeit als Historiker damit beschäftige, in Sphären des Geheimnisvollen vorzudringen, zum Beispiel mit den Themen, über die wir jetzt gerade hier reden, so setze ich mich als Wissenschaftler natürlich öffentlicher Kritik aus. Dem kann ich dann am besten so begegnen, daß ich zuerst meine eigenen inneren Zweifel ausräume und das ganze Gedankengebäude für mich selbst auf die Reihe bekomme. Um so besser kann ich dann damit umgehen, wenn ich von außen deswegen angegriffen werden sollte. Das ist der eigentliche Grund, weshalb wir hier heute zusammensitzen. Ich kam nach Berlin, weil ich ganz einfach für mich persönlich eine Bestätigung brauche, auf dem richtigen Weg zu sein, und dazu benötige ich das Fachwissen von Ihnen beiden. Auf diese Weise kann ich nicht nur meine Erkenntnisse voranbringen, sondern ganz nebenbei offenbar auch das Karma des mittelalterlichen Mönchs erfüllen."

„Klingt für mich als Theorie der ‚Karmaerfüllung' sicher sehr ungewöhnlich und modern, aber absolut nachvollziehbar.", sagte Nicole-Marie. „Auf jeden Fall ist es eine bessere Vorstellung, daß es in dieser Form abläuft, als wenn ich glauben müßte, ich müßte zur Strafe heute dies und das tun, weil irgend jemand, den ich gar nicht kenne, früher einmal etwas verbockt hatte."

Carsten hatte sich zu den letzten Ausführungen Schaffhausers noch nicht geäußert, sondern tippte stumm auf seinem Computer herum. Die beiden anderen kannten das von ihm schon, daß er manchmal plötzlich solche Phasen hatte, daß er ganz einfach abschaltete und für die Welt um ihn herum nicht ansprechbar war. Dann ergriff er ganz unvermittelt das Wort:

„Also, ich habe jetzt auch mal meinen Namen analysiert, Carsten Vollmer. Da kommt etwas sehr Ähnliches heraus wie bei Ihnen, Herr Professor. Die Summe ist 165, Quersumme 12, X-Faktor 18. Unsere Summen unterscheiden sich nur um 1."

„Ein kleiner, aber wichtiger Unterschied.", sagte Schaffhauser. „Das Ziel, das wir erreichen können, ist bei uns beiden gleich. Die 18, das Prinzip des Krebses. Auch Sie müssen bei Ihren Lebenserkenntnissen immer darauf achten, mit sich selbst ins Reine zu kommen, bevor Sie Anerkennung von der Außenwelt erwarten dürfen."

Wie wahr, dachte Carsten bei sich und stellte dann die für ihn entscheidende Frage: „Und was bedeutet die 12? In Ihrer Tabelle steht daneben das Prinzip der Fische. Um es gleich einmal vorwegzunehmen – ich hasse Fische."

„Das ist nicht selten, daß jemand eine Aversion gegen das hat, was eigentlich sein Lebensweg sein sollte.", sagte Schaffhauser mit einem Augenzwinkern, „Aber Scherz beiseite – wenn Ihr Name vom Fischeprinzip beeinflußt ist, dann kann das zum Beispiel heißen, daß

Sie ein Problem mit der Unterordnung, also mit der Beziehung zu Autoritätspersonen haben.“
Carsten wurde blaß. Wie konnte dieser Mann, der ihn kaum kannte, ihm derart seine innersten Probleme auf den Kopf zusagen? Er hatte sich wirklich bei ihren wenigen Treffen immer Mühe gegeben, seine Schwierigkeiten zu verbergen. Doch Schaffhauser redete weiter, also konzentrierte sich Carsten wieder darauf, ihm zuzuhören.
„Wenn Sie sich in eine Aufgabe vertiefen, können Sie das aber auch sehr hingebungsvoll tun. Sie gehen dann ganz in Ihrer Arbeit auf. Übrigens – dem Fischeprinzip entspricht im beruflichen Sinne am besten der Bereich von Wissenschaft und Technik.“
Das paßte alles hundertprozentig. Carsten hatte seine Skepsis über Bord geworfen. Bevor er weitere Fragen stellen konnte, meldete sich aber Nicole-Marie noch zu Wort:
„Und wie lauten meine Zahlen?“
Carsten tippte den Namen „Nicole-Marie Barthelier“ in seinen Computer ein und hatte in Sekundenschnelle das Ergebnis:
„Die Summe lautet 214, Quersumme 7, X-Faktor 6.“
„Da sind Sie ein Siegertyp.“, sagte Schaffhauser. „Die Sieben ist das Prinzip des Schützen, der sozusagen ins Schwarze trifft, sofern er allerdings abgeklärt genug ist, um über den Kleinigkeiten des Alltags zu stehen. Sturheit und Rechthaberei sollten Sie lieber vermeiden. Die Sechs wiederum steht für das Prinzip der Venus. Für eine Frau sicher keine schlechte Wahl, speziell wenn sie Französin ist.“
„Hat das tatsächlich etwas mit Liebe zu tun? Da bin ich ja im Grunde bis heute noch auf der Suche.“
„Natürlich hat das mit Liebe und erotischer Ausstrahlung zu tun, speziell mit weiblicher Anziehungskraft. Aber bedenken Sie, wir bewegen uns hier im Bereich fraktaler Urprinzipien in der Matrix, wie wir inzwischen erarbeitet haben. Sie wirken auf vielen Ebenen und können auf jeder dieser Ebenen ausgelebt werden. Da steht zum Beispiel im beruflichen Bereich die praktische Forschung im Vordergrund. Sie sind im Grunde eher Praktikerin als Theoretikerin, sehr neugierig und erfindungsreich und eigentlich um Auswege nie verlegen.“
Auch das traf den Nagel auf den Kopf.
„Das heißt also, wir werden durch unsere Namen mit Charakterzügen geprägt, die von diesen Namen unterschwellig ausgedrückt werden.“, murmelte Carsten vor sich hin, „Und diese Persönlichkeitsfragmente

tragen wir in uns, weil unsere Psyche nicht neu entsteht, sondern sich aus einem Informationsfeld heraus individualisiert, das bereits mit den Lebenserfahrungen früherer Menschen geprägt ist."
„Richtig."
„Das könnte man dann als moderne, wissenschaftlich fundierte Version des Reinkarnationsmodells auffassen. Wir bewegen uns jetzt aber noch ganz auf einer abstrakten Ebene. Wo ist da jetzt Ihr Mönch einzuordnen? Ganz offenbar tragen Sie doch mehr als nur abstrakte Charakterzüge in sich?"
Nicole-Marie schaltete sich ein. „Das hängt mit der Art und Weise zusammen, wie Erinnerungen und Erfahrungen im Unbewußten gespeichert werden. Das sind keine tabellarischen Daten wie in Deinem Computer. Das Unbewußte speichert Erfahrungen ganzheitlich, eingebettet in den Kontext, in dem sie gemacht wurden. Dazu gehören die äußeren Wahrnehmungen, also wie und wo es geschah, aber auch die Emotionen, die dabei aufgetreten sind.
Bei Kindheitserfahrungen ist es doch ganz ähnlich. Ein Kind stürzt beim Spielen vom Baum, und es tut weh. Es zieht daraus die Lehre, nicht mehr auf Bäume zu klettern. Das eigentliche Ereignis wird irgendwann vergessen. Doch noch als Erwachsener kann es vorkommen, daß man beim Anblick eines Baumes plötzlich Angst bekommt, nur weil der Baum demjenigen gleicht, von dem man einst heruntergefallen ist. Irgendein Schlüsselreiz in der Außenwelt reaktiviert die Kindheitserinnerung, meist nur sehr vage, da sich als erstes die Emotionen manifestieren. Wenn diese unangenehm sind, wird alles Weitere meist sofort unterdrückt. Dann geht man zum Psychologen, und nach einiger Zeit, wenn man Glück hat, erinnert man sich wieder daran, wie man vom Baum gefallen ist. Man schließt die Zeitschleife für sich im Bewußtsein ab, so daß sie in Zukunft nicht mehr wirken kann. Das unterbrochene Ritual ist abgeschlossen. Nicht umsonst sagen wir ja, man muß mit einer Sache fertigwerden. Diese Reinkarnationserinnerungen verlängern einen Vorgang, den wir im Grunde alle kennen, nur weiter zurück in Richtung Vergangenheit, vor unserer Geburt."
„Ja, aber kann man jetzt aus meinen Namenszahlen auch ersehen, wessen Persönlichkeitsfragmente da noch in mir stecken? Kann ich auch meinen ‚Mönch' erkennen, wie ich es mal nennen will, oder muß ich dazu auch eine hypnotische Rückführung machen?"
„Ich denke, der Name allein reicht dazu nicht aus. Diese Information

ist noch zu vage. Welche Informationen aus dem morphogenetischen Feld sich da manifestieren, hängt sicher auch vom Ort und vom Zeitpunkt der Geburt ab, wenn nicht noch von mehr Faktoren.“, erklärte Schaffhauser. „Aber grundsätzlich bin ich überzeugt, daß diese Daten aus dem morphogenetischen Feld abrufbar sind. Und so weit ich weiß, gibt es solche Verfahren auch schon.“
In diesem Moment klingelte Carstens Handy. Er entschuldigte sich einen Moment und sprach leise am Telefon. Nicole-Marie bemerkte sofort, daß er unruhig wurde.
„Ich muß leider zurück an den Stand.“, sagte Carsten, als er aufgelegt hatte. „Alarmstufe Eins. Der Chef ist im Anmarsch. Soeben aus Hamburg eingetroffen.“
„Nur die Ruhe, mein Freund.“, lächelte Schaffhauser. „Denken Sie an Ihr Fischeprinzip. Stellen Sie Ihre Stärken in den Vordergrund, Ihr persönliches Engagement für die Firma, Ihren Hang zur Pflichterfüllung, Ihr fundiertes technisch-wissenschaftliches Verständnis, dann wird jeder Chef glücklich sein, einen solchen Mitarbeiter zu haben.“
Zum ersten Mal fühlte Carsten von seiten Schaffhausers wirkliche Wertschätzung, die er bislang vielleicht nur nicht wahrzunehmen bereit gewesen war. Immerhin war der Professor nur seinetwegen nach Berlin gekommen. Aber im Moment konnte er nicht weiter darüber nachdenken. Die Pflicht rief. Verschieben wir es auf morgen...

My my, at Waterloo
Napoleon did surrender
Oh yeah, and I have met my destiny in quite a similar way
The history book on the shelf
Is always repeating itself...

Benny Andersson / Björn Ulvaeus (Abba)

Zahl und Schicksal

Martina Scholz ist eine erfolgreiche Fotografin. Sie hat ihr eigenes Atelier und ausreichend Aufträge aus der Werbung und anderen Kundenkreisen. Besondere Faszination üben auf sie aber vor allem auch alte Fotografien und Daguerrotypien aus, die sie sammelt, wo sie sie nur bekommen kann.
Dieses Hobby, das sich auf die Vergangenheit bezieht, brachte sie auf die Idee, sich auch ihrer eigenen Vergangenheit zuzuwenden. Sie schrieb uns ihre persönlichen Daten und zusätzlich eine Bemerkung, daß sie gerne wissen würde, warum sie so schreckliche Angst vor Gewitter hat.
Auf den Seiten 72 und 73 haben wir eine Liste, in der den Buchstaben Zahlen zugeordnet sind. Mit Hilfe dieser Zuordnung kann man aus den persönlichen Daten eines Menschen eine Art von PIN-Code errechnen, der es ermöglicht, im morphogenetischen Feld so etwas wie seinen „seelischen Fingerabdruck" zu finden. Auf diese Art und Weise erhält man auch Zugang zu der „Reinkarnationsspur" des Menschen.

Martina und die Russische Revolution

Ein Mensch ist so, wie er heißt. Sein *Geburts*name drückt seine *angeborene* Persönlichkeit aus, mit allen positiven und negativen Eigenschaften, Talenten und Gaben, individuellen Stärken und Schwächen. Hinzu kommen seine Probleme, seine Ansprüche, Ängste, Schwierigkeiten usw. Kurz gesagt – der Geburtsname steht für sein Karma.
Um den Namen Martina Scholz nach den kabbalistischen Regeln zu analysieren, muß jedem Buchstaben sein Zahlenwert zugeordnet und addiert werden:

Geburtsname: Martina Scholz:

M	A	R	T	I	N	A	SCH	O	L	Z
13	1	20	9	10	14	1	18	16	12	7

= 68 = 53

Summe s = 68 + 53 = 121

Quersumme o = 1 + 2 + 1 = 4

X-Faktor x = (s – o) / 9 + 1
= (121 – 4)/9 + 1
= 117 / 9 + 1
= 14

Kurz: s 121, o 4, x 14.

Zur Berechnung des persönlichen PIN-Codes muß auch der Geburtsort berücksichtigt werden. Dadurch kommt der Aspekt des Umfeldes herein. Der Mensch muß ja seine Anlagen immer auch im Kontext des Umfeldes realisieren, in dem er geboren ist, z. B. im Rahmen des Kulturkreises, aus dem er stammt.
Kurz: Der Geburtsort eines Menschen steht im PIN-Code für das äußere Umfeld.
Martina ist in Bremen geboren.
Geburtsort:

B	R	E	M	E	N
2	20	5	13	5	14

Summe s = 59

Quersumme o = 5 + 9 = 14

X-Faktor x = (59 – 14) / 9 + 1
= 45 / 9 + 1
= 6

Kurz: s 59, o 14, x 6.

Genau wie der Ort der Geburt spielt natürlich auch das Geburtsdatum eine Rolle. Es ist eben für einen Menschen nicht egal, in welchem Jahrzehnt er z. B. geboren ist. Selbst der Tag und der Monat sind wichtig.

Martinas Geburtsdatum ist der 23. 6. 1965.
Bei der Analyse von Datums- und Uhrzeitangaben braucht man keine Codierungstabelle, sondern kann einfach die Ziffern addieren.
Geburtsdatum:

2	3	/	0	6	/	1	9	6	5
= 5			= 6			= 21			

Summe s = 5 + 6 + 21 = 32

Quersumme o = 3 + 2 = 5

X-Faktor x = (32 – 5) / 9 + 1
= 27 / 9 + 1
= 4

Kurz: s 32, o 5, x 4

Die Uhrzeit der Geburt spezifiziert den Moment, wo der Mensch erstmals in sein äußeres Umfeld einsteigt. Es ist sicherlich plausibel, daß es nicht ohne Bedeutung für ihn ist, zu welcher Tageszeit dies geschieht. Dieser Moment ist ein Zeitfenster, eine Art von Balance zwischen allem, was er in sich schon hat, und dem, was in Zukunft seine Entwicklung bringen wird. Die Uhrzeit steht damit für eine Art von Wirkungskraft, mit der Mensch und Umwelt erstmals in Wechselwirkung treten.
Strenggenommen ist es erforderlich, für die Ermittlung des PIN-Codes die genaue Geburtszeit zu kennen. Die Erfahrung zeigt jedoch, daß eine Ungenauigkeit bei der Uhrzeitangabe nicht sonderlich ins Gewicht fällt, ja daß die Uhrzeit notfalls sogar ganz fehlen kann.
Martina ist um 20:30 geboren.

Geburtszeit:

2	0	:	3	0
= 2			= 3	

Summe s = 2 + 3 = 5

Quersumme o = 5

X-Faktor x = (5 – 5) / 9 + 1
= 1

Kurz: s 5, o 5, x 1.

Im Prinzip ist das alles, was man braucht, um mit Hilfe des PIN-Codes auf die Reinkarnationsspur des Menschen zuzugreifen. Um bestimmte Details zu erhalten, zum Beispiel den Ursachen heutiger Beziehungen zu ganz bestimmten Menschen nachzugehen oder die Wurzeln heutiger Ängste aufzudecken, ist es aber hilfreich, genauere Angaben über die heutige Situation zu machen.
Es ist ähnlich wie bei einer Datenbank im Computer. Je mehr Daten man hineingibt, desto mehr Daten kommen auch wieder heraus.
Fragt zum Beispiel jemand: „Hat die Beziehung zu meiner Mutter karmische Ursachen?“, so ist diese Frage nicht ohne weiteres beantwortbar. Eine Mutter hat jeder. Martina aber hat eine ganz spezielle Mutter, nämlich Frau Else Scholz, geb. Friedrich, und nur mit Angabe dieses Namens ist es möglich, eventuelle Details über karmische Verbindungen herauszufinden.

Wir benutzen in diesem Zusammenhang den Begriff PIN-Code aus zwei Gründen: Erstens, weil noch niemand einen passenden Namen gefunden hat, wir aber einen Namen dafür brauchen. Mit PIN-Nummern sind die meisten von uns heute bestens vertraut und haben ein Gefühl dafür, was sie bedeuten.
Sicher gibt es unter unseren Lesern auch einige, die sich bis heute mit den zahlreichen PIN-Nummern nicht anfreunden konnten. Diesen Lesern könnte ein anderer Vergleich zur Veranschaulichung helfen. Die ganze Prozedur ist auch so zu beschreiben: Man schaltet ein Radiogerät ein, wählt einen Wellenbereich (z. B. UKW oder Mittelwelle) und stellt schließlich die genaue Frequenz eines Senders ein, um ein bestimmtes Programm zu hören. Je exakter diese Frequenz eingestellt wurde, desto besser ist der Sender zu hören. Man bekommt viele Informationen in guter Qualität.

Unter Verwendung eines Verfahrens, das wir an dieser Stelle nicht genauer erläutern werden, erhält man so die Halding-Analyse, in diesem Fall für Martina Scholz, die wir jetzt in Auszügen zitieren wollen.

> *Ihre heutige Angst vor Gewittern hat eine Ursache in einem Vorleben in Rußland.*
> *Es war in der Zeit der Revolution.*
> *Sie war ein Mädchen und hieß Olga Sergejewna Demisew.*
> *Sie lebte in Moskau als Tochter eines Leutnants der zaristischen Garde und war etwa neun Jahre alt, als die Revolution ausbrach.*
> *Ihr damaliger Vater ging zum Kreml, um die Leute zu besänftigen, und wurde erschossen.*
> *Die Familie wurde in ein Haus mit zwanzig anderen Familien gestopft und lebte dort in größter Armut.*
> *Die Kämpfe wurden heftiger, und es kam immer wieder zu Gefechten in der Stadt, denn die Zaristen starteten eine Gegenoffensive.*
> *Olga hat sich den Soldaten am Tag gezeigt auf der Straße.*
> *Sie waren Weißrussen, die ihr helfen wollten zu fliehen mit der Mutter und den Schwestern, doch schon bald kamen Rotarmisten hinzu und schossen wahllos in die Menge.*
> *Dabei wurden die Mutter und die Schwestern getötet. Olga hat sich hinter einem Rockzipfel eines Soldaten versteckt und wurde zunächst übersehen.*
> *Das half nur wenige Minuten, denn sie schossen alles tot, was sich bewegte. Auch Olga war auf der Stelle tot.*
> *Heute erinnern sie laute Geräusche, z. B. Gewitter oder starker Regen, unbewußt an die Gewehrsalven von damals.*
> *[...]*
> *Vorher lebte sie auf der Insel Nauru im Stillen Ozean als Mann.*
> *Er sah niemals den Krieg, denn sein Volk war damals friedlich und lebte von Kokosnüssen und Fischfang.*
> *Dieses Leben war leicht und ohne große Sorgen, aber auch fernab von der ganzen Welt.*
> *Heute soll sie doch lernen, wieder mehr in der Gesellschaft von Menschen zu leben und Kontakt zu ihnen zu suchen.*
> *Im 17. Jh. war sie ein Mann in Österreich. Er war ein Soldat des Kaisers mit Namen Erich Belser.*

Er lebte in der Nähe von Salzburg in einem Kriegslager und kämpfte später gegen die Schweden in Böhmen.
Dabei verlor er ein Bein und lebte dann vom Mitleid der Menschen.
Heute soll Martina kriegerischen Auseinandersetzungen aus dem Weg gehen und eher inneren Frieden und Gelassenheit finden.
[...]
Im Mittelalter war sie ein Indianer in Nordamerika in den Rocky Mountains.
Das Leben dort war hart, und die Winter waren schwer.
Nie konnte der Stamm sicher sein zu überleben, auch weil viele Feinde in der Nähe lebten.
Bei einem Kampf kamen die Männer ihres Stammes in einen Hinterhalt und wurden aufgerieben.
Da muß Martina heute lernen, sich im Leben den Rücken freizuhalten. Nie soll sie etwas im Leben ohne ausreichende Absicherung anfangen, sowohl im privaten als auch im beruflichen Bereich.
Im Altertum lebte sie in Griechenland als Frau, die in der Stadt Athen die Frau eines Steinhauers war.
Sie wollte ihren Mann verwöhnen und ihm ein gutes und gemütliches Heim bereiten.
Sie gab ihm oft gutes Essen und viel Wein und hoffte so, ihm eine gute Frau zu sein.
Aber der Mann sah eher ein Sexualobjekt in ihr, was ihr wiederum zuwider war. So kam es immer wieder zu Streitigkeiten. Es gab kein harmonisches Eheleben.
Es ist durchaus möglich, daß sie heute gewisse Probleme im Sexualleben haben könnte. Sie soll sich bemühen, eine Partnerschaft zu erreichen, die auf allen Ebenen harmonisch funktioniert. Dazu gehört natürlich auch, genau aufzupassen, wer zu ihr paßt und wer nicht.
Im Lebensplan soll sie heute pragmatisch vorgehen, einen Sinn für alles Neue und Flexibilität entwickeln. Dadurch kann sie auch eine stärkere weibliche Anziehungskraft erreichen. Durch Neugier, Erfindungsgabe und eine kritische Betrachtungsweise kann sie auch im Forschungsbereich aktiv sein.

An dieser Stelle wollen wir darauf hinweisen, daß Formulierungen wie „sie war..." usw. natürlich relativ zu sehen sind. Es geht hier nicht um eine identische Wiedergeburt eines Egos. Der Mensch trägt nur durch Resonanz Persönlichkeitsfragmente früherer Menschen in sich. Wir verwenden dennoch in den Analysen die einfacheren Formulierungen, um die Aussagen lesbar zu halten.
Diese Halding-Analyse wurde einzig und allein auf der Basis jener zwölf Zahlen erhalten (Summe, Quersumme und X-Faktor für jede der persönlichen Informationen), die wir oben exemplarisch berechnet haben. Die Zahlen werden dazu nicht nach den Urprinzipien interpretiert.
Zusammen mit dem Protokoll der Halding-Analyse bekam Martina, wie jeder andere auch, allerdings noch eine numerologische Analyse, in der alle ihre Zahlen mit einigen Interpretationsmöglichkeiten aufgeführt sind. Das gibt dem Menschen die Möglichkeit, die Begriffe, nach denen er leben möchte, bewußter zu wählen:

Hauptkarma für Martina Scholz

Name: Martina Scholz (steht für das Karma)

Summe 121, o4, x14

Die Quersumme o ergibt den Weg:

positiv:

Werden und Vergehen, Arbeit, Handlung, Tat, Systematik, Umsicht, Pragmatismus, Entscheidung, Öffentlichkeit, Wandlung der Polaritäten, Auseinandersetzung mit Konflikten, konstruktive Problemlösung, Krisenbewältigung, Technokratentum, Loyalität

negativ:

voreiliges Handeln, Geltungsdrang, Kränklichkeit, maschinenhafter Eifer, Fatalismus, Intrigen, Bluff, falsche Höflichkeit

Der Faktor x ergibt das Ziel:

positiv:

Kampfgeist, Disziplin, Pflichterfüllung, Mutterschaft, Verständnis, Pioniergeist, Zuverlässigkeit, Vorbildlichkeit, Ehrgeiz

negativ:

Haß, Jasagerei, übertriebene Nachgiebigkeit, Selbstverleugnung, reaktionäres Denken, Diktator, Machtgier

Ort: Bremen (steht für das äußere Umfeld)

Summe 59, o14, x6

Die Quersumme o ergibt den Weg:

positiv:

Kampfgeist, Disziplin, Pflichterfüllung, Mutterschaft, Verständnis, Pioniergeist, Zuverlässigkeit, Vorbildlichkeit, Ehrgeiz

negativ:

Haß, Jasagerei, übertriebene Nachgiebigkeit, Selbstverleugnung, reaktionäres Denken, Diktator, Machtgier

Der Faktor x ergibt das Ziel:

positiv:

Liebe, Erotik, weibliche Anziehungskraft, Sexualität, schöpferische Kraft, Prüfung, Kritik, praktische Forschung, Analyse, Interesse, Neugier, Aufklärung, Dankbarkeit, Erfindungsgabe

negativ:

Verführungssucht, Wollust, Perversion, Besitzgier, Spionage, unkritische Forschung, Wut, Aggression

Datum: 23.06.1965 (steht für die Zeitqualität)

Summe 32, o5, x4

Die Quersumme o ergibt den Weg:

positiv:

Expansion, Fülle, Heilung, Religion, Helfen, Sensibilität, Feingeistigkeit, Subtilität, Edelmut, Großzügigkeit, Stil, Charakter, Niveau, Geradlinigkeit, Korrektheit, Integrität, Herkunft, Güte, Seelenstärke, Lebensfreude, Lachen, Humor negativ:

Übermut, Übermaß, Workaholic, Genußsucht, Eifersucht, übertriebener Materialismus, Taktlosigkeit

Der Faktor x ergibt das Ziel:

positiv:

Werden und Vergehen, Arbeit, Handlung, Tat, Systematik, Umsicht, Pragmatismus, Entscheidung, Öffentlichkeit, Wandlung der Polaritäten, Auseinandersetzung mit Konflikten, konstruktive Problemlösung, Krisenbewältigung, Technokratentum, Loyalität

negativ:

voreiliges Handeln, Geltungsdrang, Kränklichkeit, maschinenhafter Eifer, Fatalismus, Intrigen, Bluff, falsche Höflichkeit

Zeit: 20:30 (steht für die Wirkungskraft)

Summe 5, o5, x1

Die Quersumme o ergibt den Weg:

positiv:

Expansion, Fülle, Heilung, Religion, Helfen, Sensibilität, Feingeistigkeit, Subtilität, Edelmut, Großzügigkeit, Stil, Charakter, Niveau, Geradlinigkeit, Korrektheit, Integrität, Herkunft, Güte, Seelenstärke, Lebensfreude, Lachen, Humor

negativ:

Übermut, Übermaß, Workaholic, Genußsucht, Eifersucht, übertriebener Materialismus, Taktlosigkeit

Der Faktor x ergibt das Ziel:

positiv:

Energie, Wille, Tatkraft, Mut, Geistesgegenwart, Schnelligkeit, Eifer, Aktion, Initiative, Engagement, Orientierung, Prinzipien, Konzentration, Eigenverantwortung, Vernunft, Autorität, Geschicklichkeit, Begeisterungsfähigkeit

negativ:

Hyperaktivität, Unrast, Jammern, Leidensmiene, Willenlosigkeit, Mutlosigkeit, Feigheit, Ungeschicklichkeit, Unvermögen, Unruhe

Geburtsaspekt:

Summe 96, o15, x10

Die Quersumme o ergibt den Weg:

positiv:

Ausstrahlung, Einfluß, Anziehungskraft, Magnetismus, Aura, Charme, Anmut, Charisma, Wirkung, Kompetenz, Macht, Meditation

negativ:

Arroganz, Leichtlebigkeit, Herausforderung des Schicksals, Hazardspiel, Beeinflussung anderer, Offenlegung der Probleme, negative Überraschungen, Tollkühnheit, Stolz

Der Faktor x ergibt das Ziel:

positiv:

Wechsel, Aufbruch, Umbruch, Neuanfang, moralische Umkehr, Leichtigkeit, Spontaneität, Änderung, Veränderung, Innovation, Neues, Reform, Übergangslösung, Trend, Flexibilität, Loslösung, Reisen, Unabhängigkeit

negativ:

Umsturz, Revolution, Unbeständigkeit, Unbeherrschtheit, Sprunghaftigkeit, Unzuverlässigkeit, Ziellosigkeit, heillose Unordnung, Hysterie, Launenhaftigkeit, Anarchie, Unsicherheit

Lebensziel und Hauptprüfungen:

Summe 217, o10, x6

Die Quersumme o ergibt den Weg:

positiv:

Wechsel, Aufbruch, Umbruch, Neuanfang, moralische Umkehr, Leichtigkeit, Spontaneität, Änderung, Veränderung, Innovation, Neues, Reform, Übergangslösung, Trend, Flexibilität, Loslösung, Reisen, Unabhängigkeit

negativ:

Umsturz, Revolution, Unbeständigkeit, Unbeherrschtheit, Sprunghaftigkeit, Unzuverlässigkeit, Ziellosigkeit, heillose Unordnung, Hysterie, Launenhaftigkeit, Anarchie, Unsicherheit

Der Faktor x ergibt das Ziel:

positiv:

Liebe, Erotik, weibliche Anziehungskraft, Sexualität, schöpferische Kraft, Prüfung, Kritik, praktische Forschung, Analyse, Interesse, Neugier, Aufklärung, Dankbarkeit, Erfindungsgabe

negativ:

Verführungssucht, Wollust, Perversion, Besitzgier, Spionage, unkritische Forschung, Wut, Aggression, Disziplinlosigkeit

Halding-Analysen unterliegen der Schweigepflicht. Daher sind bei allen Beispielen, die in diesem Buch zitiert werden, die Namen der Menschen verändert worden, so daß sie nicht mehr identifiziert werden können. Auch sämtliche persönlichen Angaben, die uns in Briefen oder E-Mails im Zusammenhang mit Halding-Analysen mitgeteilt werden, behandeln wir grundsätzlich streng vertraulich.

Ernst – Fehlgeburt an Bord

Auch der 25jährige Student Ernst L. bat uns in schriftlicher Form um eine Halding-Beratung. Allerdings fügte er bereits seinen Geburtsdaten einige persönliche Angaben aus seinem heutigen Leben bei und fragte, ob er mit Hilfe des Haldings darüber Aufklärung erhalten könne.
So schilderte er zunächst kurz seinen schulischen und beruflichen Werdegang (er hatte vor dem Studium bereits eine Bankkaufmannslehre absolviert). Dann erwähnte er, daß er sich seit dem Abitur von ständiger innerer Unruhe getrieben fühlte, was sich in ständigem Wechsel, Umzügen etc. in seinem äußeren Leben bemerkbar machte. Ferner bat er uns um Aufklärung darüber, wieso er sich heute mit seinem Bruder nicht gut verstehe. Sie beide seien charakterlich sehr verschieden, und besonders sein Interesse für spirituelle Weiterentwicklung fand bei seinem Bruder keinen Widerhall. Schließlich erwähnte er noch, daß er sich stark zu den kanarischen Inseln hingezogen fühle und überhaupt einen starken Bezug zum Meer habe.
Zunächst ergab die numerologische Namensanalyse des jungen Mannes eine recht charakteristische Konstellation, denn sowohl in der Quersumme seines Namens als auch im x-Faktor stand bei ihm die Zahl 10. Sinn und Ziel seines Lebens sollten also im Zeichen des hermetischen Prinzips Uranus stehen, der u. a. für Spontaneität, Um-

bruch, Neuanfang und Unruhe steht. Also schon wieder sehen wir: Im Namen eines Menschen ist alles drin!
Hier nun Auszüge aus dem Halding-Protokoll von Ernst:

[...]
In uralter Zeit war er ein Mann in Lemuria, der ohne Gnade im Krieg die Feinde bekämpfte.
Er kämpfte gegen die Menschen einer unterlegenen Kultur und kam nie auf den Gedanken, seine Überlegenheit sinnvoll zu nutzen.
Heute soll er nie mehr Machtgelüste haben.
In Indien lebte er auch vor Christi Geburt als eine Frau, die sehr leiden mußte unter ihrer Armut.
Sie hatte nie genug zu essen, aber ihr Klagen verbesserte auch nichts an der Situation.
Heute muß Ernst lernen, die Ärmel hochzukrempeln. Nie soll er sich ergeben in ein Schicksal.
Im Mittelalter war er in Frankreich.
Er war ein Mädchen von großer Schönheit, das Muriel hieß und auf einer großen Burg als Tochter eines Ritters lebte.
Sie hatte jedoch nie Kontakt zu den Menschen, nur ihre Mutter und ihre Gouvernante kamen zu ihr.
So unvorbereitet mußte sie einen Mann heiraten, den der Vater ausgesucht hatte.
Er hieß Robert und ist heute sein Bruder.
Sie wohnten damals hinterher auf der Burg des Mannes. Der ging zum Turnier und zu Trinkgelagen, die Frau war ebenso eingesperrt wie zuvor, aber sie lernte dort ein Mädchen kennen, das die Schwester ihres Mannes war und im Hause lebte.
Das Mädchen hieß Lise und war recht gebildet.
Beide zusammen lasen sie die Schriften der Bibel und der Philosophen, auch antike Schriftstücke.
Der Mann hingegen war ein halber Analphabet und konnte kaum seinen Namen schreiben.
Damals haßte Muriel ihren Mann für seine Roheit, heute aber soll Ernst lernen, die Menschen ihr Leben leben zu lassen.
Er soll nicht versuchen, den Bruder zu beeinflussen, sondern lieber ihn in Frieden lassen und sich selbst so erlösen von den alten Geschichten.

...

Im 17. Jh. lebte er auf der Insel Korsika als Mann.
Er hieß Lorenzo Frinola und war ein Seemann.
Auf seinen Reisen kam er auch auf die Inseln, von denen er heute träumt, aber seine Leidenschaft damals war eine Frau in seiner Heimat.

...

In ihrer Nähe meinte er damals Geborgenheit zu finden, aber immer wieder trieb es ihn hinaus.

...

Heute soll er einen Umbruch im Leben als eine Aufforderung zur Selbsterkenntnis sehen.
Er muß innerlich den Ausgleich suchen, dann findet er auch im Äußeren neue Gelegenheiten.
Im 19. Jh. war er eine Frau in Irland. Sie hieß Josephine Donelly.
Sie war eine Bauerntochter in einem Dorf bei Dublin.
Sie heiratete eines Tages Thomas Landgrove, einen Bauernsohn aus der Gegend.
Sie gingen später nach Amerika, um dort eine neue Existenz zu gründen.
Auf der Überfahrt wurde sie schwanger und starb an Bord an einer Fehlgeburt.
Seine Lehre ist es, heute zu begreifen, daß im Leben auch das Naheliegende günstig sein kann.
Er soll nicht immer nach den Sternen greifen.

...

Wie die Auszüge aus dem Halding zeigen, hat die heutige innere Unruhe des jungen Mannes durchaus ihre Wurzeln in früheren Leben, etwa eines Seemannes und einer auswanderungswilligen Bauerntochter. Man sollte diese Aussagen nun nicht damit abtun, daß wir ja von ihm über diese Unruhe vorher gewußt hätten, denn sie steckt bereits in der numerologischen Analyse, die ja durch ein völlig neutrales mathematisches Berechnungsverfahren erstellt wird.
Auch die Aufklärung des Verhältnisses zu seinem heutigen Bruder ist lehrreich für das Verständnis des Karmas. Beide waren in einer früheren Inkarnation einmal verheiratet und auch damals schon sehr verschieden. Etwas Schlimmeres, im Sinne eines Traumas etwa, schien zwischen ihnen aber nicht zu stehen. Es zeigte sich nur, daß es

Menschen gibt, die über viele Inkarnationen hinweg recht unterschiedliche Wege der Weiterentwicklung gehen können, ohne daß man einen als den besseren oder den anderen als den schlechteren bezeichnen könnte. Es geht nicht darum, irgendeine Schuld aneinander abzutragen oder gar zu „vergelten", sondern man sollte sich klarzumachen versuchen, wieso man mit Menschen so anderen Charakters in seinem Leben immer wieder konfrontiert wird, denn dies muß implizieren, daß man von ihrer Lebensweise noch Wichtiges für seine eigene Entwicklung zu erkennen hat.
Es kam uns hauptsächlich darauf an, Ernst dies klarzumachen, daß er also versuchen solle, seinen Bruder sein Leben leben zu lassen und nichts zu unternehmen, um ihn - sicher aus besten Motiven - im Sinne der eigenen Denkweise zu beeinflussen. Hierdurch könnte dann eine Harmonisierung des Verhältnisses durchaus erreicht werden.
Auch Ernst L. schrieb uns daraufhin einen sehr ausführlichen und aufschlußreichen Antwortbrief:

„Sehr geehrte Frau Fosar, sehr geehrter Herr Bludorf,

ich möchte mich für Ihren Brief sowie die Auswertung des Haldings ... recht herzlich bedanken.

...
Mir wird auf Anhieb klar, wieso bei mir so viel Hektik, Umbruch und Unruhe herrscht. Es sind Ursachen, die in Vorleben zu suchen sind und heute er(ge)löst werden müssen.
Dies macht sich in den Wesenheiten bemerkbar, die ich verkörperte. Sei es nun der Seemann Lorenzo Frinola, der von Unruhe getrieben sein Glück in der weiten Welt suchte, oder aber Josephine Donelly, die ihr Glück in Amerika finden wollte. Auch der Mann aus Lemuria, finde ich, spiegelt dieses „Problem" wider.
Das Erstaunliche war die Geschichte der Josephine Donelly. Mir lief es heiß den Rücken runter, als ich las, was dort stand.
Genau solch eine Szene hatte ich schon einmal erlebt.
Ich bekam von einer Freundin vor eineinhalb Jahren eine Rückführungscassette geschenkt. ... Ich benutzte sie bisher ungefähr zehnmal. Und indem ich mich in eine Art Trancezustand, in dem ich mich nicht bewegen konnte, auch wenn ich es wollte, versetzen ließ, bekam ich folgende Bilder vermittelt:

Ich sehe einen Hof, eine kleine Bauernkate, eine nicht sehr große Scheune, beides aus Holz und Lehm erbaut. Hühner und Gänse laufen um mich her. Nicht sehr viele. Ich trage ein knöchellanges braunes, derbes Kleid, habe ein Tuch um den Kopf geschlungen und eine dunkle Schürze um. Ich trage zwei Eimer Wasser. Ein Reiter auf einem schwarzen Pferd kommt auf den Hof geritten. Ich weiß, dies ist mein Mann, den ich sehr liebe.

Plötzlich, wie ein Filmriß, taucht ein neues Bild auf. Ich liege in einem dunklen Raum, der nur von zwei Lampen erhellt wird, auf einer Pritsche an der Wand. Ich habe Krämpfe, schreckliche Krämpfe. Die Luft in dem Raum ist zum Ersticken. Viele Leute sind dicht gedrängt, der Raum schwankt hin und her. Ich werde immer wieder von Krämpfen geschüttelt. Mir ist, als ob mich jemand mit einer spitzen Lanze in meinen Unterleib sticht.

Eine Frau, ich erkenne sie nur schleierhaft, hält meine Hand. Wo ist mein Mann? Wer ist diese Frau?

Plötzlich geht mir der Gedanke durch den Kopf, daß ich ihn nie verlassen will, denn wo bleibt denn sonst meine Zukunft, unsere Zukunft? Später, als ich unter Krämpfen die Augen geschlossen habe und nicht mehr zu mir komme, aber dennoch alles recht klar sehe, klarer als je zuvor, da fasse ich meinen Entschluß, nie wieder große Risiken einzugehen. Ich bereue es, weggegangen zu sein.

So weit meine Geschichte, die ich persönlich für Bilder aus dem Leben jener Josephine Donelly halte. Was meinen Sie zu meiner kurzen Beschreibung?

Sie können sich sicher vorstellen, daß ich irgendwo geschockt war. Erstens war ich das Gegenteil, was ich heute bin, nämlich eine Frau. Zweitens schockierte mich der Tod, den ich körperlich miterlebte. Nur durch das Gespräch mit Freunden konnte ich die Ausmaße, die diese Rückführung für mich hatte, verstehen und den Schock überwinden. Das gesamte Erlebnis mußte ich erst einmal verarbeiten. Ich sehe deshalb auch eine Gefahr darin, die Cassette weiter zu benutzen, denn die Gefahr der psychischen Überbelastung habe ich hier zu spüren bekommen. Ich glaube, daß nur, wer reif für so etwas ist, dies auch benutzen sollte. Es ist eine zu große Verantwortung für einen Laien.

Ihre Interpretation des Falles: „Er soll nicht immer nach den Sternen greifen", „Das Naheliegende kann auch günstig sein.", trifft voll zu.

Ich will immer in die Ferne. Sei es, daß ich meine Lehre so weit wie möglich von zu Hause entfernt machen wollte oder daß ich nun schon wieder an einem Auslandsstudium plane. Mich treibt es einfach in die Welt. Daher vielleicht auch diese Unruhe, die ich spüre.
Auch die Erkenntnis, einen Umbruch im Leben als Aufforderung zur Selbsterkenntnis anzuerkennen, muß ich mir zu eigen machen. Ich gebe mich manchmal sehr gerne Illusionen und Träumereien hin, vor allem, wenn etwas nicht so klappt. Meinen inneren Ausgleich versuche ich seit einem halben Jahr mit morgendlicher Meditation zu bekommen, aber immer wieder ist da die Ablenkung, die Unruhe. Ich muß wahrscheinlich noch intensiver den Rückzug in mein Selbst vollziehen.
Bei dem Leben von Muriel in Frankreich, bei dem die Wesenheit, die jetzt mein Bruder ist, eine große Rolle spielt, haben Sie den Nagel auf den Kopf getroffen! Nicht mein Bruder ist es, der die Situation meistens in Streit ausarten läßt, sondern mein Verhalten ihm gegenüber. Ich habe ihm zum Beispiel schon oft gesagt, mehr Feingefühl zu haben, sich mal ein bißchen für Kunst, Literatur und klassische Musik zu interessieren. Jetzt begreife ich, das ist nicht sein Weg, das ist meiner. Ich darf die Leute nicht zwingen, sich meinen Meinungen und Interessen anzupassen.
In der Muriel sehe ich mich irgendwie wieder. Die zurückgezogen lebende, sich in ihr Schicksal ergebende junge Frau, die belesene, vielleicht künstlerisch, intuitiv begabte, die nach Takt und Schönheit strebt und in ihrem Mann das genaue Gegenteil findet.
...“
Am überraschendsten ist sicherlich in diesem Brief die Schilderung des Erlebnisses, das Ernst in der Rückführungsmeditation hatte. Zu sehr stimmten die Details überein, als daß man von einem Zufall sprechen könnte. Schon die Tatsache, daß ein völlig normaler junger Mann sich in der Rückführung als Frau sieht, läßt sich kaum durch Phantasien oder Wunschträume erklären, noch dazu, wo er ganz realistisch die Schmerzen bei einer Fehlgeburt sowie den darauffolgenden Tod, vermutlich an Puerperalsepsis, schildert. Das Lokalkolorit stimmt ebenfalls (Bauernhof, Tiere, Kleidung), sowie die Tatsache, daß diese Frau verheiratet war.
Noch überzeugender dann die Schilderung des Todeserlebnisses: Ein enger, stickiger Raum, der voller Menschen ist und hin und her

schwankt (Schiff), die Frau von Krämpfen geschüttelt, wobei sich eine andere Frau um sie kümmert, während der Mann nicht zu sehen ist, eine Tatsache, die im puritanischen 19. Jh. bei einer Fehlgeburt sicher nicht verwundert. Auch das Erlebnis des eigentlichen Todes (kann plötzlich klarer sehen, als je zuvor) stimmt mit vergleichbaren anderen Schilderungen, auch von Reanimierten, überein.
Ernst L. erwähnte auch, daß er in der Trance auch die Ängste und Schmerzen jener Frau ganz realistisch durchlebte, ein Vorgang, der in der Psychotherapie im allgemeinen als Katharsis bezeichnet wird und hier ganz spontan eintrat, aber auch, daß er von dem Erlebnis so geschockt war, daß erst Gespräche mit anderen ihm halfen, die ganze Sache richtig einzuordnen.
Nicht ohne Grund haben wir deshalb auch die von ihm in seinem Brief ausgesprochene Warnung vor derlei Praktiken mit in unsere Dokumentation aufgenommen. Daß die Rückführung in andere Leben mit Hilfe von Hypnose oder bestimmten Meditationstechniken *in manchen Fällen* notwendig oder sogar die einzig mögliche Chance auf Heilung sein kann, ist unbestritten. Bedingung ist jedoch, daß der Betroffene dies unter dem Schutz eines Therapeuten durchführt oder zumindest in regelmäßigem Kontakt mit diesem seine Erlebnisse in der eigenständig abgehaltenen Meditation bespricht.
Demgegenüber halten wir die unkontrollierte Benutzung käuflich erwerbbarer Rückführungsmeditationen oder auch die Gruppenrückführung auf esoterischen Messen oder innerhalb von Seminaren für sehr bedenklich, zumal in einem solchen Rahmen selbst von einem anwesenden Kursleiter bzw. Therapeuten auf die individuellen Erlebnisse der Teilnehmer überhaupt nicht eingegangen werden kann. Berücksichtigt man zusätzlich die in einer größeren Gruppe auftretende Dynamik, die dafür sorgt, daß auch der mit veränderten Bewußtseinszuständen noch Unerfahrene sehr schnell in einen tiefen Versenkungszustand kommen kann, so ist es erklärlich, daß bei solchen Gelegenheiten so oft unvorbereitete Menschen, die nur aus Neugier sehen wollten, ob sie denn nun schon einmal Ballettänzerin oder der Kaiser von China gewesen sind, plötzlich mit belastenden Seeleninhalten überschwemmt werden können, mit denen sie dann hinterher alleingelassen werden.
Reinkarnationstherapie ist eine psychoanalytische Technik und gehört unserer Meinung nach daher grundsätzlich in individuelle Ein-

zelsitzungen, schon aus Gründen der Diskretion. Bei genügend gefestigten Personen (speziell, wenn psychosomatische, also scheinbar rein körperliche Krankheiten aufgedeckt werden sollen) kann es vertretbar sein, diesen eine Rückführungscassette in die Hand zu geben und nur von Zeit zu Zeit (und dies ist unabdingbar, wie wir gesehen haben) das dort Erlebte zu besprechen.

Karma und Zeitschleifen

Der moderne Karmabegriff unterscheidet sich fundamental von den Denkkonzepten früherer Jahrzehnte. Es geht nicht mehr darum, daß irgend eine Handlung aus einem früheren Leben „vergolten" werden muß. Statt dessen stützt sich der heutige Karmabegriff auf einen naturgesetzlichen Zusammenhang, wonach unter gewissen Bedingungen Ereignisse die Tendenz zur Wiederholung zeigen. Moralbegriffe wie „Schuld" und „Sühne" spielen dabei keine Rolle. Wenn ein Mensch ein „Karma" hat, so bedeutet das nur, daß er Persönlichkeitsanteile eines früher lebenden Menschen in sich trägt, die Erfahrungen und (ritualisierte) Gewohnheiten mit Wiederholungscharakter beinhalten. „Karmaerfüllung" bzw. „Lernen" bedeutet dann, mit diesen Verhaltensmustern heute anders umzugehen, als es der damalige Mensch getan hatte. Auf diese Weise wird die Wiederholungstendenz unterbrochen (Abschluß eines unvollendeten Rituals).
Alles hängt zusammen mit dem Charakter der Zeit. In der heutigen Wissenschaft vermutet man, daß man sich die Zeit nicht mehr als eine vom Gestern über das Heute zum Morgen verlaufende Linie vorstellen darf. Die Zeit ist mehrdimensional und hat eine fraktale Struktur. Das bedeutet, sie hat eine gebrochene Dimension und weist komplizierte Strukturen auf, die sich im Großen wie im Kleinen wiederholen (sogenannte Skaleninvarianz). Wir wollen an dieser Stelle nicht tiefer in das interessante Gebiet der fraktalen Zeit einsteigen, da wir dies in unserem Buch „Zeitfalle" bereits ausführlich abgehandelt haben. Auch im Kapitel „Und Gott würfelt doch..." kamen einige Aspekte des Themas nochmals zur Sprache. Im Zusammenhang mit dem Karmabegriff interessiert uns vor allem, daß es in der fraktalen Zeit zu Zeitschleifen kommen kann, also zu einer (mehr oder weniger regelmäßigen) Wiederholung gleichartiger Ereignisse. Genau dies macht aber das Wesen des Karmas aus.

Matrix und Fraktale

Fraktalformen entstehen durch Rückkopplung, d. h. dadurch, daß eine Projektion mehrfach (rekursiv) auf sich selbst angewendet wird. Eine solche Projektion wird mathematisch durch eine Matrix beschrieben. Die Existenz fraktaler Formen in unserer Realität ist eine unmittelbare Folge aus der modernen quantenphysikalischen Erkenntnis, daß der Mensch durch sein Bewußtsein seine Realität mit beeinflußt und insofern als Mitschöpfer agiert. Indem er das von ihm (mit) Erschaffene (von dem er ein Teil ist) betrachtet, kommt es zu der genannten Rückkopplung, wodurch die zugrundeliegende Matrix fraktale Formen in Raum und Zeit entstehen läßt.

Eine fraktale Zeitschleife entsteht dadurch, daß sich ein Ereignis manifestiert, dessen Matrix zyklischen Charakter hat. Die Folge ist dann, daß dieses Ereignis dazu tendiert, sich zu wiederholen.

Menschen können selbst (gewollt oder ungewollt) fraktale Zeitschleifen erzeugen (Festhalten an Gewohnheiten, „unvollendete Rituale“). Das führt dann dazu, daß sie immer wieder mit ähnlichen Ereignissen konfrontiert werden (oder selbst automatisch bestimmte Handlungen wiederholen). Es ist aber auch möglich, die Bindung an eine bereits existierende fraktale Zeitschleife zu übernehmen. Die Ursache ist Resonanz. Auslöser für eine solche Resonanz können z. B. sein:

- *Familiäre Bindungen* (z. B. wurden ähnliche Schicksalsverläufe innerhalb der Kennedy-Familie über Generationen weitergereicht[10]).
- *„Zeitartige Zeitschleifen“* – ein Mensch gerät in eine Zeitschleife, weil bestimmte wichtige Eckdaten seines Lebens zu einer bestimmten (zur Zeitschleife passenden) Zeit liegen.
- *„Ortsartige Zeitschleifen“* – ein Mensch gerät in eine Zeitschleife, weil er sich an einem bestimmten Ort aufhält (Resonanz mit der Matrix des Ortes).
- *Karmische Zeitschleifen* – ein Mensch gerät in eine Zeitschleife, weil sein Name zu einer bestimmten, dazu passenden Ereignisqualität resonanzfähig ist.

Mischformen kommen häufig vor. Zum Beispiel bildeten die „Schatten über dem Weißen Haus“ (Tod mehrerer US-Präsidenten im Amt im Abstand von jeweils genau 20 Jahren[11]) eine sowohl raum- als auch zeitartige Zeitschleife. Zum einen betraf sie nämlich nur Menschen, die das Präsidentenamt übernahmen und daher an einen bestimmten Ort ziehen mußten (Washington, Weißes Haus). Unter ihnen waren aber auch nur diejenigen betroffen, die in ganz bestimmten Jahren gewählt wurden. Bei einem (John F. Kennedy) kam sogar noch als dritter Aspekt ein familiärer Hintergrund hinzu.
Räumliche und zeitliche Aspekte können auch bei karmischen Zeitschleifen eine entscheidende Rolle spielen. Der Ausdruck „Zeitschleife“ besagt nicht, daß eine Entwicklung vollkommen zyklisch verläuft. Es handelt sich meist um wesentlich kompliziertere Entwicklungslinien (z. B. der sogenannte Lorenz-Attraktor bei der US-Präsidentenschleife[12], siehe auch Abb. 13). Derartige zyklische Attraktoren sind nur über sehr lange Zeiträume wirklich zyklisch[13], während die Entwicklungsbahnen in kürzeren Zeitabschnitten sehr unterschiedlich (und auch unregelmäßig) verlaufen können, so daß der zyklische Charakter im Kleinen oft nur schwer zu erkennen ist.

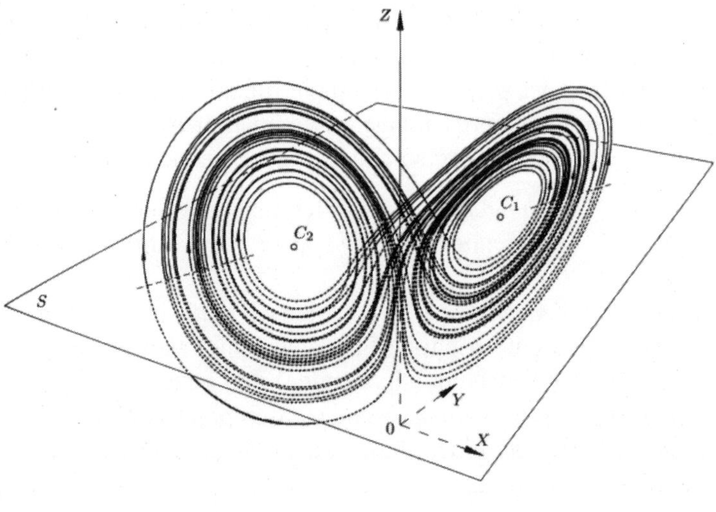

Abb. 13: Der Lorenz-Attraktor

Beim Lorenz-Attraktor zum Beispiel gibt es bestimmte Bereiche, in denen Entwicklungen sehr heftig verlaufen (nahe seinem Zentrum). In diesen Regionen ist also die Wahrscheinlichkeit der Wiederholung bestimmter Ereignisse sehr hoch (in solchen Bereichen befanden sich die Präsidenten, die tatsächlich im Amt starben, z. B. Kennedy und Lincoln). Nahe der Peripherie des Lorenz-Attraktors hingegen verlaufen die Entwicklungen mit geringerer Vehemenz. Dort befand sich z. B. Ronald Reagan, auf den zwar ein Attentat verübt wurde, das er aber überlebte.

Im Fall einer karmischen Zeitschleife (die über den Namen eines Menschen aufgegriffen wurde) kann es also für die tatsächlich im Leben aktivierten karmischen Ereignisse von immenser Bedeutung sein, zu welchem Moment (Geburtszeitpunkt) er in die Zeitschleife „eingestiegen" ist. Der Geburtsmoment eines Menschen bestimmt daher die Wirkungskraft, mit der karmische Zusammenhänge in sein Leben hineinwirken können.

Ebenso wichtig ist der räumliche Aspekt. Im Großen ist dies unmittelbar ersichtlich. Es gibt bestimmte Zeitschleifen („karmische Aufgaben"), die zu bestimmten Zeiten an bestimmten Orten (Kulturkreisen, politischen und gesellschaftlichen Systemen etc.) ganz einfach unmöglich oder zumindest nur sehr schwer auflösbar sind. Zum Beispiel wäre eine „karmische Aufgabe", sich von religiösen Bindungen unabhängig zu machen, im Europa des Mittelalters praktisch nicht zu bewerkstelligen gewesen. In anderen gesellschaftlichen und kulturellen Systemen hingegen könnte sich die gleiche Aufgabe fast wie von selbst erledigen.

Genau dies kann man auch bei den Halding-Analysen beobachten. Einige der geschilderten karmischen Aufgaben gehen sehr gut konform mit den aktuellen Lebensproblemen eines Menschen, weil er selbst oder seine Umwelt der Lösung der Aufgabe Widerstand entgegensetzen. Erst dadurch wird ja die Existenz des Karmas überhaupt erkennbar. Andere, ebenfalls ins Leben mitgebrachte Aufgaben machen sich überhaupt nicht bemerkbar. Der Mensch lebt heute ganz einfach anders als es in der geschilderten Szene aus einem früheren Leben der Fall war, ohne daß ihm dies irgendwelche Probleme bereiten würde.

Bei den Halding-Analysen gilt der Geburtsort eines Menschen insofern als eine Art Bühne, die ihm zur Verfügung steht. Wenn er über

seinen Namen in Kontakt mit einer gewissen Anzahl von Zeitschleifen aus dem Leben früherer Menschen kommt, dann kann dies nur im Kontext des Ortes geschehen, an dem er sich befindet. Dies hat Einfluß darauf, mit welchen „Aufgaben“ er dann im Leben tatsächlich konfrontiert wird bzw. auf Widerstand stößt. Das ändert sich auch nicht grundsätzlich, wenn er in eine andere Region umzieht. Jeder Mensch bleibt lebenslang durch seine Herkunft geprägt.
Dabei spielen nicht nur großräumige Kulturkreise eine Rolle. Jeder Ort hat aufgrund des Ortsnamen Verbindung zu eigenen Zeitschleifen, die die Matrix des Ortes mit prägen.[14]
Zum Beispiel ergibt die kabbalistische Namensanalyse der Stadt Berlin die Summe 63, Quersumme 9, x-Faktor 6. Will man die Wirkung des Ortes auf einen Menschen untersuchen, muß wie immer dem x-Faktor noch der Wert 1 hinzuaddiert werden, so daß sich in diesen Fällen ein x-Faktor 7 ergibt.
Speziell die 9, das hermetische Prinzip Wassermann, symbolisiert Begriffsklassen, die sowohl in der positiven als auch in der negativen Polarität die wechselvolle Geschichte Berlins erkennbar geprägt haben (höheres Wissen, Philosophie und Freigeistigkeit auf der einen, Demagogie, blindes Befolgen von Parolen und Rücksichtslosigkeit auf der anderen Seite).
Die 9 eröffnet auch den Zugang zu einer Berlin-spezifischen Zeitschleife, die mit dem Datum des 9. November verknüpft ist:

9. 11. 1918 –	Ausrufung der Republik durch Philipp Scheidemann, Abdankung des Kaisers
9. 11. 1938 –	„Reichskristallnacht“ – Pogromnacht der Nationalsozialisten
9. 11. 1989 –	Öffnung der Berliner Mauer

Aus diesen Zusammenhängen wird ersichtlich, daß bei einem Menschen, der im Jahre 1960 in Berlin geboren wurde, über den Namen ganz andere karmische Aufgaben (von anderen Menschen früherer Zeiten) aktiviert werden können als bei einem anderen, der 1950 in Köln zur Welt kam. Selbst wenn beide den gleichen Namen haben sollten.

Was so alles nicht inkarniert...

Wichtig ist es, in diesem Zusammenhang zwischen der Reinkarnationsspur eines Menschen einerseits und dem Menschen selbst andererseits zu trennen. Eine karmische Zeitschleife „entsteht“ nicht erst durch die Geburt eines Menschen zu einer bestimmten Zeit an einem bestimmten Ort. Die Informationen sind unabhängig von seiner Existenz vorhanden. Die Persönlichkeitsfragmente werden auch nicht nahtlos von einem zum anderen Menschen weitergereicht, wie es etwa bei den Organtransplantationen der Fall war. Man kann ohne weiteres karmische Aufgaben eines alten Römers und eines Landsknechts aus dem Dreißigjährigen Krieg in sich tragen, obwohl zwischen deren Tod und der eigenen Geburt Jahrhunderte lagen.
Als Zwischenträger dient ein im Universum vorhandenes Informationsfeld (morphogenetisches Feld), in dem alle Ereignisse, die sich je im Kosmos ereignet haben, gespeichert sind. Insofern gibt es sehr viel mehr potentielle (und zur Zeit größtenteils inaktive) Zeitschleifen in diesem morphogenetischen Feld, als es sämtlichen karmischen Aufgaben aller derzeit lebenden Menschen entsprechen würde. Daraus folgt, daß es auch viel mehr mögliche Resonanzen gibt, als man sie durch die „PIN-Nummern“ aus Namen, Geburtsort, Geburtsdatum und Uhrzeit sämtlicher heute existierender Menschen erhalten könnte.
Bei den Halding-Analysen wird auf das morphogenetische Feld selbst zugegriffen, nicht auf irgendwelche individuellen Informationen im Umfeld eines konkreten Menschen (der bei Anfertigung der Analyse in der Regel nicht einmal anwesend ist, sondern seine Daten nur schriftlich einreicht). Auch diese Tatsache ist in diesem Zusammenhang wichtig.
Nehmen wir als Beispiel ein Datum – den 18. September 1975 – und als Ort die Stadt München. Würde zu dieser Zeit an diesem Ort ein Mensch mit dem Namen „Matthias Frings“ geboren, so würden aus dem Zusammenspiel aus Namen, Ort und Datum bestimmte Zeitschleifen aus dem morphogenetischen Feld reaktiviert. Diese Zeitschleifen würden mit Ereignissen aus den Leben früherer Menschen im Zusammenhang stehen und die zukünftige Entwicklung jenes Matthias Frings mit prägen.
Was aber, wenn an jenem Tag gar kein Mensch namens Matthias Frings geboren würde? Selbstverständlich würden dadurch nicht die

genannten Informationen aus dem morphogenetischen Feld verschwinden, wo sie schon seit langer Zeit vorhanden sind. Sie würden lediglich eine karmische Zeitschleife virtueller Natur bilden und sich nicht in Form konkreter Neigungen, Herausforderungen und Antriebe im Leben von Matthias Frings real manifestieren (da es ihn ja nicht gibt). Die Information selbst ist ewig. Sie wird nur nicht immer in unserer Materie ausgelebt.

Buchstabencode

A, Ä	1	Hellblau	P, PH	17	Dunkelgrau
B	2	Hellviolett	Q	19	Hellgrau
C	11	Rot	R	20	Gold
D	4	Dunkelblau	S	21	Magenta
E	5	Dunkelviolett	SCH, SH	18	Feuerrot
F	17	Hellgrün	T	9	Braunschwarz
G	3	Grün	TH	22	Aubergine
H, CH	8	Silberviolett	TS, TZ	18	Titan
I	10	Hell opalisierend	U, Ü	6	Schwarz
J	10	Dunkel opalisierend	V	6	Hellgrün
K	11	Silberblau	W	6	Lila
L	12	Dunkelgrün	X	15	Lemon
M	13	Türkis	Y	10	Rosa
N	14	Lachsrot	Z	7	Gelb
O, Ö	16	Ultramarinblau			

Tabelle 3: Zuordnung von Farben zu den kabbalistischen Buchstabencodes

Die Aura des Geheimnisvollen

Sie sind ein Ei!
Falls jetzt Protest kommen sollte – auch Ihr Nachbar ist ein Ei, ihre Freunde sind Eier, und das Gleiche gilt auch für jeden Buchautor.
Schließen Sie bitte Ihre Augen und stellen Sie sich ein Zimmer mit grauen Wänden vor, ohne Möbel. Das Zimmer hat nur ein einziges Fenster und eine Tür an der gegenüberliegenden Wand. Versuchen Sie zu erkennen, was außerhalb des Fensters zu sehen ist.
Drehen Sie sich in Gedanken um und schauen Sie auf die Tür. Ist sie geschlossen oder geöffnet? Wie sieht sie aus?
Nachdem Sie das alles ergründet haben, stellen Sie sich vor, Sie sehen sich selbst in diesem Zimmer als ein riesengroßes Ei. Wie sieht das Ei aus? Gehen von ihm Fäden nach außen, hat es schöne Farben oder ungesunde braune Flecken? Abhängig davon, in welchem emotionalen Zustand Sie sich gerade befinden, kann Ihr Unterbewußtsein ein ganz unterschiedliches Bild von Ihrem Ei liefern.
Zum Beispiel ist ein sehr trauriger Mensch ein ganz anderes Ei als jemand, der gerade glücklich verliebt ist.
Die Wiederholung dieser kleinen Übung gibt Ihnen die Chance, Ihre Defizite und Stärken zu erkennen und damit bewußter umzugehen.
Sie merken schon, worauf wir hinauswollen – auf die menschliche Aura.
Obwohl dieser Name sehr alt ist, sind die meisten Theorien über die Aura sehr modern.
Man weiß heute, daß der menschliche Körper und jedes seiner Organe von einem elektromagnetischen Feld umgeben sind. Diese Felder sind mit sehr empfindlichen Meßgeräten nachweisbar, z. B. mit sogenannten SQUID-Magnetometern.[15]
Aus den Erkenntnissen der modernen Wellengenetik folgt darüber hinaus, daß auch die menschliche Erbsubstanz, die DNA, eine Hülle aus Licht, also aus elektromagnetischer Energie, besitzt. Diese sogenannte Soliton-Welle ist nicht nur Energie-, sondern auch Informationsspeicher und Kommunikationsorgan der DNA.[16]
Mit Hilfe dieser Soliton-Welle kann die DNA Informationen aus der Außenwelt aufnehmen und ihrerseits auch wieder Informationen

ausstrahlen. Sie verwendet diese Informationen zum ständigen Neuaufbau des Körpers und tauscht sich dabei auch mit verwandten Organismen aus. Auf diese Weise ist ein weitgehend gleichbleibendes Erscheinungsbild des Körpers gewährleistet.

Das elektromagnetische Energiefeld des Menschen – und jedes anderen lebenden Organismus – bildet also so etwas wie eine Matrix, eine Blaupause, die alle notwendigen Informationen zum Aufbau und zur Gesunderhaltung des Körpers enthält. Umgekehrt spiegeln sich auch frühere Verletzungen und Erfahrungen im Aurafeld wider.

„Früher" bezieht sich dabei zunächst einmal auf frühere Lebensphasen, etwa aus der Kindheit. Wir alle kennen das Phänomen der Narbenschmerzen, daß uns also, z. B. bei bestimmten Wetterlagen, uralte, längst ausgeheilte Verletzungen wieder wehtun können. Daß diese Erinnerungen an frühere Schmerzen nicht im Körper selbst gespeichert sind, beweist das Phänomen der Phantomschmerzen. So kann ein amputiertes Bein noch lange nach der Operation Schmerzen bereiten oder jucken, was natürlich besonders unangenehm ist, weil es dann keine Möglichkeit gibt, sich irgendwo zu kratzen.

Noch origineller wird es dadurch, daß wir alle auch Persönlichkeitsfragmente früherer Menschen in uns tragen, also durch das Phänomen der Reinkarnation. Diese Persönlichkeitsfragmente beschränken sich nicht nur auf unbewußte Erinnerungen, sondern drücken sich auch im Aurafeld aus. Das kann zu so seltsamen Erfahrungen führen wie der, daß ein Mensch heute exakt an der Stelle seines Körpers ein Muttermal oder eine Narbe trägt, wo einst im Mittelalter ein Jäger von einem Bären verletzt wurde. Wenn man versucht, der Ursache solcher heutiger unerklärlicher Male auf den Grund zu gehen, stößt man dann im Unbewußten des Menschen häufig auf genau solche Erinnerungen, z. B. an den Kampf mit einem wilden Tier.

Man kann davon ausgehen, daß die Aura kein rein elektromagnetisches Feld ist, sondern auch Komponenten in anderen Dimensionen hat. Ihre höherdimensionalen Anteile dürften – im Sinne unseres Layer-Modells auf Seite 40 die Dimension der Zeit transzendieren. Daß dies so ist, folgt auch aus intuitiven Wahrnehmungen der Aura, über die Menschen seit langer Zeit berichten. Diesen Berichten zufolge sind die Informationen, die in der Aura abgespeichert sind, entsprechend strukturiert. Im körpernahen (dreidimensionalen) Bereich wären dann eher die körperorientierten Anteile zu vermuten, in

anderen Dimensionen dagegen Emotionen oder Erinnerungen an Ereignisse.
Direkt am Körper soll sich die erste Schicht der Aura befinden. Ihre Farbe wird meist als hellblau bis grau beschrieben. Die Dicke dieser Schicht kann variieren zwischen einem bis maximal sechs Zentimetern.
Wenn man diese Schicht beobachtet, kann man entdecken, daß sie sehr schnell pulsiert bzw. phosphorisiert.
Aus dieser Schicht ist der energetische und kräftemäßige Zustand des Körpers erkennbar.
Die zweite Schicht ist schon viel subtiler, fließender. Sie erstreckt sich acht bis zehn Zentimeter über den Körper hinaus und kann alle Farben des Regenbogens enthalten. In dieser Schicht sind auch unterschiedliche Energiezentren (sogenannte Chakren) erkennbar. Diese Schicht hat viel mit unseren Gefühlen und seelischen Zuständen zu tun.
Die nächste Schicht ist noch feinstofflicher, farblich als hellgelbes Licht wahrnehmbar und erstreckt sich vom Körper aus bis zu 20 Zentimeter in den Raum. Hier spiegeln sich unsere Emotionen und Gedankenformen wider. Die Qualität dieser Emotionen sorgt dafür, daß in dieser Schicht auch sehr unterschiedliche Farben auftreten können. Die sensitive Wahrnehmung dieser Schicht ist anfangs sehr schwer.
Als nächstes wird eine Schicht wahrgenommen, die sehr ähnlich zu der vorigen ist, aber gemischt ist mit sehr viel hellrosafarbenen Anteilen. Die Schicht erstreckt sich bis zu 30 Zentimeter nach außen. Auf dieser Ebene kann man Beziehungen zwischen den Menschen beobachten. Dort entstehen energetische Bänder, die zwischen den Auren zweier Menschen ausgetauscht werden können oder sie untereinander verbinden. Je tiefer eine Beziehung zwischen zwei Menschen ist, desto stärker sind diese Bänder ausgebildet. Auch Gefühle der Liebe und Erotik sind hier in diesem Energiebereich zu finden. Sie werden dort auch unbewußt gegenseitig getestet.
Bei Trennungen im Leben, wenn man einen Menschen durch Tod verliert oder eine Beziehung auseinandergeht, zerreißen diese Bänder, und weil sie kein Gegenüber mehr haben, wird dieser Zustand seelisch als Schmerz oder Trauer empfunden.
In der nächsten Schicht kann die Blaupause des Körpers nach Art eines Negativs wahrgenommen werden. Sensitive nehmen die darin enthaltenen Körperformen als klare, durchsichtige Linien auf kobaltblauem Hintergrund wahr. Diese Ebene reagiert sehr stark auf Klang und Musik.

Es schließt sich eine bis zu 80 Zentimeter starke, perlmuttartig opalisierende Schicht an. In diesem Teil des Energiefeldes spielen sich spirituelle Prozesse, Transformationserlebnisse etc. ab.
Die nächste, sogenannte kausale Schicht bildet die Eiform der gesamten Aura, eine hochstrukturierte Matrix. Sie besteht aus stabilen Lichtfäden, die die Aura als Ganzes zusammenhalten. Der kausale Körper ist sehr elastisch. Auf dieser Ebene kann man z. B. Energieflüsse beobachten, die als „Kundalini-Energie" bezeichnet werden. Angeblich sollen Informationen, die mit früheren Inkarnationen zu tun haben, ebenfalls in dieser Schicht sichtbar sein.
Es werden noch zwei weitere Schichten beschrieben, eine eher fließende sowie eine eher kristallin wirkende. Auf diesen Ebenen sollen sich Heilmethoden abspielen, deren Resultate dann selbsttätig auf die tieferen Ebenen durchschlagen.
Es ist zu beachten, daß diese Beschreibungen der einzelnen Auraschichten bislang ausschließlich auf subjektiven Wahrnehmungen aurasichtiger Menschen basieren. Meßmethoden zur objektiven Registrierung dieser unterschiedlichen Schichten stehen derzeit noch nicht zur Verfügung.
Auf jeden Fall scheint die innere Struktur der Aura in unserem Layer-Modell sehr vielschichtig zu sein.
Die innere Struktur der Aura läßt sich jedoch auch ohne direkte Wahrnehmung im Verlauf z. B. einer Reinkarnationstherapie gut beobachten, wenn man Bachblüten einsetzt. Aber darüber werden wir etwas später ausführlicher berichten.
Die besten und glaubwürdigsten Informationen über die menschliche Aura stammen von Menschen, die behaupten, mit ihrem Bewußtsein den Körper verlassen und sogenannte Astralreisen durchführen zu können. Es scheint so, daß zu den wichtigsten Punkten der menschlichen Aura ein Punkt am Hinterkopf gehört sowie einer auf dem Rücken.
Wir gehen in diesem Buch nicht tiefer auf das Thema der menschlichen Aura ein. Es gibt dazu eine Vielzahl guter Bücher.

Befehl aus der Vergangenheit

Es gibt Menschen, die von Geburt an bestimmte Körpermale oder Beschwerden an bestimmten Stellen des Körpers haben, die sich auf „frühere Leben" zurückführen lassen. Daneben sind aber auch Fälle bekannt, wo ein Mensch dreißig oder vierzig Jahre ganz normal lebte,

und dann manifestierten sich plötzlich ganz überraschend Krankheitssymptome, für die es keine erkennbaren Ursachen gab.
Als wir für Miriam E. eine Halding-Analyse angefertigten, war sie kerngesund. Über sich selbst hatte sie uns vorher mit Ausnahme ihrer Lebensdaten so gut wie nichts erzählt.
Eine bestimmte Passage der Halding-Analyse erwies sich allerdings als problematisch:

Sie war in Litauen, im ersten Weltkrieg, in der polnischen Armee, als man Rußland überfiel. Sie war ein Offizier mit Namen Josef Lorczak.
In Wilna bekam er einen Befehl, die Kommunisten am Tag aus dem Rathaus zu vertreiben. Er kam mit mehr als hundert Mann, und im Stillen schlachtete man sie alle ab. Es waren Soldaten, wie die anderen auch, aber ohne Waffen, denn sie hatten Schreibdienst.

An dieser Stelle eine ganz offene Frage an Sie: Wie würden Sie einem Menschen so etwas beibringen?
Daß in Halding-Analysen oft sehr drastische Schilderungen auch individueller Todeserlebnisse vorkommen, ist nichts Außergewöhnliches. Daß jedes „frühere Leben" ein Ende haben mußte, ist doch jedem klar.
Aber einer zierlichen, freundlichen, vollkommen unbescholtenen und sympathischen Frau ins Gesicht zu sagen, daß sie in sich Persönlichkeitsanteile eines Menschen trägt, der im Krieg ein Massaker an Unbewaffneten befohlen hat, ist schon happig.
In solchen Fällen empfiehlt es sich daher, eine derartige Information vor dem Betroffenen zurückzuhalten und ihn nur darüber zu informieren: Es gibt da noch eine Passage, aber die sollten Sie sich nur dann bewußt machen, wenn es unbedingt nötig ist.
Wenn jemand glücklich und zufrieden im Hier und Jetzt lebt, sollte er lieber nicht danach graben.
So war es auch bei Miriam. Plötzlich aber, nach Jahren, wurde sie von nahezu unerträglichen Rückenschmerzen geplagt. Es trat auch leichtes Fieber auf, und der ärztliche Untersuchungsbefund ergab eine erhöhte Blutsenkung. Diese Symptome und Befunde hielten über längere Zeit an und ließen sich auch durch ärztliche Medikamentengaben (inklusive Antibiotika) nicht beheben.

Eine Röntgenaufnahme und Gewebepunktionen ergaben schließlich, daß ein eitriger Abszeß am Psoas-Muskel, nahe der Lendenwirbelsäule, vorlag.
Ein Professor der örtlichen Universitätsklinik entschied, daß operiert werden müsse, da bei nur medikamentöser Behandlung selbst im Erfolgsfalle die Gefahr von Rezidiven bestünde. Er wollte aber diese Operation selbst durchführen, da der Eingriff aufgrund der Nähe des Prozesses zur Wirbelsäule nicht ungefährlich war. Er erklärte Miriam, daß er sie sofort nach seinem Urlaub, der „zufällig" gerade vor der Tür stand, einweisen wolle.
Dadurch hatte Miriam einige Wochen Zeit gewonnen, in der sie sich vor Beginn des Krankenhausaufenthaltes mit Fragen der Selbsterkenntnis beschäftigen konnte. In ständigem telefonischem Kontakt mit uns führte sie täglich eine Karma-Meditation durch. Von der entscheidenden Inkarnation in Polen und Litauen wußte sie nur, daß sie dort Offizier gewesen sei. Später erfuhren wir, daß sie sich über diese Sache immer wieder Gedanken gemacht hatte und der festen Überzeugung war, sie sei im Krieg erschossen worden, wobei sie von der Kugel gerade an der Stelle getroffen worden war, an der sich nun der Abszeß gebildet hatte. Diese Tatsache wird im weiteren Verlauf noch wichtig sein, denn hier wird ein klarer Beweis vorliegen, daß im Symboldrama bzw. in der meditativen oder hypnotischen Rückführung nicht etwa Wunschdenken oder „naheliegende" Phantasien nach oben kommen, sondern daß sich hier ganz tief liegende innere Konflikte, von denen der Betroffene gar keine Ahnung zu haben braucht, manifestieren.
Nach einiger Zeit der Übung jedenfalls rief uns Miriam eines Tages an. Ihre Stimme klang äußerst erregt, sie war in Tränen aufgelöst und sagte immer wieder: „Ich hab's, ich hab's! Ich bin nicht erschossen worden, ich habe Menschen erschießen lassen."
Nachdem wir sie erst einmal etwas beruhigt hatten, konnten wir ein normales Gespräch führen. Nach der ersten Erschütterung kam dann auch eine tiefe innere Erleichterung bei ihr durch. Sie schilderte genau, daß sie sich als Mann gesehen hatte, in einer Art Amtsstube. Deutlich konnte sie einen Schreibtisch beschreiben. Dann hatte sie auf einmal gesehen, wie Menschen versuchten, aus diesem Raum zu fliehen und wie sie als jener Mann den Befehl gegeben hatte, diese wehrlosen Menschen von hinten zu erschießen.
Nach diesem Erlebnis verbesserte sich ihr Beschwerdebild, das bis

dahin so standhaft jeder Therapie getrotzt hatte, von Tag zu Tag. Bedenken Sie bitte, daß nicht einmal Antibiotikagaben in der Lage gewesen waren, das leichte Fieber zu senken und die Blutwerte zu normalisieren. Eine nur wenige Tage nach diesem Ereignis durchgeführte Computertomographie ergab, daß der ganze Prozeß sauber verkapselt und eingetrocknet war. Miriam erzählte uns, daß die Ärzte mit der alten und neuen CT-Aufnahme im Gespräch beisammen standen und einigermaßen fassungslos wirkten. Keiner von ihnen konnte sich die plötzliche Genesung erklären. Als dann der Professor aus dem Urlaub zurückkam und sie vor der geplanten Einweisung in die Klinik nochmals untersuchte, glaubte er nicht, die gleiche Frau vor sich zu sehen, die er vor seiner Reise in der Sprechstunde gehabt hatte. Er hielt klipp und klar fest, daß er nicht daran denke, sie zu operieren, da hierzu nicht der geringste Anlaß bestünde. Eine zur Vorsicht durchgeführte Punktion des Abszesses ergab, daß kein Eiter mehr vorhanden war.
Miriam erhielt über diese Untersuchungsbefunde von der Universitätsklinik eine Bescheinigung, die sie uns eines Tages zeigte. Sie hat also einen schriftlichen Beweis dafür, daß sie sich mit Hilfe des Haldings und ihrer anschließenden Arbeit mit der Rückführungsmeditation von dieser nicht ungefährlichen Krankheit geheilt hatte. Von den diversen behandelnden Ärzten konnte sich wie gesagt niemand ihre plötzliche Gesundung erklären. Man traute der Entwicklung nicht und führte deshalb nach einem halben Jahr noch eine Computertomographie durch. Die Ärzte waren der Meinung, daß solch ein Prozeß, wenn er nicht operiert wird, irgendwann wieder auflodern würde. Doch auch die erneute Untersuchung ergab keinen Befund.
Rezidive, also Rückfälle, sind seitdem nie wieder aufgetreten, und auch die Beschwerden sind weitgehend verschwunden. Allenfalls eine gewisse Empfindlichkeit ist an der Stelle des inzwischen vernarbten Prozesses geblieben. Jedenfalls kann Miriam inzwischen längst wieder im Alltag ihr normales Leben führen.

Aus der Geschichte von Ernst L. wissen wir, wie riskant es sein kann, wenn ein Laie selbsttätig mit einer Rückführungsmeditation an sich arbeitet. Bei Miriam lag der Fall ein wenig anders. Zum einen war sie in ihrer spirituellen Entwicklung schon relativ weit fortgeschritten, zum zweiten war sie eine gefestigte, vernünftige Person, die mit beiden Beinen fest im Leben stand. Noch dazu wurde sie während dieser Phase regelmäßig betreut. Eine fachgerechte Begleitung dieser Arbeit war also gewährleistet.

Es bleibt in der Familie...

So spektakulär dieser Fall auch verlaufen sein mag, er ist im Grunde nicht typisch. In den meisten Fällen dienen Halding-Analysen eher dazu, daß Menschen sich mehr Klarheit über aktuelle Lebensumstände verschaffen wollen. Dazu gehören sehr oft Beziehungsfragen, aber auch Fragen im Zusammenhang mit ganz bestimmten Lebenssituationen, deren Ursachen man sich nicht erklären kann.
Franziska K. zum Beispiel ging es vor allem um das Verhältnis zu ihren beiden Söhnen. Zu dem älteren, Michael, hatte sie eine sehr harmonische Beziehung, obwohl er schon nicht mehr zu Hause wohnte. Mit dem jüngeren hingegen, Kevin, hatte sie so ihre Probleme.
Es zeigt sich, daß bei engen Angehörigen oft karmische Familienbeziehungen auftreten. Das bedeutet, daß die Mitglieder der Familie Persönlichkeitsanteile früherer Menschen in sich tragen, die seinerzeit ebenfalls in einer engen Beziehung zusammen lebten. Dabei wechseln oft die Rollen. Die heutige Mutter kann früher der Vater oder Sohn „gewesen“ sein etc.
Bei einer Untersuchung eines solchen Beziehungskarmas empfiehlt es sich, zuerst eine kabbalistische Partnerschaftsanalyse durchzuführen. Dabei analysiert man die Namen zweier Personen gemeinsam, z. B. die vollständigen Namen von Franziska und ihrem Sohn Michael. Die Berechnung erfolgt genau wie bei einem Einzelnamen, man addiert einfach die kabbalistischen Buchstabenwerte beider Namen zusammen. Der einzige Unterschied ergibt sich beim sogenannten x-Faktor (s. Seite 75). Dort ist bei einer Partnerschaftsanalyse am Schluß anstatt einer 1 eine 2 zu addieren (sofern es sich um zwei Personen handelt, bei einer größeren Personenanzahl eine entsprechend größere Zahl).
Im Fall von Franziska konnten auf diese Weise bereits erste Anhaltspunkte gewonnen werden, wieso das Verhältnis zu ihren beiden Söhnen sich so unterschiedlich entwickelt hatte.
Ihre Partnerschaftsanalyse mit dem älteren Sohn Michael ergab die kabbalistischen Codezahlen

Summe 344, o 11, x 12

während sich für ihre Beziehung zu Kevin, dem jüngeren Sohn, die Zahlenkombination

Summe 323, o 8, x 10

ergab.
Hierzu schrieben wir Franziska in der Halding-Analyse:

> *In der Beziehung zu Michael herrschen spirituelle Aspekte vor. Die Kombination 11/12 hat viel mit Intuition, aber auch mit persönlicher Hingabe zu tun. Da ist nicht so viel Raum für harte Konflikte. Im Fall von Kevin ist es etwas anders. Da steht in der Kombination 8/10 einiges an Sturheit, Beharren auf dem eigenen Standpunkt im Raum (was natürlich beiderseitig zu sehen ist). Das Ziel ist allerdings tatsächlich ein Neuanfang, ein Umbruch, was durchaus positive Lösungsansätze in sich trägt. Obwohl es in der Beziehung zwischen ihr und Kevin vielleicht nicht so harmonisch zugeht wie vielleicht mit Michael, ist Kevin doch sicherlich derjenige, der für ihre Weiterentwicklung wichtiger ist.*

Die Bedeutung der kabbalistischen Zahlen 11 und 12 sind uns ja bereits aus dem Kapitel „Und Gott würfelt doch..." bekannt. Die Zahl 8 entspricht hermetisch dem Prinzip Steinbock und ermöglicht im positiven Sinn die Herstellung einer neuen Ordnungsstruktur, einer Einordnung in die Gemeinschaft, inneres Gleichgewicht und Integrität. Das Prinzip ist aber auch von einer gewissen konservativen Grundhaltung geprägt, was im partnerschaftlichen Bereich dazu führen kann, daß jeder sich hinter seinen eigenen Positionen verschanzt. Die 10 entspricht dem Prinzip des Uranus und fordert zum Umdenken, zu grundlegenden Neuerungen, auf. Im Fall von Franziskas Beziehung zu Kevin drückt die 10 eine konkrete Aufforderung aus, aus den festgefahrenen Positionen herauszukommen und die Beziehung neu zu definieren. Allerdings ergab das Halding-Protokoll auch eine ganz konkrete karmische Familienbeziehung. Kurz gesagt, die Mutter und ihre beiden Söhne hatten sich „schon einmal getroffen". Wir sollten dabei nicht vergessen, daß es nur darum geht, daß alle drei heute Persönlichkeitsanteile von Menschen in sich tragen, die in einer früheren Zeit ebenfalls in einer Familie zusammengelebt hatten.

Im 19. Jh. war Franziska in der Stadt Gießen in Deutschland ein Mann ... Der Mann hieß Peter Kohler und war von Beruf ein Lehrer. Seine Frau hieß Elisabeth und ist heute übrigens Michael.
Peter hatte ein sehr stilles und in sich gekehrtes Wesen, er war ganz der Typ des Gelehrten. Insofern mußte er auch erfahren, wie ihn die Kinder in der Schule hinter seinem Rücken ob seiner Schüchternheit verspotteten. Das hing auch mit seiner Vergangenheit zusammen, denn er hatte früh die Eltern verloren und war in einer Klosterschule aufgewachsen. Die strengen Regeln im Kloster und die Abgeschiedenheit hatten nicht gerade dazu beigetragen, ein gesundes Selbstvertrauen zu entwickeln.
Seine Frau entsprach ein wenig dem Bild, das er von seiner Mutter aus frühen Kindertagen in Erinnerung hatte. Er suchte bei ihr vor allem Geborgenheit.
Als sie eine kleine Tochter bekamen, die Angelika genannt wurde und heute Kevin ist, mußte Peter erfahren, daß er im Leben seiner Frau nicht mehr die Hauptrolle spielte. Rein rational war es ihm klar, daß das Kind der mütterlichen Fürsorge bedurfte, doch emotional kam er damit nicht so gut zurecht. Weder fühlte er sich der Rolle des Vaters gewachsen, zumal er nach dem anstrengenden Unterricht in der Schule zu Hause kaum noch den Nerv hatte, sich mit Kindern zu beschäftigen, noch konnte er es verwinden, in Elisabeth jetzt nur noch die Frau und die Mutter seines Kindes zu sehen. Die Zeiten, da er sie als Beschützerin ansehen konnte, waren vorbei.
Er zog sich nun mehr und mehr in sein Studierzimmer zurück, wo er nächtelang über den Büchern saß, und wurde so Frau und Kind fremd. Der Rückzug aus der Gesellschaft war das einzige Mittel, das die Seele in den vielen Leben zuvor je anzuwenden gelernt hatte, wenn es im zwischenmenschlichen Bereich „hakte". Weder hatte sie erprobt, sich durchzusetzen, noch auf andere Weise ein Problem oder einen Konflikt zu lösen.
Trotz aller bürgerlich-normalen Existenz, die der Lehrer in jenem Leben führte, hatte er im sozialen Bereich noch erhebliche Defizite. Seine Frau merkte sehr wohl, daß er unzufrieden und unglücklich war, und sie ahnte auch, woran das lag. Doch sie war nicht in der Lage, seine im Grunde unrealistischen Bedürfnisse zu erfüllen. Sie meinte, das würde auf Kosten des Kindes gehen, was natürlich auch Unsinn war.

Diese Beziehungsproblematik machte auch sie unglücklich, obwohl sie sich im Grunde alle gern hatten und auch ein ausreichendes Auskommen im Leben hatten. Einzig die Diskrepanz zwischen Anspruch (Illusion) und Wirklichkeit war es, was sich wie ein Schatten über die kleine Familie legte.
Franziska muß heute lernen, ihre Gefühle im Leben auch weiterzuentwickeln, sie auf neue Ebenen zu heben und neue Gefühlsqualitäten zu entdecken. Der Lehrer im 19. Jahrhundert hatte im Grunde die kindliche Gefühlsebene nie verlassen (weil er sie als Kind nicht hatte ausleben können). Man kann nur spekulieren, ob er nicht glücklicher geworden wäre, wenn er versucht hätte, statt dessen normale Vatergefühle zu entwickeln oder sonstwie auf eine reifere emotionale Ebene zu wechseln.

Auf der Basis dieser kurzen Schilderung wird das heutige problematische Verhältnis zwischen Franziska und Kevin erklärlich. Die Tochter Angelika im damaligen Leben mußte damit zurechtkommen, daß ihr Vater – die heutige Franziska – im tiefsten Innern auf sie eifersüchtig war. Es war damals im Grunde kein echtes Problem zwischen Vater und Tochter vorhanden, sondern eine emotionale Blockade auf seiten des Vaters war dafür verantwortlich, daß sich keine normale Vater-Tochter-Beziehung entwickeln konnte. Da dieser Konflikt niemals ausgetragen und beigelegt wurde, konnte er nach Art einer Zeitschleife über das Leben der damaligen Personen hinaus weiter wirken, bis er sich im heutigen Leben von Franziska und Kevin wieder neu manifestieren konnte. Es ist kaum verwunderlich, daß sich Franziska dieses Problem heute nicht erklären konnte, denn ein erkennbarer Anlaß war jetzt ja wirklich nicht mehr vorhanden.
Zur Lösung des Problems kam es nun darauf an, sich einerseits von dem alten Konflikt aus dem früheren Leben zu distanzieren, vor allem aber, das heutige Problem nicht schon wieder unter den Teppich zu kehren. Um dies zu erreichen, war vor allem Franziska gefordert, an ihren Emotionen zu arbeiten. Dazu erhielt sie auch aus anderen Vorleben bzw. Anteilen ihrer heutigen Persönlichkeit zusätzliche Hinweise, die wir hier im einzelnen nicht zitieren.

Das Leben, das ich selbst gewählt

Eh ich in dieses Erdenleben kam,
ward mir gezeigt, wie ich es leben würde.
Da war die Kümmernis, da war der Gram,
da war das Elend und die Leidensbürde.
Da war das Laster, das mich packen sollte,
da war der Irrtum, der gefangen nahm,
da war der schnelle Zorn, in dem ich grollte,
da waren Haß und Hochmut, Stolz und Scham.

Da waren auch die Freuden jener Tage,
die voller Licht und schöner Träume sind,
wo Klage nicht mehr ist und nicht mehr Plage
und überall der Quell der Gaben rinnt.
Wo Liebe dem, der noch im Erdenkleid gebunden
die Seligkeit des Losgelösten schenkt,
wo sich der Mensch der Menschenpein entwunden
als auserwählter hoher Geist gedenkt.

Mir ward gezeigt das Schlechte und das Gute,
mir ward gezeigt die Fülle meiner Mängel.
Mir ward gezeigt die Wunde d'raus ich blute,
mir ward gezeigt die Helfertat der Engel.
Und als ich so mein künftig Leben schaute,
da hört ein Wesen ich die Frage tun,
ob dies zu leben ich mich wohl getraute,
denn der Entscheidung Stunde schlüge nun.

Und ich ermaß noch einmal alles Schlimme –
„Dies ist das Leben, das ich leben will!“
Gab ich zur Antwort mit entschloßner Stimme
und nahm auf mich mein neues Schicksal still.
So ward geboren ich in diese Welt,
so war's als ich ins neue Leben trat.
Ich klage nicht, wenn's oft mir nicht gefällt,
denn ungeboren hab ich es bejaht.

Hermann Hesse

Prominente Schicksale

„Bei euch, ihr Herrn, kann man das Wesen
Gewöhnlich aus dem Namen lesen.“
Johann Wolfgang von Goethe, Faust

Wenn man die tägliche Berichterstattung in den Nachrichten verfolgt, so sieht man, daß die meisten Menschen ganz normale Probleme haben, wie sie jeder hat, und gleichzeitig die normalen kleinen Freuden des Alltags genießen. Sie pflegen ihre Vorgärten, spielen mit ihren Kindern und ihren Hunden und versuchen, so etwas wie ein normales Leben zu führen. Ihr Leben gerät nicht außer Kontrolle.
Dann gibt es einzelne Menschen, die im Licht der Öffentlichkeit stehen, reich und berühmt sind, und doch verläuft ihr Leben katastrophal.
Wieder andere scheinen den Erfolg gepachtet zu haben.
Warum ist das so?
Es gibt natürlich viele Faktoren, die zum Lebenserfolg beitragen können. Einer davon könnte sein, daß ein Mensch intuitiv das auslebt, was ihm sein Name ins Leben mitgegeben hat.
Es kommt darauf an, mit dem eigenen Namen im positiven Sinne im Einklang zu sein.

George W. Bush: Vorsicht, Mr. President!

Schauen wir uns den derzeitigen amerikanischen Präsidenten an. Im Moment, da wir das Buch schreiben, befindet er sich gerade mitten in seiner zweiten Amtszeit, so daß man schon einiges darüber sagen kann, wie erfolgreich er ist.
Sein voller Name, George Walker Bush, ergibt folgenden Zahlencode:

George Walker Bush: Summe: 133, o7, x15

Die Quersumme o ergibt den Weg:

positiv:

Sieg, Gewinn, Überwindung, Selbstüberwindung, Bilanz im Leben, Kraft des Alters, Ruhe bei der Arbeit, Abgeklärtheit, Beherrschung, Zähigkeit, Durchstehvermögen, Zielsicherheit, Überlegenheit, Souveränität, Überlegung, Strategie, Verzeihen, Lob

negativ:

Kriegslust, Sturheit, Streitlust, Egoismus, Fanatismus, Einmischungssucht, Pedanterie, Wortklauberei

Der Faktor x ergibt das Ziel:

positiv:

Ausstrahlung, Einfluß, Anziehungskraft, Magnetismus, Aura, Charme, Anmut, Charisma, Wirkung, Kompetenz, Macht, Meditation

negativ:

Arroganz, Leichtlebigkeit, Herausforderung des Schicksals, Hazardspiel, Beeinflussung anderer, Offenlegung der Probleme, negative Überraschungen, Tollkühnheit, Stolz

Man kann wohl mit voller Überzeugung sagen, daß es kaum einen Menschen geben dürfte, der so vollkommen gegen seinen Namen lebt wie er. Wir sehen, er sollte eigentlich ein Siegertyp sein, der mit Abgeklärtheit, Zielsicherheit und Überlegenheit seinen Weg geht. Damit könnte er sein Ziel erreichen, eine charismatische Person mit hoher persönlicher Ausstrahlung zu werden und Kompetenz zu zeigen.
Doch es ist ihm erfolgreich gelungen, im Sinne der Polarität bei beiden Zahlen auf die negative Seite abzurutschen. Er bewegt sich hauptsächlich in Bereichen wie Krieg, Sturheit, Fanatismus und Einmischungssucht. Was erreicht er momentan damit? Er strahlt oft Leichtsinn aus und setzt das Schicksal ganzer Völker aufs Spiel.
Was seine Reinkarnationsspur betrifft, so könnte man sicher weitere interessante Informationen gewinnen. Doch wir wollen auch Mr. President das Recht auf seine Privatsphäre belassen.

Charles und Diana: Ein Herz und eine Krone

Noch interessanter wird es im Fall von Lady Diana Spencer:

Diana Spencer: Summe: 123, o6, x14

Die Quersumme o ergibt den Weg:

positiv:

Liebe, Erotik, weibliche Anziehungskraft, Sexualität, schöpferische Kraft, Prüfung, Kritik, praktische Forschung, Analyse, Interesse, Neugier, Aufklärung, Dankbarkeit, Erfindungsgabe

negativ:

Verführungssucht, Wollust, Perversion, Besitzgier, Spionage, unkritische Forschung, Wut, Aggression, Disziplinlosigkeit

Der Faktor x ergibt das Ziel:

positiv:

Kampfgeist, Disziplin, Pflichterfüllung, Mutterschaft, Verständnis, Pioniergeist, Zuverlässigkeit, Vorbildlichkeit, Ehrgeiz

negativ:

Haß, Jasagerei, übertriebene Nachgiebigkeit, Selbstverleugnung, reaktionäres Denken, Diktator, Machtgier

Abb. 14: Prince Charles und Lady Diana

Wenn wir die Begriffe lesen, die zu der Zahlenkombination gehören, wird es klar, daß Diana eigentlich die Eigenschaften ihres Namens in ihrem Leben gelebt hat, und zwar sowohl in positiver als auch in negativer Hinsicht (was letztendlich normal ist).

Auch Prinz Charles lebt im Grunde seinen Weg, wie die Analyse seines kaum bekannten Geburtsnamens zeigt:

Charles Mountbatten-Windsor: Summe: 256, o13, x10

Die Quersumme o ergibt den Weg:

positiv:

Höheres Wissen, Persönlichkeitstransformation, mutiges Anpacken der Lebensaufgaben, Flucht nach vorn, Umwandlung ins Geistige, Wiederaufbau, Neuorientierung, Neubeginn, Fortschritt, Einsicht

negativ:

Abschied, Tod, Krise, Zerstörung, Stillstand, Rückschritt, Dogmatik, kurzsichtiges Denken, Kraftprotzerei, Anrennen gegen Windmühlen, mit dem Kopf durch die Wand gehen

Der Faktor x ergibt das Ziel:

positiv:

Wechsel, Aufbruch, Umbruch, Neuanfang, moralische Umkehr, Leichtigkeit, Spontaneität, Änderung, Veränderung, Innovation, Neues, Reform, Übergangslösung, Trend, Flexibilität, Loslösung, Reisen, Unabhängigkeit

negativ:

Umsturz, Revolution, Unbeständigkeit, Unbeherrschtheit, Sprunghaftigkeit, Unzuverlässigkeit, Ziellosigkeit, heillose Unordnung, Hysterie, Launenhaftigkeit, Anarchie, Unsicherheit

Natürlich lebt kein Mensch alle diese Begriffe seines Namens auf einmal. Die Prioritäten verschieben sich im Laufe eines Menschenlebens, und manche Begriffe lebt man auch niemals aus, weil das Bewußtsein auf andere Schwerpunkte konzentriert ist. Zum Beispiel kann man bei Charles kaum behaupten, er habe besonderes „höheres Wissen“ erworben. Dafür kann man mit Sicherheit sagen, daß er einen Sinn für Fortschritt und Innovation hat. Auch in den negativen Bereichen findet man ihn wieder, z. B. wenn man an seine zahlreichen Krisen denkt, seine Unzuverlässigkeit und Sprunghaftigkeit.
Wie wir alle wissen, wurde es im Leben dieser beiden Menschen kritisch, als sie sich trafen und schließlich Lebenspartner wurden.
Bei der Partnerschaftsanalyse kommen natürlich die Namen zum Tragen, unter denen sie als Eheleute in der Öffentlichkeit bekannt waren:

Princess Diana + Prince Charles: Summe: 293, o14, x6

Die Quersumme o ergibt den Weg:

positiv:

Kampfgeist, Disziplin, Pflichterfüllung, Mutterschaft, Verständnis, Pioniergeist, Zuverlässigkeit, Vorbildlichkeit, Ehrgeiz

negativ:

Haß, Jasagerei, übertriebene Nachgiebigkeit, Selbstverleugnung, reaktionäres Denken, Diktator, Machtgier

Der Faktor x ergibt das Ziel:

positiv:

Liebe, Erotik, weibliche Anziehungskraft, Sexualität, schöpferische Kraft, Prüfung, Kritik, praktische Forschung, Analyse, Interesse, Neugier, Aufklärung, Dankbarkeit, Erfindungsgabe

negativ:

Verführungssucht, Wollust, Perversion, Besitzgier, Spionage, unkritische Forschung, Wut, Aggression, Disziplinlosigkeit

Was Diana betrifft, so ergibt das einen sehr interessanten Aspekt: Weg und Ziel tauschten ihre Rollen. Ansonsten änderte sich nichts. Die 6 wurde zur 14 und die 14 zur 6. Mit Sicherheit kann man sagen, daß sie in dieser Partnerschaft ihre weibliche Ausstrahlung in den Dienst von Disziplin und Pflichterfüllung zu stellen hatte (6 → 14). Letztendlich führte sie das dann aber wieder zu den alten Prinzipien von Liebe und Erotik zurück. Je mehr sie im Dienst des Königshauses in der Öffentlichkeit stand, desto mehr wurde sie von dieser Öffentlichkeit geliebt.
Natürlich bestand die Gefahr, sich in Besitzgier, Wut und Aggression zu verlieren, und solche Ausbrüche fanden auch statt. Trotz allem hätte sie in dieser Beziehung noch relativ gute Chancen gehabt.
Doch für Charles war diese Partnerschaftskonstellation eine absolute Katastrophe. Er mußte seine Kombination 13/10 als 14/6 ausleben. Sein Liebesleben stand also im Zeichen des sprunghaften Wechsels, der Unbeherrschtheit und Unzuverlässigkeit. Die Persönlichkeitstransformation, die sein Name vorgab, in Richtung Disziplin auszuleben, ist ihm wohl ebensowenig gelungen. Im Endeffekt endete alles im negativen Aspekt von Diktatur, Machtgier, Verführungssucht, Perversion usw. – alles, wovon die Regenbogenpresse eben so träumt.
Ohne bewußte Kurskorrekturen von Charles' Seite hatte diese Verbindung im Grunde keine Chance.
Natürlich hatten auch Charles und Diana ihre persönlichen Reinkarnationshintergründe, wozu noch eine familiär bedingte Zeitschleife kam, die die Familie der Spencers unheilvoll mit dem britischen Königshaus verband[17]. An dieser Stelle möchten wir aber auf pure Sensationslust verzichten und diese Schicksale nicht weiter aufrollen.
Kurz gesagt: Sie hatte ein Herz, er hat – noch – keine Krone, der Rest ist Schweigen.

Wir haben schon zahlreiche Halding-Analysen für Menschen angefertigt, die im Licht der Öffentlichkeit stehen, und das oberste Gebot ist da natürlich Diskretion.
Spätestens an dieser Stelle wird es klar, daß Namensänderungen im Leben eine große Vorsicht erfordern. Der Geburtsname drückt Persönlichkeitsanteile aus, die ins Leben mitgebracht werden. Diese Grundstruktur ändert sich natürlich nicht plötzlich, nur weil man einen neuen Namen annimmt. Da man sich jedoch in dem Moment, wo einen die Menschen anders nennen als zuvor, in einem neuen Schwingungsumfeld befindet, muß man von nun an seine von Geburt an wirksamen Prinzipien im Sinne der neuen Namenskonstellation ausleben, was sich in vielen Fällen als kritisch erweist.
Es gibt unterschiedliche Gründe, weshalb ein Mensch im Leben seinen Namen ändert. Am häufigsten sind einmal die Änderung des Familiennamens durch Heirat, zum anderen die Pseudonyme der Künstler.

Marilyn Monroe: Der unbekannte Star

Als Beispiel müssen wir leider eine tragische Geschichte erzählen. Es gab einmal ein Mädchen mit Namen *Norma Jean Baker*. Sie wurde in Los Angeles geboren. Schon als junges Mädchen waren ihre Lebensumstände schwierig, so daß sie ihren Namen zu leben begann, durch Selbstüberwindung und Zähigkeit auf eine große Ausstrahlung hinzuwirken. Doch als sie ihre Karriere als Filmschauspielerin begann, nahm sie, wie so viele ihrer Kollegen, einen Künstlernamen an, den wir alle kennen – *Marilyn Monroe.*
Notabene – Monroe war der Mädchenname ihrer Mutter.
Und von nun an begann die Katastrophe.

Norma Jean Baker: Summe: 133, o7, x15

Die Quersumme o ergibt den Weg:

positiv:

Sieg, Gewinn, Überwindung, Selbstüberwindung, Bilanz im Leben, Kraft des Alters, Ruhe bei der Arbeit, Abgeklärtheit, Beherrschung, Zähigkeit, Durchstehvermögen, Zielsicherheit, Überlegenheit, Souveränität, Überlegung, Strategie, Verzeihen, Lob

negativ:

Kriegslust, Sturheit, Streitlust, Egoismus, Fanatismus, Einmischungssucht, Pedanterie, Wortklauberei

Der Faktor x ergibt das Ziel:

positiv:

Ausstrahlung, Einfluß, Anziehungskraft, Magnetismus, Aura, Charme, Anmut, Charisma, Wirkung, Kompetenz, Macht, Meditation

negativ:

Arroganz, Leichtlebigkeit, Herausforderung des Schicksals, Hazardspiel, Beeinflussung anderer, Offenlegung der Probleme, negative Überraschungen, Tollkühnheit, Stolz

Marilyn Monroe: Summe: 164, o11, x18

Die Quersumme o ergibt den Weg:

positiv:

Spiritualität, Esoterik, Kontakt zu anderen Bewußtseinsebenen, Kanal, Parapsychologie, Grenzwissenschaften, Sensitivität, Erkenntnis, Medialität, Nutzung neuer Energien, Kunst, Phantasiebegabung, Inspiration, innerer Lernprozeß, das Verborgene und Neue im Leben, Mystik, Geheimnisse, Astralwirken

negativ:

Unsicherheit, Kampf mit Worten, Bissigkeit, Unfähigkeit zum Vergeben, Kritiklosigkeit, Beeinflußbarkeit, Einseitigkeit, Asketentum, alles Nebulöse und Okkulte, schwarze Magie, Sektentum, Einmischung

Der Faktor x ergibt das Ziel:

positiv:

Anpassungsfähigkeit, Selbstvertrauen, Schlagfertigkeit, Wunsch nach Anerkennung, Häuslichkeit, Freude an kleinen Dingen, Lebensbejahung, Rückzug, Innenschau, Kampf um den Glauben

negativ:

Lüge, Unklarheit, Verbrechen, Dummheit, Einfältigkeit, Verleumdung, Anprangern, Rufmord, Unrecht, Ungerechtigkeit, Egoismus,

Nihilismus, Sucht, Verfolgung, Destruktivität, Unordnung, Unfallneigung, Krankheit, Gefahr

Wie wir sehen, wurde durch die Namensänderung die 7 zur 11. Obwohl man natürlich Marilyn Monroe nicht verdächtigen kann, ein Interesse an Esoterik und Grenzwissenschaften gehabt zu haben, paßt die Zahl trotzdem auf sie, denn wir finden dort auch den Begriff *Kunst*.

Abb. 15: Bis heute ist Marilyn Monroe eine Legende.

Die Sache wäre also nicht so problematisch gewesen, wenn nicht gleichzeitig Begriffe wie Kritiklosigkeit und Beeinflußbarkeit lauern würden. Diese Aspekte waren für ihre Entwicklung als Schauspielerin nicht gerade förderlich. Das Prinzip des Neptuns (11) steht zusätzlich auch für eine gewisse Vernebelung, und hätte sie einen bewußten Zugang zu anderen Bewußtseinsebenen gewählt, anstatt zu versuchen, es durch Drogen und Alkohol zu erreichen, hätte vielleicht noch alles gut gehen können.
Doch der Wechsel des Lebensziels von der 15 zur 18 erwies sich als

noch schwerwiegender. Statt Selbstvertrauen und Schlagfertigkeit auszustrahlen, wurde sie zunehmend mit einem verfälschten Bild von sich selbst in der Öffentlichkeit konfrontiert, das ihrem wahren Wesen gar nicht entsprach. Man sah in ihr das „blonde Dummchen“, das sie aber nur in manchen ihrer Filme verkörperte. Hinzu kam, daß auch diese Zahl ein gewisses Suchtpotential in sich barg.
Das Pseudonym Marilyn Monroe wirkt sogar bis heute weiter, denn selbst die Umstände ihres Todes wurden überschattet von Vernebelungen und Vertuschungen, Lügen und Ungereimtheiten.
Neue Fakten beweisen – Marilyn Monroe war ganz anders.
Dabei ist es schon fast ein halbes Jahrhundert her, daß die Grabplatte hinter ihr geschlossen wurde. Es gibt den Mythos, die Platte und viele Ereignisse dazwischen, die noch immer für Ungereimtheiten sorgen.
Als Staatsanwalt *John W. Miner* am 5. August 1962 Marilyn Monroe zum ersten und letzten Mal sah, lag sie tot vor ihm auf dem Operationstisch. Der Pathologe *Thomas Noguchi* führte damals die amtliche Autopsie durch.
Marilyn Monroe war in der Nacht zuvor in ihrem Haus auf dem Bett tot aufgefunden worden. Unbekannte Mächte haben schon damals einen modernen amerikanischen Mythos in die Welt gesetzt - den Mythos von der unglücklichen Göttin der Liebe, die aus dem Leben ging aus Angst vor Einsamkeit und Alter.
Nach und nach werden jetzt in den USA Dokumente veröffentlicht, die zeigen, daß Marilyn Monroe vor allem eine optimistische Frau war, die an sich glaubte. An die mit Macht erschaffene Version, wonach sie sich umgebracht hat, will schon kaum noch jemand glauben. Aber eigentlich ist es schwer, im Leben von Marilyn Monroe überhaupt an etwas zu glauben, weil sie sich selbst ein Schicksal programmiert hatte, das mit Unglaubwürdigkeiten gepflastert war.
Durch ihre Beziehungen, vor allem zu den Brüdern *John* und *Robert Kennedy*, wurde sie mit der Zeit sogar das Ziel von Verschwörungen und Komplotten.
Im Weißen Haus gibt es bis heute eine Tür, die „Marilyn-Monroe-Tür“ genannt wird. Durch sie soll die Schauspielerin zu den heimlichen Treffen mit John F. Kennedy durch einen unterirdischen Gang gelangt sein. Solche Details waren natürlich nicht für die Öffentlichkeit bestimmt.
Am 5. August 2005 hat John Miner in der „Los Angeles Times“ Fak-

ten über Marilyn Monroe bekannt gemacht, die auch jetzt eigentlich für die Öffentlichkeit nicht bestimmt gewesen wären. Der kämpferische Staatsanwalt will endlich ein für alle Male klarstellen, daß sich Marilyn Monroe nicht umgebracht hat und daß ihr Tod auch kein Unfall war. Sie wurde ermordet.

Kurz vor ihrem Tod soll sie eine Reihe von Tonbändern für ihren Psychiater *Ralph Greenson* aufgenommen haben. Staatsanwalt Miner soll Mitschriften der Bänder angefertigt haben. Der Psychiater hatte ihm diese Dokumente zur Verfügung gestellt.

Greenson bat damals Miner um Diskretion, und er hielt sich daran. 35 Jahre lang hat er geschwiegen. Erst jetzt machte er für den britischen Autor *Matthew Smith* und den Journalisten *Seymour M. Hersh* vom Magazin „New Yorker" einige Zitate zugänglich. Selbstverständlich geben diese Tonbänder viele Aussagen über das Intimleben der Monroe und über ihre Beziehungen zu Männern preis. Das soll aber nicht unser Thema jetzt sein.

Auf den Tonbändern ist die Stimme einer Frau zu hören, die fröhlich und optimistisch klingt. Entscheidend für die Biographen wie für den Staatsanwalt sind Fakten, wonach Marilyn Monroe in dieser Phase ihres Lebens detaillierte und positive berufliche Pläne hatte:

„Ich werde ein Jahr lang mit Lee Strassberg Shakespeare studieren. Ich werde ihn dafür bezahlen, daß er nur mit mir arbeitet. Er sagte, ich könnte Shakespeare spielen. Das soll er mir beweisen... Dann werde ich das Marilyn-Monroe-Shakespeare-Festival veranstalten... Sie müssen mich dafür noch ein Jahr zusammenhalten. Ich bezahle Sie dafür, Ihr einziger Patient zu sein... Als erstes werde ich die Julia spielen, lachen Sie nicht... Ich bin sicher, ich werde einen Oscar für eine von Shakespeares Frauenrollen bekommen."

Miner betont, daß aus den Worten der Schauspielerin Optimismus und positive Zukunftserwartungen sprechen. Doch laut Autopsiebericht hat der Pathologe Thomas Noguchi als Todesursache eine große Menge Barbiturate angegeben. Und nun kommt der Kern der Theorie von John Miner: Bei dieser großen Menge müßte Marilyn Monroe mindestens 40 Kapseln geschluckt haben. Sie hätte sterben müssen, bevor die Tabletten völlig absorbiert waren. Doch Tablettenreste wurden nicht gefunden. Der Magen war leer. Auch Injektionsspuren am Körper waren nicht nachweisbar. Was also, fragt John Miner, bleibt übrig, wenn sie das Zeug nicht geschluckt hat oder gespritzt

bekam? Jemand muß es ihr mit einem Einlauf verabreicht haben. Marilyn Monroe habe häufig Einläufe erhalten, was meistens ihre verhaßte Haushälterin *Eunice Murray* machte.
Marilyn Monroe sagt auf einem der Tonbänder: *„Bitte helfen Sie mir, Murray loszuwerden... Aber wie, ich kann sie nicht feuern. Sie würde ein Vermögen damit machen, wenn sie ausplaudert, was ich weiß."*
Eine Stelle im Dickdarm wurde bei der Autopsie tief rot eingefärbt aufgefunden. *„Das hat uns"*, sagt Miner, *„zu der Annahme veranlaßt, daß diese Stelle dem Gift direkt ausgesetzt war. Sie wurde aber nicht weiter untersucht. Theodore Curphey, der Untersuchungsrichter, bestimmte damals ein Team von drei Psychiatern, die auf seine Anweisung die Version des Selbstmordes der Schauspielerin untersuchen sollten. Es wurde aber nichts untersucht. Die Haushälterin wurde niemals ausführlich verhört. Die Gewebe- und Blutproben wurden kurz nach der Autopsie vernichtet."*
Miner glaubt, daß in jenen Tagen jemand die Macht hatte zu befehlen: „Das ist ein Selbstmord, und nichts soll dem widersprechen." Wer das gewesen sein soll, darüber will der Staatsanwalt nicht spekulieren. Im Moment deutet alles darauf hin, daß man Marilyn Monroes Grab noch einmal öffnen wird, um der Wahrheit näher zu kommen.
Es ist nicht verwunderlich, daß Marilyn Monroe kurz vor ihrem Tod noch die Rolle von Shakespeares Julia anstrebte. Wenn man ihre Reinkarnationsspur genauer unter die Lupe nimmt, kann man sagen, daß sie damit vermutlich intuitiv auf schauspielerischer Ebene eine Geschichte abschließen wollte, die tief in der Vergangenheit lag. Es war ihr nicht vergönnt, also bleibt diese Zeitschleife für diese Seele noch offen.
Doch auch Namensänderungen haben – wie alles im Leben – zwei Seiten. Im Gegensatz zu Marilyn Monroe, bei der die Annahme des Künstlernamen Entwicklungen einleitete, die sie letztendlich scheitern ließen, kann ein neuer Name auch neue Chancen freisetzen.

Willy Brandt: Sein Name war Programm

Karl Herbert Frahm, ein junger idealistischer Mann aus Lübeck, hatte eine Vision. Er wollte dazu beitragen, eine bessere und gerechtere Welt zu schaffen, in der die Menschen in Frieden und Harmonie zusammenleben konnten. Hierfür würden erhebliche Veränderungen in der Gesellschaft notwendig sein, das war ihm klar. Und so war er bereits ein Jahr vor seinem Abitur der Sozialistischen Arbeiterpartei

Deutschlands beigetreten. Man kann sagen, er war auf dem besten Wege, die Ideen zu leben, die sein Name ausdrückte:

Karl Herbert Frahm: Summe: 172, o10, x19

Die Quersumme o ergibt den Weg:

positiv:

Wechsel, Aufbruch, Umbruch, Neuanfang, moralische Umkehr, Leichtigkeit, Spontaneität, Änderung, Veränderung, Innovation, Neues, Reform, Übergangslösung, Trend, Flexibilität, Loslösung, Reisen, Unabhängigkeit

negativ:

Umsturz, Revolution, Unbeständigkeit, Unbeherrschtheit, Sprunghaftigkeit, Unzuverlässigkeit, Ziellosigkeit, heillose Unordnung, Hysterie, Launenhaftigkeit, Anarchie, Unsicherheit

Der Faktor x ergibt das Ziel:

positiv:

Harmonie, Zufriedenheit, Glück, Seelenfrieden, Freude, Liebenswürdigkeit, Freundlichkeit, Kameradschaftsgeist, Positives Denken, moralische Kraft, Würde, Seelenstärke

negativ:

Faulheit, Langsamkeit, Schwerfälligkeit, Gier, Eigensinnigkeit, Geiz, Macho, Majestätsgebaren, Verschlossenheit, Einsiedelei

Doch es kam alles anders, als er es sich gedacht hatte. Nur ein Jahr, nachdem er die Schule beendet hatte, kam Hitler an die Macht. Die Sozialistische Arbeiterpartei wurde verboten. Karl Herbert Frahm mußte aus Deutschland fliehen und ging ins Exil nach Norwegen. Auch dort engagierte er sich in Kreisen des Widerstands gegen das Nazi-Regime und arbeitete nebenher als Journalist, und aus Sicherheitsgründen nahm er einen Decknamen an. Von nun an nannte er sich *Willy Brandt.*

Auch sein weiteres Leben verlief abenteuerlich. Norwegen wurde von den Deutschen besetzt, und der junge Willy Brandt mußte in sein zweites Exil gehen, diesmal nach Schweden.

Erst nach Ende des zweiten Weltkrieges kehrte er nach Deutschland

zurück, inzwischen mit einer Norwegerin verheiratet und Vater einer Tochter. Interessanterweise nahm er auch jetzt nicht wieder seinen bürgerlichen Namen an, sondern ließ sich seinen Decknamen als offiziellen Namen polizeilich registrieren.
Diese Entscheidung erwies sich im Nachhinein als richtig. Erst als Willy Brandt wurden ihm Energien verfügbar, die es ihm ermöglichen sollten, eines Tages tatsächlich an seinen Visionen zu arbeiten. Und – die Namensänderung zeigte ihm auch Wege auf, wie er seine Ziele erreichen konnte.
Wir alle kennen die einzigartige Karriere, die er von nun an durchlief, wie er innerhalb von nur zwölf Jahren vom Regierenden Bürgermeister Berlins zum SPD-Vorsitzenden und schließlich zum Bundesaußenminister aufstieg, bis er schließlich 1969 als erster Sozialdemokrat zum Bundeskanzler gewählt wurde. Von diesem Zeitpunkt an hatte er nicht nur die Ideen, sondern auch die Macht, um seine Ideen umzusetzen. Sein neuer Name wies ihm den Weg:

Willy Brandt: Summe: 100, o1, x12

Die Quersumme o ergibt den Weg:

positiv:

Energie, Wille, Tatkraft, Mut, Geistesgegenwart, Schnelligkeit, Eifer, Aktion, Initiative, Engagement, Orientierung, Prinzipien, Konzentration, Eigenverantwortung, Vernunft, Autorität, Geschicklichkeit, Begeisterungsfähigkeit

negativ:

Hyperaktivität, Unrast, Jammern, Leidensmiene, Willenlosigkeit, Mutlosigkeit, Feigheit, Ungeschicklichkeit, Unvermögen, Unruhe

Der Faktor x ergibt das Ziel:

positiv:

Opferbereitschaft, Erlösung, Geben, Hingabe, Aufopferung, Pflichterfüllung, Bescheidenheit, Selbstlosigkeit, Verzicht, Dienst am Nächsten, Verantwortung, Treue, klassische Wissenschaft, Technik

negativ:

Unterordnung, Verlust, Opfer im negativen Sinne, Lebenskrisen,

Selbstzerfleischung, übertriebene Bescheidenheit, Demut, materialistisches Denken, Nihilismus

Abb. 16: Willy Brandt (1913-1992)

Die Namensänderung hatte aus einem jugendlichen Idealisten einen verantwortungsbewußten und tatkräftigen Politiker mit Sinn für das Machbare reifen lassen, der sein Engagement für die Menschenrechte jedoch lebenslang beibehielt. Die veränderte Zahl im Lebensziel zeigte ihm auf, wie er seine Friedenspolitik anlegen mußte – daß zur Erreichung dieses Ziels Opfer gebracht werden mußten. So wurde er zum Initiator einer neuen Friedenspolitik, die speziell auf die Aussöhnung mit der Sowjetunion und Polen abzielte. Aus heutiger Sicht mag es unverständlich erscheinen, daß die Anerkennung der Realitäten, die der zweite Weltkrieg geschaffen hatte, ein Opfer bedeuten sollte. Daß derartiges Denken jedoch in den sechziger und siebziger Jahren in Deutschland noch weit verbreitet war, beweist der heftige Widerstand gegen seine Politik, der in einem konstruktiven Mißtrauensvotum gegen ihn im Bundestag gipfelte.

Vor allem auch durch seine Politik des „Wandels durch Annäherung" an die DDR – Ideen, die er zusammen mit seinem engsten Vertrauten Egon Bahr entwickelte – setzte er sich heftiger Kritik der Opposition aus. Doch die Geschichte gab ihm recht. 1971 wurde ihm als Höhepunkt seiner politischen Laufbahn der Friedensnobelpreis verliehen.

Willy Brandt dürfte der einzige Politiker gewesen sein, der zur Erreichung eines solchen Zieles zwei Namen benötigte.

Doch die Politikerlaufbahn bedeutete für Willy Brandt auch hohe persönliche Opfer. Er war im tiefsten Innern ein verletzlicher und sensibler Mensch. Die Härte des politischen Alltags, die sein Amt mit sich brachte, war für ihn auf Dauer nur schwer zu ertragen. Obwohl die halbe Welt ihn als charismatischen Visionär verehrte, verfiel er

zeitweise in schwere Depressionen und war schon bald amtsmüde. Heute sehen viele Historiker hierin den eigentlichen Grund für seinen Rücktritt 1974, wobei die Affäre um den Kanzleramtsspion Günter Guillaume wohl nur vorgeschoben war.
Als „Elder Statesman" blieb Brandt noch bis zu seinem Tode 1992 der Politik erhalten, so unter anderem als langjähriger Vorsitzender der Sozialistischen Internationale. Am Ende war ihm auch noch vergönnt, zumindest in symbolischer Form dabeizusein, als sein „Wandel durch Annäherung" nach fast 20 Jahren endlich Früchte trug. Am 20. Dezember 1990 eröffnete er als Alterspräsident den ersten gesamtdeutschen Bundestag nach der Wiedervereinigung.

Ein Kind namens Wanda

Wer ist schon mit seinem Namen zufrieden? Fast 60 Prozent der Bevölkerung sind es nicht. Es gehört zu den Seltsamkeiten unserer Kultur, daß eine der wichtigsten Entscheidungen für das Leben eines Menschen, nämlich wie er heißen soll, gefällt wird, ohne ihn zu fragen.
Kinder kennen ihren Namen schon frühzeitig und benutzen ihn, noch bevor sie in der Lage sind, für sich selbst das Wort „ich" zu verwenden.
Die Phantasie der Eltern hat heutzutage kaum noch Grenzen, und so finden wir zum Teil geradezu abenteuerliche Namenskombinationen wie „Yvonne Krause" oder „Melanie-Natascha Schmidt". Die alte Sitte, Kindern Namen aus der Familie zu geben, sollte man heute auch nicht mehr unbedingt praktizieren. Damit zwingt man z. B. dem Sohn einen ähnlichen Lebensweg auf wie dem Vater. In regelrechten Familiendynastien, in denen der Sohn später auch das Geschäft des Vaters übernehmen sollte, konnte es noch einen gewissen Sinn haben, ihn z. B. „Jordan Benedict III." zu nennen. Heute ist es in der Regel eher eine Zwangsjacke.
Man sollte sein Kind auf keinen Fall mit einem Namen strafen, der einer momentanen Modeerscheinung entspringt, der dann aber in absehbarer Zeit eher lächerlich wirken dürfte. Es sollte auch auf einen harmonischen Gesamtklang von Vor- und Zunamen geachtet werden. „Fritz Putz" klingt zum Beispiel ganz einfach albern.
Zur Zeit, da wir dieses Buch schreiben, haben wir allen Grund anzunehmen, daß in etwa fünf bis sechs Jahren eine ganze Armada von „Leos" in unsere Grundschulen strömen wird.

Oft werden wir noch vor der Geburt eines Kindes gebeten, einen zum Familiennamen passenden Vornamen auch numerologisch geeignet auszuwählen. Das ist schon eine interessante, aber auch verantwortungsvolle Aufgabe, weil man hier viele unterschiedliche Faktoren berücksichtigen muß.
An dieser Stelle eine wichtige Bemerkung: Es gibt eine Vielzahl unterschiedlicher numerologischer Systeme, die heutzutage angewendet werden. Das von uns benutzte kabbalistische System mit dem Bezug auf die hermetischen Prinzipien (s. Anhang) wurde uns vor vielen Jahren so anvertraut. Wir arbeiten mit dieser Methode sehr erfolgreich, und die Erfahrung zeigt, daß die Resultate auch sehr aussagekräftig sind.
Es gibt keine festgefügten Dogmen, wie man einen Menschen nennen muß. Doch man sollte sich der Tatsache bewußt sein, daß man mit dem Namen eines Menschen nicht spielen soll.

Vergangenheit sucht Zukunft

Olivia ist Sekretärin eines erfolgreichen Managers. Ihr Privatleben verläuft normal, und ihr Berufsleben ist interessant und abwechslungsreich. Sie verdient gutes Geld, ist materiell unabhängig und hat schon fast jedes Land der Welt gesehen. Das Leben könnte so schön sein – wenn es das Fliegen nicht gäbe.

Nun, dieses Problem ist heutzutage nicht ungewöhnlich. Es gibt viele Menschen, die Angst vor dem Fliegen haben. Doch nicht bei jedem Menschen äußert sich diese Angst so stark wie bei Olivia, und nicht jeder ist wie sie trotzdem so oft gezwungen, ein Flugzeug zu besteigen. Bei jeder Gelegenheit muß sie ihren Chef auf seinen Geschäftsreisen begleiten.

Sie belegte Seminare bei der Lufthansa, machte eine komplette Psychoanalyse und Gesprächstherapien, und doch hatte sie nach wie vor das Gefühl, „es gibt da zu viel Luft zwischen ihr und der Erde", sobald sie in einem Flugzeug saß. Sie hatte große Angst, „den Boden unter den Füßen zu verlieren" und nicht nach Hause zurückzukommen.

Was bei Olivias Problem schon ungewöhnlich war: Wenn sie irgendwo auf der Welt war und zurück nach Deutschland fliegen sollte, hatte sie diese Flugangst nicht. Nur den Abflug aus der Heimat empfand sie als Bedrohung. Sie war davon überzeugt, daß es besonders problematisch sei, wenn sie von dort fortfliegen muß, „wo ihre Wurzeln liegen".

Nicht nur, daß ihre Form der Flugangst ungewöhnlich war – die Tatsache, daß sie schon so viele Therapien hinter sich hatte, die nicht geholfen hatten, setzte einen Therapeuten natürlich unter einen erheblichen Erfolgsdruck. Noch dazu, da Olivia auch schon schlechte Erfahrungen mit Hypnosetherapie gemacht hatte. Der Therapeut, bei dem sie damals war, hatte offenbar keine große Berufserfahrung, was sogar ihr als Laie aufgefallen war. Er mußte den Text zur Einleitung des Trance-Zustandes von einem Zettel ablesen. Da konnte dann natürlich nicht ein Zustand des Vertrauens und der Geborgenheit aufkommen, in dem ein Mensch innerlich bereit ist, loszulassen und sich in die Tiefen seines Unterbewußtseins fallenzulassen.

Anstatt sich in einer endlosen Suche quer durch ihr Unbewußtes zu verlieren, ging es für Olivia darum, ihre Gefühle und Ängste in einem einzigen, wandspruchartigen Satz zusammenzufassen. Die Erfahrung zeigt, daß das direkte Ansprechen eines Problems auch den direkten Weg zur Lösung eröffnet. Wo man auf diese Weise bei Olivia landen würde, war völlig offen.

Wenn Flugzeuge vom Himmel fallen

Nach einer längeren Überlegung entschloß sich Olivia, „ihren Satz" zu formulieren: „Ich habe Angst, aus der Höhe nach unten zu fallen." Interessant, nicht wahr? Der Satz enthielt kein Wort über ein Flugzeug.

In einer Hypnosesitzung arbeitete Olivia mit diesem Satz. Auf diese Weise kam sie erneut in Kontakt zu ihren Ängsten. Der Grund für diese Ängste wurde schon bald klar.

Olivia: Jetzt kommen die Bomben!

\- Welche Bomben?

Olivia: Es ist Fliegeralarm. Eigentlich kommen sie letztens immer in der Nacht.

\- Wer sind „sie"?

Olivia: Na die Engländer, Amerikaner,... sie werden uns in Stücke reißen.

\- Wo bist du jetzt?

Olivia: Ich sitze in der Kaserne. Heute nacht fliege ich doch nicht.

\- Und was machst du in der Kaserne?

Olivia: Ich kümmere mich um meine persönlichen Sachen, alles muß doch in Ordnung sein. Ein Pilot muß immer alles bereitliegen haben.

- Was fühlst du jetzt?

Olivia: Ich bin wütend und mache mir Sorgen.

- Worüber?

Olivia: Über meine Familie.

- Wie heißt du?

Olivia: Mmh, weiß ich nicht.

- Und wie nennen dich deine Kameraden?

Olivia: Paul.

...

In dieser Sitzung zeigte Olivia sehr starke Emotionen. Sie weinte und fühlte sich zutiefst verunsichert. Dieses Erlebnis in der Hypnose zeigte zwar schon eine gewisse Spur, brachte aber noch keine entscheidenden Ereignisse zutage.
In der nächsten Sitzung brachte der „Satz" Olivia direkt in eine viel deutlichere Szenerie. Sie erlebte sich als Flieger im zweiten Weltkrieg, der in seinem Flugzeug saß und einen Aufklärungsflug nach England machte.

Olivia: Himmeldonnerwetter, sie haben mich. Alles um mich herum explodiert. Meine Kiste schmiert ab. Oh Gott, ich habe mich nicht einmal von Anna und Heinz verabschiedet.

- Was geschieht als nächstes?

Olivia (zeigte mit der Hand nach unten, ohne ein Wort zu sagen): Der Erdboden kommt auf mich zugerast... Hmm, es ist heiß. Und dunkel.

- Und was fühlst du jetzt?

Olivia: Schwere und Leichtigkeit.

- Zugleich?

Olivia: Ja, jetzt ist alles leicht. Ich steige auf nach oben.

...

An dieser Stelle kam es also zur Beschreibung eines Todeserlebnisses, bei dem aber „Paul“ nicht bereit war, sich von seinem Leben zu lösen. Daher mußte man in der nächsten Sitzung etwas tiefer in das Leben jenes Mannes einsteigen, um die Begleitumstände zu erfahren.
An diesem Punkt konnte man schon ohne Benutzung des Leitsatzes durch lineare Regression z. B. ins Jahr 1938, also kurz vor dem Krieg, gehen. Dadurch war es möglich, die Lebensumstände von Paul zu ergründen und seine Familie kennenzulernen.
Er hatte eine Frau Anna und einen kleinen Sohn, der erst ein Jahr alt war. Paul war Offizier, und „er“ wurde jetzt in seine Wohnung vor einen Spiegel grführt, damit er sein Äußeres beschreiben konnte, seine Uniform und seinen Rang.
Am Abend vor seinem Tod hatte ihn ein Auto von seiner Wohnung abgeholt und zum Flughafen gebracht. Er befand sich auf einem Aufklärungsflug nach England, als er abgeschossen wurde.
Seine Probleme, sich von dieser Geschichte zu lösen, lagen nicht in dem tragischen Todeserlebnis. Schließlich stirbt jeder Mensch irgendwann einmal. Sein Hauptproblem war eine tiefe Verletzung der Seele und eine Traurigkeit, weil er sich von seiner Frau und seinem Sohn nicht verabschiedet hatte.
Erst dadurch blieb das Todeserlebnis als unvollendete Zeitschleife bestehen, über seinen Tod hinaus, und konnte sich heute im Unbewußten von Olivia erneut reaktivieren.
Es wurde auch klar, weshalb die Ängste nur bei Flügen aus Deutschland auftraten. Damals war der Mann von seinem Flug nie zurückgekommen.
Es gibt viele Methoden, in solch einer Situation weiter vorzugehen, und die Geschichte von Paul/Olivia wurde auch fachgerecht abgeschlossen.

Im Verlauf dieses Luftabenteuers, das selbst für Olivia überraschend gekommen war, wurden ihr die Gründe für manche Verhaltensmuster aus ihrem heutigen Leben bewußt. Zum Beispiel ging sie vor jeder Geschäftsreise zu ihrer gesamten Verwandtschaft zu Besuch, um sich zu verabschieden. Dieses seltsame Verhalten war ihren Angehörigen bereits aufgefallen, und sie konnten sich nie erklären, warum sie das tat.
Natürlich ist es auch heute immer möglich, bei einer Flugzeugkatastrophe zu sterben, aber sich vor dem Flug von der ganzen Familie jedes Mal vorsichtshalber zu verabschieden, fanden sie alle doch ein bißchen übertrieben.
Nach Abschluß der Hypnosetherapie fand das Fliegen bei Olivia den Platz im Leben, der ihm gebührt. Die Tatsache, während eines Fluges im Flugzeug eingeschlossen zu sein und nicht hinauszukönnen, hoch über dem Erdboden, läßt keinen Menschen vollkommen unbeeindruckt. Und dennoch empfinden die meisten Menschen dabei keine Todesängste. Genau so fand auch Olivia jetzt ein normales Verhältnis zum Fliegen.
Flugängste sind ein sehr weites Feld, und es ist keineswegs so, daß eine solche Angst immer ihre Ursache in einem früheren Leben haben muß. Daher ist es so immens wichtig, vorab genau zu klären, wovor der Mensch eigentlich Angst hat. Ist es die Höhe, die Angst abzustürzen, so wie bei Olivia? Oder ist es eher ein Gefühl der Beklemmung, nicht hinauszukönnen, also eine Art Klaustrophobie? Auch solche Ängste kommen häufig vor, und sie können vollkommen andere Ursachen haben.
Wir hatten in unserer Praxis übrigens ein sehr originelles Problem mit Flugangst. Thomas, ein älterer Herr, fürchtete sich nicht davor, mit einem Flugzeug abzustürzen, sondern während eines Fluges zu sterben. Kleines Problem nebenbei: Er war zur Zeit des zweiten Weltkrieges bereits geboren, also ein Schicksal mit einem früheren Leben wie bei Olivia erschien ausgeschlossen.
Thomas' Leitsatz brachte ihn auch nicht zum ersten Weltkrieg, und was dann? Noch viel früher gab es schließlich keine Flugzeuge!
Es war für alle Beteiligten verblüffend, daß er sich trotzdem als ein Mann in einer Flugmaschine erlebte, die höchst exotisch erschien. Er behauptete, als Flieger zur Zeit der Kultur von Atlantis gelebt zu haben.
Eins muß an diesem Punkt klargestellt werden: Wenn man als Thera-

peut vor eine solche Situation gestellt wird, hat es keinen Sinn, während der Hypnose mit dem Patienten darüber zu streiten, ob es Atlantis gegeben hat oder nicht. Im Gegensatz zu reinen Phantasiebildern lassen sich übrigens echte Reinkarnationserlebnisse nicht durch „Vernunftargumente" verändern oder gestalten. Man muß mit dem Material arbeiten, was der Mensch von selbst hervorbringt.
Also was blieb übrig? Man konnte sich nur bequem zurücklehnen und vorerst zur Kenntnis nehmen, daß Thomas jetzt da in Atlantis herumflog. Wichtig war vor allem, was nun weiter geschah. Er hatte während des Fluges im Flugzeug etwas wie einen Herzinfarkt erlebt. Es gelang ihm trotzdem noch, den Flugapparat heil zu Boden zu bringen, aber als seine Kameraden ihn befreien wollten, war er tot. Er war also tatsächlich in einem Flugzeug gestorben...
Um es genauer zu sagen: Der „Mann aus Atlantis" war im Flugzeug gestorben. Thomas allerdings stand in Resonanz zu dieser Information, da er sie in seinem Informationsfeld trug.

Reinkarnationstherapie – Pro und Contra

Es kommt relativ häufig vor, daß Menschen uns fragen, ob sie bei uns eine Reinkarnationstherapie machen können. Sie werden vielleicht staunen, aber in der Regel antworten wir auf diese Frage mit Nein. Wir machen keine Reinkarnationstherapie. Es ist wenig hilfreich, einen Menschen auf gut Glück in Hypnose durch die Vergangenheit surfen zu lassen, und als „Therapie" sollte man das erst recht nicht bezeichnen.
Wer eine wirklich fundierte Ausbildung als Hypnosetherapeut hinter sich hat, wird auf jeden Fall völlig anders vorgehen. Im Mittelpunkt einer Behandlung steht immer der Mensch mit seinem aktuellen, also *heutigen* Problem, und es ist unter anderem Aufgabe einer Therapie, die Ursachen dieses Problems aufzudecken, egal, ob sie in der Kindheit, in einer anderen früheren Phase des heutigen Lebens oder zur Zeit von Adam und Eva zu finden sind.
Insofern scheidet bei einem seriösen Therapeuten auch das häufig geäußerte Argument aus, er würde seinen Patienten die Reinkarnationserlebnisse erst einreden, oder sie würden solche Erlebnisse zusammenphantasieren, um dem Therapeuten einen Gefallen zu tun.
Der Verlauf der Therapie bei Olivia, den wir hier in stark komprimierter Form geschildert haben, ist insofern exemplarisch, als auch in

diesem Fall die Frau und ihre Angst vor dem Fall aus großer Höhe im Mittelpunkt stand. Sie hätte die Freiheit gehabt, statt im zweiten Weltkrieg auch bei einem Erlebnis ihrer Kindheit zu landen, als sie zum Beispiel vom Baum fiel. Aber sie hatte ein solches Erlebnis nicht, sondern sah sich als jener Offizier Paul. Erst in diesem Moment kam das Thema Reinkarnation bei ihr überhaupt zur Sprache. Tatsache ist auch, daß Olivia die therapeutische Bearbeitung dieser Szenen aus dem zweiten Weltkrieg offenbar half, ihre Flugangst zu normalisieren – ganz im Gegensatz zu all den anderen Therapieverfahren, die sie vorher schon ausprobiert hatte.

Jeder, der sich über einen längeren Zeitraum mit analytischer Hypnosetherapie beschäftigt, wird über kurz oder lang mit Reinkarnationserlebnissen konfrontiert. Das ist ein Fakt, das jeder Therapeut bestätigen kann, und es gilt unabhängig davon, ob der Therapeut an Reinkarnation glaubt oder ob seine Patienten es tun. Die meisten Therapeuten ziehen es lediglich vor, darüber in der Öffentlichkeit nicht zu viel zu reden.

Was dagegen allenthalben als „Reinkarnationstherapie" angeboten wird, hat nicht allzu viel mit wirklicher Therapie zu tun. Mehr noch – wenn solche Praktiken unsachgemäß durchgeführt werden, können sie sogar erheblichen Schaden anrichten. Es ist nämlich gar nicht so schwer, daß ein Mensch in einem entspannten Trance-Zustand in einem angeblich früheren Leben landet. Ihn von dort allerdings auch wieder wohlbehalten ins Hier und Jetzt zu bringen, will gelernt sein.

Auch Hollywood liefert uns eher abschreckende Beispiele. Die „Therapeuten" in Spielfilmen handeln meist so dämlich und machen so viele eklatante Kunstfehler, daß es kein Wunder ist, wenn der Patient am Ende tot ist, wie es das Drehbuch vorsah. Man kann einen Menschen nicht einfach ins finstere Mittelalter führen und dann mal eben von 1 bis 5 zählen, damit er aufwacht. Davon stirbt er zwar nicht, kann aber doch hinterher sehr stark desorientiert sein.

Wer hat Angst vor Hypnose?

Die Antwort ist – jeder. Deshalb ist es wichtig, über diese Methode gut informiert zu sein und zu wissen, was man damit erreichen kann und was nicht. Einen guten Therapeuten erkennen Sie auch daran, daß er Sie darüber aufklärt, und er wird eine Hypnosetherapie niemals beginnen, ohne mit Ihnen ausführliche Gespräche geführt zu haben.

Auch eine vollständige medizinische Anamnese ist unbedingt erforderlich, da es auch einige Kontraindikationen gibt. Zu den wichtigsten gehören: Epilepsie, hirnorganische Psychosyndrome, jede Form von Demenz (der Patient muß in der Lage sein zu verstehen, was man ihm sagt), Psychosen und endogene Depressionen. Bei starkem Bluthochdruck und schweren Herzkrankheiten sollte man ebenfalls sehr vorsichtig sein bzw. Hypnose nur zu Entspannungszwecken nutzen. Diese Liste erhebt auf keinen Fall einen Anspruch auf Vollständigkeit.
Einen seriösen Therapeuten erkennen Sie auch daran, daß er niemals Hypnose außerhalb seiner Praxis anwenden wird, also nicht anläßlich von Seminaren oder Messen, es sei denn zu Ausbildungszwecken.
Viele Menschen glauben auch, Hypnose sei etwas, was mit ihnen geschieht. Das ist falsch. Hypnose ist eine Methode, und der Bewußtseinszustand, in den der Mensch bei Anwendung dieser Methode gerät, heißt Trance. Derartige Trance-Zustände können nicht nur durch Hypnose, sondern auch durch andere Verfahren ausgelöst werden. Sie treten unter bestimmten Bedingungen auch auf ganz natürliche Weise auf, zum Beispiel kurz vor dem Einschlafen. Ein Trance-Zustand als solcher ist also weder etwas Bedrohliches noch etwas Unnatürliches.
Trance-Zustände sind im Grunde Zustände konzentrierter Bewußtheit. Sie können mit herabgesetzter oder erhöhter Bewußtheit einhergehen.
Man kann die Methoden zur Einleitung eines Trance-Zustandes in zwei Kategorien einteilen:

1. Durch Abschirmung von Sinnesreizen. Hierzu gehören alle Meditationsformen, die Hypnose, aber auch religiöse und spirituelle Praktiken wie z. B. Gebete.
2. Durch Sinnesstimulation, also durch den totalen Gegensatz zu 1. Diese Methoden entstammen zumeist traditionellen Kulturen, Religionen und anderen spirituellen Traditionen. Hierzu gehören z. B. Gesang, Tanz, Ekstase, schamanische Trancen etc.

Das Ziel eines Trance-Zustandes ist es, aus starren Denkmustern des Alltags herauszukommen und sich dadurch für neue Denkweisen oder das Wahrnehmen anderer Realitäten zu öffnen. Die Trance dient somit der Bewußtseinserweiterung, da sie andere Formen des Denkens, Fühlens und Erlebens erfahrbar macht.

Was man allerdings in einem solchen Trance-Zustand tun oder nicht tun kann, steht auf einem anderen Blatt. Wenn der Mensch den Trance-Zustand allein erlebt, tut er in der Regel gar nichts, weil das Bewußtsein des freien Willens meist ziemlich passiv wird. Es hängt also viel davon ab, ob man einen fachlich ausgebildeten Begleiter neben sich hat, der genau weiß, was mit einem solchen Trance-Zustand anzufangen ist.
Die Medizin kennt schon seit langem den merkwürdigen Effekt, daß der Bewußtseinszustand eines Menschen durch das bloße Sprechen von Worten tiefgreifend verändert werden kann. Es wird ein Zustand erreicht, den wir als Trance beschrieben haben und der etwa an der Grenze zwischen Wachen und Schlafen angesiedelt ist. In Anlehnung an das griechische Wort *hypnos* nannte man dieses Verfahren *Hypnose*. Sie ermöglicht es einem Therapeuten, durch verbale Suggestionen Einfluß auf Körper- und Bewußtseinsfunktionen des Patienten zu nehmen, die normalerweise keiner bewußten Kontrolle unterliegen. Auf diese Art und Weise kann man nahezu alle autonom ablaufenden Prozesse des menschlichen Körpers beeinflussen, zum Beispiel die Verdauung, die Tätigkeit von Hormondrüsen oder die Funktion des Immunsystems. Allerdings konnte nie restlos geklärt werden, was Hypnose ist und wie und vor allem warum sie wirkt, aber es ist sicher, daß sie wirkt, und als empirische Wissenschaft macht sich die Medizin dieses wertvolle Verfahren zunutze.
Bei der Hypnose übt der Therapeut auch keinerlei „Macht“ auf den Menschen aus, er „programmiert“ ihn nicht um und „zwingt“ ihm auch nicht irgend etwas auf. Dies gilt zumindest für die moderne Hypnosetherapie, wie sie von dem amerikanischen Psychiater Milton Erickson begründet wurde.
Sollten Sie also in einer Fernsehshow einen Showhypnotiseur gesehen haben, der die Leute wie Hühner gackern läßt, dann vergessen Sie das am besten schnell wieder. Das hat mit den Themen dieses Buches nichts zu tun.
Die Erickson-Hypnose arbeitet nicht mehr mit „Befehlen“ des Hypnotiseurs, sondern nutzt die individuelle Bewußtseinsstruktur eines Menschen, um ihm bei der Einleitung eines Trance-Zustandes zu helfen. Kurz gesagt: Nicht der Hypnotiseur „hypnotisiert“ den Menschen, sondern der Mensch tut es selbst, und der Therapeut unterstützt ihn nur dabei.

Der moderne Hypnosetherapeut macht dem Menschen zu diesem Zweck auf suggestivem Wege Vorgänge bewußt, die tatsächlich stattfinden, aber außerhalb seines Alltagsbewußtseins liegen (z. B. Schwere in den Gliedern, Müdigkeitsgefühl in den Augen). Der wichtigste Bestandteil der modernen Hypnose ist also das Biofeedback, das Bewußtmachen von Körperfunktionen. Das Bewußtsein des Menschen wird nicht umprogrammiert, sondern lediglich verlagert. Die Persönlichkeitsstruktur bleibt unangetastet. Es wird dem Menschen nur ein Rahmen geboten, in dem er sich selbst verändern kann.

Neben der psychosomatischen Medizin liegt eine weitere wichtige Anwendung der Hypnose im Bereich der analytischen Psychotherapie. Die dritte Anwendungsmöglichkeit entstammt der modernen Verhaltenstherapie. In der Trance läßt der Therapeut seinen Patienten bestimmte Alltagssituationen visualisieren und ermutigt ihn dann, in diesen Situationen auf neue, selbstbewußtere Art zu reagieren. Dadurch werden Verhaltensmuster auf ungefährliche Weise eingeübt, ehe der Betreffende sie in der Realität anwenden muß.

Hypnoid	physische Entspannung, Schläfrigkeit, Flattern der Augenlider, Lidschluß, Lethargie, geistige Entspannung, Schweregefühl
leichte Trance	Augenschwere, Starregefühl, vertiefte Atmung, langsamer Puls, Passivität, Gefühl des Hineinsinkens, einfache posthypnotische Suggestionen
mittlere Trance	vollständige Muskelhemmung, partielle Amnesien, Schmerzunempfindlichkeit, Geruchs- Geschmacks- und Gefühlsillusionen, Übersensibilität
tiefe Trance	Fähigkeit, in Hypnose die Augen zu öffnen, Somnambulismus, vollständige Amnesie, vollständige Schmerzunempfindlichkeit, Gefühl des Schwebens und Auflösens, akustische und visuelle Halluzinationen, Farbempfindungen
Koma	tiefster Trancezustand, für therapeutische Zwecke ungeeignet

Tabelle 4: Stufen der hypnotischen Trance

Wie Sie vielleicht bemerkt haben, ist Hypnose keineswegs eine Narkose. Die häufig geäußerte Befürchtung, man sei in Hypnose „bewußtlos“ und damit hilflos dem Therapeuten ausgeliefert, ist also vollkommen grundlos. In einem Zustand der „Narkose“ wären Sie nicht ansprechbar, und der ganze Zauber hätte keinen Sinn.
Es gibt im Grunde zwei Methoden, mit denen man Menschen in Trance in ein früheres Leben führen kann. Die erste – bekanntere – ist die *lineare Regression.* Der Therapeut veranlaßt seinen Patienten, langsam in der Zeit zurückzugehen, bis er an dem Punkt angelangt ist, der bearbeitet werden soll. Dieses Verfahren kommt nicht nur im Zusammenhang mit Reinkarnation zum Einsatz, sondern man kann damit einen Menschen zum Beispiel auch in seine Kindheit zurückführen, etwa zu seinem fünften Geburtstag. Das haben wir übrigens einmal mit einer Bekannten gemacht, und sie wurde auch prompt „wieder zum Kind“, und auf unsere Frage, was sie sich zum Geburtstag wünschte, antwortete sie mit kindlicher Piepsstimme: „Ein gekochtes Ei zum Frühstück.“ Natürlich „bekam“ sie es in der Trance, und sie verspeiste es mit größter Wonne. Nach dieser Sitzung hatten wir alle einen solchen Hunger, daß wir uns sofort Eier kochen mußten. So viel zur Macht der Suggestion.
Darüber hinaus ist es natürlich dann auch möglich, bis zur Geburt zurückzugehen oder sogar zu der Zeit, als der Mensch noch im Mutterleib heranwuchs. Es ist nachweisbar, daß im Unbewußten auch über diesen Zeitraum Erinnerungen gespeichert sind.
Geht man noch weiter zurück, in die Zeit vor der Zeugung, dann kann man natürlich irgendwann in einem früheren Leben landen. Therapeutisch ist diese Methode aber nur von geringem Interesse, da die Szenerien und Ereignisse, die man auf diese Weise erreicht, eher zufällig sind. Es gibt keine Garantie, daß derartige Erlebnisse für die Bearbeitung heutiger Probleme von Bedeutung sind. Daher kommt die lineare Regression in der seriösen Hypnosetherapie nur zum Einsatz, wenn der Punkt, zu dem man zurückgehen will, schon vorab bekannt ist, etwa, weil er im heutigen Leben des Menschen lag, oder weil es um eine Reinkarnationserinnerung geht, die bereits in einer früheren Sitzung erreicht worden war.
Eine Spezialversion der linearen Regression stellt die sogenannte *Retrogression* dar, ein Verfahren, das es Menschen ermöglicht, sich in einem Trance-Zustand freier in der Zeit zu bewegen. Die Retro-

gression ermöglicht es, streiflichtartige Eindrücke aus der Vergangenheit des heutigen Lebens und früherer Inkarnationen wiederzuerleben. Die Methode dient vor allem der Selbsterkenntnis und Bewußtseinserweiterung.
Für therapeutische Zwecke gibt es eine wesentlich erfolgversprechendere Methode – die *Fokusanalyse*. Wie sie funktioniert, haben wir bereits im Fall Olivia exemplarisch gezeigt. Der Mensch formuliert sein heutiges Lebensproblem, das er bearbeiten will, in Form eines einzigen, wandspruchartigen Leitsatzes, der als Schlüssel zur Ursache des Problems dient. In der Trance konfrontiert sich der Mensch dann selbst mit diesem Satz, und zwar so lange, bis die entsprechenden Erinnerungsbilder und -emotionen aufsteigen.
Es ist nicht schwer zu verstehen, wie die Fokusanalyse funktioniert. Wenn der Mensch seine Angst bewußt anspricht, wird es in der Regel nicht lange dauern, bis er diese Angst auch zu spüren beginnt. Da das Unbewußte aber Eindrücke immer ganzheitlich ablegt, also Emotionen mit den entsprechenden Erinnerungsbildern verknüpft, besteht dann eine gute Chance, daß auch diese Bilder ins Bewußtsein steigen. Sobald das der Fall ist, kann mit dem Problem sozusagen „vor Ort" gearbeitet werden. Es ist jetzt Aufgabe des Therapeuten, den Patienten dabei zu unterstützen, daß er mit den wiederentdeckten Erinnerungen fertig wird. Sofern es sich um Erlebnisse aus einem anderen Leben handelt, geht es vor allem darum herauszufinden, warum diese Ereignisse aus dem Leben eines anderen Menschen heute noch von Bedeutung sind. Es muß eine bis heute bestehende Bindung vorhanden sein, sonst könnte ein solches Reinkarnationserlebnis nicht bis heute Ängste oder andere Probleme auslösen. Hier kommt erstmals wieder der Karmagedanke ins Spiel. Auf jeden Fall muß eine Fokusanalyse fachgerecht dahingehend abgeschlossen werden, daß sich der Mensch wirklich innerlich von diesen alten Ereignissen distanziert und sie dadurch loslassen kann. Erst dann ist zu erwarten, daß das heutige Problem ebenfalls verschwindet oder zumindest in absehbarer Zeit bewältigt werden kann.
Zumindest ist dies der Idealfall. Man glaubt kaum, wie stark bei manchen Menschen Bindungen an Ereignisse früherer Leben bis heute nachwirken. Oft ist diese Bindung so stark, daß sie selbst durch mehrfache Wiederholungen der Fokusanalyse nicht tiefgreifend aufgelöst werden kann. In solchen Fällen, die sich über längere Zeit therapieresistent zeigen, kann allenfalls noch der Zeitfaktor helfen.

Bei jeder Bearbeitung eines solchen Erlebnisses in Trance wird immer auch ein Stück Emotion abgebaut (sogenannte Katharsis), so daß man im Laufe der Zeit mit einem Akkumulationseffekt rechnen kann, der das heutige Problem zumindest abmildert.
Auf jeden Fall gilt eine Grundregel: Erst wenn ein Mensch aus tiefstem Herzen sagt: „Die Sache ist mir total wurscht.“, kann man das Problem zu den Akten legen.
Wir werden niemals ein Erlebnis vergessen, das wir hatten, als für ein Fernsehprogramm in unserer Praxis gefilmt wurde. Als „Freiwillige“ meldete sich eine Assistentin des Fernsehteams, die sich hypnotisieren ließ. Vor laufender Kamera schilderte sie, wie sie sich in einem früheren Leben sah. Es war eine Szene in der Wildnis in Afrika, und sie stand einem hungrigen Löwen gegenüber. Auf die unschuldige Frage: „Und was geschah dann?“ antwortete sie ganz cool: „Na, das war's dann wohl.“
Auf jeden Fall war ihr der Löwe völlig egal. Sie hatte daraus kein Trauma davongetragen.

Allergie gegen Männer

Es ist fast unglaublich, was eine fachgerecht durchgeführte Fokusanalyse leisten kann. Wir haben das Verfahren schon bei Olivia kurz kennengelernt, möchten es Ihnen jetzt aber ausführlicher vorstellen.

Das Telefon klingelte.
„Hallo Gisela, hier ist Reinhard. Ich wollte dich fragen, ob du mit mir zum Friedhof gehen würdest, zum Grab meiner Frau.“
Gisela spürte ein leichtes Unbehagen, wollte aber nicht nein sagen. Sie kannte Reinhard und seine Frau, die vor kurzem verstorben war, seit vielen Jahren.
Am späten Nachmittag kaufte sie noch Blumen, und wenig später stand Reinhard vor ihrer Haustür.
Sie machten gemeinsam einen Spaziergang, doch zum Friedhof kamen sie nicht. Gisela fühlte sich nicht in der Lage dorthin zu gehen. Der Grund hierfür war ihr völlig unklar.
Schon bald bemerkte sie, daß Reinhard sie nicht nur als Begleitung in der schweren Zeit seiner Trauer betrachtete, sondern mehr von ihr wollte. Er fing an, ihr Briefe zu schreiben und sandte ihr auch hier und da Geschenke.

Dadurch steigerte sich Gisela in einen immer stärkeren Abwehrmodus. Und zwar nicht, weil sie den Mann nicht mochte, ganz im Gegenteil. Sie spürte nur eine in diesem Moment vollkommen irrationale Angst – sie hatte Angst, umgebracht zu werden.
Nach ein paar Tagen brach daraufhin bei ihr eine heftige Allergie aus. Die Augen tränten, und überall im Gesicht, vor allem in der Mundpartie, kam es zu Hautrötungen.
Zwei Jahre, nachdem dies sich alles ereignet hatte, kam sie zu uns in die Praxis. Ärztliche Behandlungen, sowohl schulmedizinisch als auch homöopathisch, hatten es nicht geschafft, die Allergie einzudämmen.
Ihr Fokus: „Ich habe Angst, umgebracht zu werden." ließ bereits vermuten, daß die Aufdeckung der Ursachen nicht so leicht werden würde.
Sehr oft setzen wir, besonders in schwierigen Fällen, zur Unterstützung einer Hypnosetherapie Bachblüten ein. Die Methode, mit der wir die geeignete Kombination von Bachblüten bestimmen, ist allerdings unkonventionell. Mit Hilfe einer Bioantenne testen wir jedes Fläschchen blind, ob die Aura eines Menschen die jeweilige Blüte braucht. Erst später, gemeinsam mit dem Patienten, schauen wir genauer an, welche Blüten ausgewählt wurden und welche seelischen Bedeutungen ihnen entsprechen. Auf diese Weise erfährt man oft Dinge, die der Patient nicht gesagt hat (oder nicht sagen konnte, weil es ihm nicht bewußt war).
Für Gisela ergab der erste Bachblütentest folgende Auswahl:

2 – *Aspen* – unbewußte Angstvorstellungen, unbestimmte Vorahnungen, Furcht vor einem drohenden Unheil.
4 – *Centaury* – Willensschwäche, übermäßiges Reagieren auf die Wünsche anderer.
6 – *Cherry Plum* – Angst vor seelischen Kurzschlußhandlungen, die Nerven sind zum Zerreißen gespannt, Schwierigkeit, innerlich loszulassen.
8 – *Chicory* – Selbstlose Liebe, Neigung zu Einmischung und Manipulation, Selbstmitleid.
10 – *Crab Apple* – Gefühl der inneren Unreinheit.

Es ist interessant, daß beim Blindtest der Bachblüten unterschiedliche Blüten in unterschiedlichen Schichten der Aura des Menschen als notwendig empfunden werden. Während zum Beispiel die Nummer

10 direkt am Körper schon gebraucht wurde (und eindeutig mit der Allergie zu tun hatte), war die Nummer 8 erst in einiger Entfernung feststellbar, und um die übrigen auszutesten, mußte man sogar mehrere Meter Abstand halten.
Selbstverständlich kann man einen Menschen nicht schon in der ersten Hypnosesitzung mit einem solchen Fokus wie der Angst, umgebracht zu werden, konfrontieren. Bei den ersten drei Terminen mußte Gisela überhaupt erst den Trance-Zustand einüben, damit wir die Entspannungstiefe auf dem Biofeedbackgerät beobachten konnten. Parallel dazu kamen einige Aspekte aus ihrem heutigen Leben zur Sprache, ihre Eifersucht auf den Vater sowie die Tatsache, daß sie sich immer wieder in verheiratete Männer verliebte, die sie nicht haben konnte.
Erst dann war sie so weit, sich auch mit ihrem Fokus zu beschäftigen. Ihre Bachblütenmischung hatte sich in der Zwischenzeit erheblich verändert. Nur die 10 (*Crab Apple*) war geblieben. Das Gefühl der Unreinheit schien also ein zentrales Problem zu sein. Zusätzlich kam noch die 29 hinzu (*Star of Bethlehem*). Diese Blüte steht für die Nachwirkungen von körperlichen, seelischen oder geistigen Schocks, die vor kurzem geschehen sein oder auch sehr weit zurückliegen können.
Die erste Fokusanalyse brachte natürlich zunächst erst einmal Reinhard wieder auf die Bühne, was uns aber auf der Suche nach den Ursachen nicht weiterbrachte, denn anschließend ergab sich, daß sie die gleichen Ängste schon als kleines Kind hatte, sobald nur ein fremder Mann an der Haustür klingelte.
Die nächste Sitzung brachte dann endlich den Durchbruch.
...

Gisela: Ich habe Angst, umgebracht zu werden. ... Da ist ein Tor. ... sehr alt, dunkel, so wie im Mittelalter.

\- Wo bist du?

Gisela: Gleich neben dem Tor ist ein tiefer dunkler Schacht, so ein Gemäuer. Ich habe Angst.

\- Wovor?

Gisela: Vor diesem Schacht. ... Aber da sind jetzt viele Menschen. Ein Marktplatz.

- Und wo bist du?

Gisela: Na auch auf dem Marktplatz. Da ist ein Scheiterhaufen. (schreit laut) Ich glaube, ich soll da raufgehen... Ich sehe das Feuer. Das Feuer. ...

Anschließend ließ sich Gisela zwar durch das Todeserlebnis hindurchführen und über das heutige Geburtserlebnis ins Hier und Jetzt. Aber sie konnte die Bindung an dieses schreckliche Erlebnis noch nicht lösen. Das Bild, wie sie auf die Flammen starrte, folgte ihr.
In der nächsten Sitzung untersuchten wir dann, was die Bindung verursachte, welche Erlebnisse damals zu dem Tod auf dem Scheiterhaufen geführt hatten.
Gisela landete wieder auf dem Marktplatz. Diesmal stand da jedoch noch kein Scheiterhaufen, sondern es waren nur viele Menschen da, die sie anstarrten. Sie betrat ein Wirtshaus und setzte sich dort an einen Tisch.

...

Gisela: Die starren mich alle an, als ob ich ein Ungeheuer wäre.

- Weißt du, warum sie dich so anstarren?

Gisela: Hm, nein. Also doch, ja. Ich bin anders gekleidet. Ich habe einen weit fließenden Rock an, schöner, als ihn die anderen haben.

- Und das ist der Grund?

Gisela: Nein, da ist noch ein Priester. Er weiß es... Na, alle wissen es.

- Was wissen alle?

Gisela: Ich liebe einen Mann, der verheiratet ist. Der Priester sagt, ich bin eine Hure, ich bin unrein, alle verachten mich. Aber ich bin im Recht. Ich bin schuldlos.

- Was geschieht weiter?

Gisela: Sie sammeln sich jetzt alle um mich. Hier, im Wirtshaus. Sie schreien: „Ehebrecherin".

- Und dann?

Gisela: Nein, nein. Sie schleppen mich nach draußen. Ich wehre mich, so gut ich kann, verteidige mich, aber es sind zu viele.

- Kannst du ihnen entfliehen? Versuche es.

Wir hatten schon gesagt, daß sich echte Reinkarnationserlebnisse im Gegensatz zu Phantasieszenen nicht durch „Regieanweisungen" des Therapeuten verändern lassen.

Gisela: Ich kann nicht. Sie halten mich fest und schleifen mich zum Scheiterhaufen. Oh mein Gott.

...

Während sie in ihren Gedanken das Feuer auf dem Scheiterhaufen sah, wurde ihr ganzes Gesicht puterrot. Man sah buchstäblich das Brennen in ihr. Diesmal gelang es ihr aber, nach dem Todeserlebnis die Szenerie loszulassen, sie sagte sogar, sie spüre dabei ein starkes Selbstvertrauen. Offenbar war dies dadurch ausgelöst worden, daß sie sich jetzt daran erinnert hatte, sich schuldlos gefühlt zu haben.
Langsam, aber sukzessive bildeten sich nach dieser Sitzung bei Gisela die allergischen Symptome zurück, und nach etwa zwei Monaten waren sie vollkommen verschwunden.
So waren sie, die alten Zeiten! Wer von uns könnte sich heute vorstellen, daß die Beziehung zwischen zwei verheirateten Menschen auf dem Scheiterhaufen enden könnte? Vergessen wir aber nicht, daß es auch heute noch Kulturen auf der Welt gibt, wo Frauen in vergleichbaren Situationen gesteinigt oder ihnen die Ohren abgeschnitten werden.

Erinnerung oder Phantasie?

Ein wichtiges Kennzeichen „echter" Reinkarnationserlebnisse in Hypnose ist es, daß sie ausgesprochen stereotyp verlaufen. Bei Phantasiereisen in Hypnose, etwa dem bekannten Katathymen Bilderleben, verändern sich die visualisierten Szenerien von Sitzung zu Sitzung erheblich. Diese zunehmende Veränderung ist wünschenswert und wird sogar als Gradmesser therapeutischer Fortschritte gesehen. Dagegen erleben Menschen die Reinkarnationsregressionen im allgemeinen von Sitzung zu Sitzung in mehr oder weniger gleichen Abläufen, unabhängig von den Fortschritten in der Therapie, so, als ob hier eine tatsächliche Erinnerung an ein früheres Geschehen stattfände.

Wie bereits mehrfach erwähnt, lassen sich Reinkarnationserlebnisse auch nicht durch Anweisungen des Therapeuten lenken, zumindest jedenfalls nur in sehr eingeschränktem Maß.

Beim Katathymen Bilderleben kann der Therapeut zum Beispiel bei der Überwindung schwieriger Situationen helfen, indem er dem Patienten in Trance Vorschläge macht, wie er weiter vorgehen könnte. Bei echten Reinkarnationserlebnissen funktioniert das nicht, man erhält sofort Protest. Ein Patient weiß auch in einem Trance-Zustand offenbar sehr genau, was seiner Phantasie entspringt und was einer möglicherweise objektiveren Realität entstammt. Es gibt nur zwei Möglichkeiten, ihn aus einem traumatischen Geschehen zu befreien. Wird ein Mensch zum Beispiel verprügelt oder ausgeraubt, kann man das Verfahren der *Dissoziierung* verwenden, d. h. man bittet ihn, die Szene von außen zu betrachten, so wie in einem Film. Dadurch kann er sich weiter mit der Szene beschäftigen, aber ohne Schmerzen zu empfinden. Den auf diese Weise abgespaltenen Persönlichkeitsanteil muß er allerdings anschließend wieder integrieren. Die zweite Möglichkeit ist es, den Menschen durch die Zeit aus dem Leben wieder herauszuführen, und zwar immer und unbedingt durch das damalige Todeserlebnis. Bei traumatischen Erlebnissen, die zum Tode führten, muß man sogar so vorgehen. Wichtig ist es auch, unmittelbar nach dem Todeserlebnis die entscheidende Frage zu stellen: „Bindet dich noch etwas an dieses Leben?“

Erst wenn absolut alles aufgeräumt ist, kann man die therapeutische Bearbeitung eines solchen Reinkarnationserlebnisses als beendet betrachten. Es ist selten, kommt aber vor, daß sich ein heute noch relevanter Themenbereich sogar durch mehrere frühere Leben hindurchzieht.

Ein weiteres Echtheitsmerkmal, durch das man Regressionserlebnisse von Phantasien unterscheiden kann, sind auffällige Persönlichkeitsveränderungen. Dies gilt nicht nur für Reinkarnationserlebnisse, son-

dern auch für Rückführungen in die Kindheit. Menschen nehmen ganz plötzlich eine veränderte Körperhaltung ein, sprechen mit piepsiger Kinderstimme, haben eine ganz andere Bewußtseinsstufe und gehen sogar in die Embryohaltung über, wenn man sie vor den Geburtsmoment zurückführt.
Noch drastischer können die Veränderungen beim Eintritt in Szenerien aus früheren Leben sein. Ein Mensch offenbart plötzlich vollkommen andere Charakterzüge oder spricht mit veränderter Stimme (Frauen können in einem solchen Moment durchaus eine Männerstimme bekommen). Es kann in manchen Fällen sogar vorkommen, daß jemand in der Lage ist, in einer fremden Sprache zu sprechen, selbst wenn er diese Sprache normalerweise überhaupt nicht beherrscht (sogenannte Xenoglossie). Manchmal gelingt es, die Sprache zu identifizieren. Dann ergibt sich meist, daß es sich um sinnvolle, grammatisch korrekt formulierte Sätze handelt, die zur erlebten Situation passen.

Menschen erleben zuweilen in der hypnotischen Regression ganze historische Filme, die einen starken Bezug zum Hier und Jetzt haben. Sie zeigen Muster auf, die sie im heutigen Leben im Denken und Handeln blockieren. Die Vielfalt dieser Erlebnisse zeigt ganz deutlich, daß unabhängig davon, ob man an Reinkarnation glaubt oder nicht, jeder Mensch einen Zugang hat zu Informationen, die für sein heutiges Leben von Bedeutung sind. Im positiven Sinn kann das ein Talent sein, eine Inspiration, eine Begabung, ein gutes Know-How. Im negativen Sinn sind es meist Ängste, Abneigungen, Hemmungen und sonstige Blockaden.
Wenn man also während einer solchen Therapie auf ein Endergebnis hinarbeitet, sollte am Ende auch die Aufmerksamkeit des Menschen wieder dem Hier und Jetzt zugewandt werden. Es reicht nicht, nur einen Teil von irgendwelchem Ballast loszuwerden. Auf dieser Stufe muß der Mensch, eventuell zusammen mit seinem Therapeuten, auch eine Vision seiner Zukunft entwerfen.
Das bedeutet auch, daß er sich mit lang- und kurzfristigen Plänen befassen muß, mit seinen Möglichkeiten, die er jetzt hat, nachdem vielleicht eine uralte Blockade verschwunden ist.
Reinkarnationserlebnisse berühren die Seele eines Menschen sehr tief. Man kann daher in solchen Fällen niemals vorsichtig genug sein, da man nie genau weiß, in welche Richtung sich ein Fall entwickeln

wird. Selbstverständlich muß der Therapeut dafür sorgen, daß die Hypnosesitzungen in einer Atmosphäre der Ruhe, Sicherheit und Geborgenheit stattfinden. Er muß die Stärken der Persönlichkeit eines Menschen nutzen und auf seine Schwächen Rücksicht nehmen.

Es ist absolut unvorstellbar, aber es gibt selbsternannte Therapeuten in Deutschland, die eine einzige Reinkarnationssitzung über sieben Stunden abhalten und dies noch als vorteilhaft anpreisen.

So vorzugehen heißt der menschlichen Seele Gewalt anzutun. Durch Überforderung und Überschwemmung wurde noch kein Problem gelöst. Ganz abgesehen davon, daß derartige Marathonveranstaltungen auch über die Kräfte eines Therapeuten gehen.

Es heißt oft, dies sei dennoch nötig, weil der Patient ansonsten mit einem unvollendeten Problem nach Hause gehen müßte und möglicherweise Ängste entwickeln könnte.

Dazu kann man nur sagen: Jeder erfahrene und gut ausgebildete Therapeut weiß, welche Techniken er anwenden muß, um diese Zwischenzeiten zwischen den Sitzungen zu überbrücken, ohne daß sein Patient Schaden leidet.

Wir wissen aus Erfahrung, daß z. B. bei der Meditation die Arbeit mit dem höheren Selbst für die spirituelle Entwicklung eines Menschen sehr wichtig sein kann. Eine Reinkarnationstherapie dem höheren Selbst zu überlassen, wie es manche Therapeuten tun, kann man aber nur als Geistesverwirrung betrachten.

Viele Standardmotive, die auch im Katathymen Bilderleben benutzt werden, eignen sich für den Anfang einer Therapie oder auch zur Bearbeitung von Problemen aus dem heutigen Leben. Sie haben aber in Reinkarnationserlebnissen nichts zu suchen, weil sie den Menschen zum Phantasieren verführen. Das ist in solchen Fällen wirklich gefährlich.

Einer der schlimmsten Fehler, die manche „Reinkarnationstherapeuten" begehen, ist es, nach der Überarbeitung eines Problems aus einem früheren Leben von dem Patienten zu verlangen, einen Kelch mit goldener Flüssigkeit auszutrinken oder alles, was geschah, in goldenes Licht einzuhüllen. Das ist eine offene Aufforderung zur Verdrängung, ohne daß das Problem wirklich gelöst wäre. Die Arbeit mit Licht ist in der Hypnosetherapie auch sehr wichtig, darf aber niemals vor der vollständigen Lösung eines Problems angefangen werden.

Wozu solche Lichtwolken führen können, möchten wir Ihnen an einem weiteren authentischen Fall zeigen.

Ein Augenzeuge aus Pompeji

Walter kam in unsere Praxis mit einer ganzen Liste psychosomatischer Beschwerden. Insgesamt fühlte er sich energielos, dünnhäutig und verletzlich, vom Beruf überlastet. Von körperlicher Seite hatte er es vor allem mit Verdauungsbeschwerden und Allergien zu tun. Einen Leitsatz für eine Fokusanalyse konnte er anfangs nicht formulieren.

Die Hypnosetherapie begann mit einer einfachen Entspannungssitzung und leitete dann über zum Katathymen Bilderleben. Das erste Standardmotiv, die Wiese, war mehr als nur aus dem Bilderbuch. Jede Pflanze war eine wundervolle Blume, kein Unkraut, kein trockener Zweig weit und breit, dazu strahlend blauer Himmel mit ungehemmtem Sonnenschein. Selbst ein vollkommen gesunder Mensch würde eine so kitschige Wiese nicht einstellen. Sofort zeigte sich ein Verdacht, daß der Mann offenbar etwas massiv zu verdrängen versuchte.

In einer zweiten Sitzung war die Wiese schon etwas vernebelt, und hinter dem Nebel war nur strahlend goldenes Licht zu sehen. Dieses Licht sollte uns noch einige Monate begleiten.

Erst nach einigen Wochen kamen erste Eindrücke bei Walter hoch, die schon auf die Lösung hinwiesen, was damals aber noch nicht abzusehen war. Im Verlauf der Therapie entdeckte er, daß er Angst vor Enge hatte. Der erste Leitsatz, mit dem man arbeiten konnte. Daraufhin fand er sich in einem engen Raum wieder. Alles um ihn herum war schwarz, ein unangenehmes Gefühl der Enge umfing ihn, es war drückend und stickig heiß, und überall inmitten der Schwärze schimmerte ein rotes Leuchten hindurch, das er ebenfalls als unangenehm empfand. Sobald er aufgefordert wurde, in der Zeit weiterzugehen, brach die Szenerie zusammen, und das bereits wohlbekannte goldene Licht erschien.

Nach der Hypnose darauf angesprochen, erzählte Walter etwas, was dieses seltsame Phänomen leider ein bißchen zu spät, aber doch erklärte. Er hatte vor einiger Zeit ein esoterisch ausgerichtetes Institut konsultiert, wo man ebenfalls versucht hatte, ihm zu helfen. Der dortige Therapeut war aber im Verlauf der Arbeit zu dem Schluß gekommen, in Walter stecke die Erinnerung an etwas „ganz Schlimmes", das so schlimm sei, daß er wohl nicht ertragen würde, sich diese Erinnerungen bewußt zu machen. Daher empfahl der Therapeut ihm, das Ganze mit goldenem Licht einzuhüllen, damit es ihn nicht mehr beängstigen würde.

Die ganze sogenannte Therapie war etwa genau so wirksam, als würde man einem Kochtopf mit kochendem Wasser einen Deckel überstülpen in der Hoffnung, man würde dann den Dampf nicht mehr sehen. Unter dem Deckel aus goldenem Licht brodelte es im Unbewußten von Walter natürlich weiter, nur konnte er seine Ängste nicht mehr benennen. Sie brachen sich statt dessen über körperliche Beschwerden Bahn.
Es erforderte Monate mühevoller Arbeit, dieses ganze goldene Licht bei Walter wegzuräumen. Während dieser Zeit hatte er keine Erlebnisse in der Hypnose, die ihn wirklich voranbrachten. Stets waren es leicht lenkbare Phantasieszenen, die man kaum mit „früheren Leben" verwechseln konnte.
Irgendwann dann war der Vorrat an goldenem Licht endlich aufgebraucht, und Walter konnte sich seiner Angst vor der Enge stellen.
...

Walter: Ich sehe einen Straßenzug mit Häusern. Aber das Licht ist unheimlich. Die ganze Straße ist in so ein rötliches Licht getaucht. Bäume sind da, aber sie biegen sich, nicht wie von einem normalen Wind, da geht etwas Unheimliches vor sich.

- Schaue dich weiter um, was da zu sehen ist.

Walter: Auch der Himmel hat so eine merkwürdige Farbe, so fahles Gelb, wird dann auch rot. Es ist eine unheimliche Szene. Ich sehe im Moment gar keine Menschen ... ah, jetzt bin ich wie in einem Haus, einem Tunnel oder so. Alles ist dunkel. Man sieht aber von draußen noch dieses rötliche Licht. Es ist ein Inferno.

- Was für ein Inferno?

Walter: Jetzt bricht Wasser ins Haus ein, aber das rote Licht schiebt sich langsam dazwischen, dann ist das Wasser weg.

- Und was siehst du da noch?

Walter: Ich habe jetzt das Gefühl, unter der Erde zu sein, verschüttet, da sind auch noch andere Menschen. Sie können nicht raus. Mein Gott, wie heiß und stickig es hier ist.

- Was machen diese anderen Menschen?

Walter: Ich sehe ein Mädchen, es versucht noch zu fliehen, schafft es aber nicht mehr.

- Warum schafft es das nicht mehr? Was ist passiert?

Walter: Das rote Licht dringt jetzt auch von oben ein, da sind Rauchschwaden, Feuer, es ist alles so schrecklich (er weinte, auch seine Magenschmerzen kamen wieder).

Er mußte jetzt an dieser Stelle weiter in der Zeit und durch den Tod hindurch geführt werden. Walter erlebte, wie er aus dem Körper austrat und hoch über der infernalischen Szenerie schwebte. Jetzt, da er einen besseren Überblick hatte, erkannte er sofort, was er gesehen hatte – der ganze Ort war bei einem Vulkanausbruch verschüttet worden, und spontan formulierte er das eine entscheidende Wort: „Pompeji!"

Nach dieser Sitzung ging es Walter in jeder Hinsicht wesentlich besser. Es genügte, ihm zum Ausklingen der Therapie eine sogenannte Ablationshypnose mitzugeben. Das ist eine letzte Hypnosesitzung, die auf Cassette aufgezeichnet wurde. Darin wurden nur noch aufbauende Entspannungsübungen gemacht und Suggestionen eingestreut, die die erreichten positiven Veränderungen tiefer im Unbewußten verankern sollten. Diese Übung sollte er noch eine Zeitlang zu Hause mit Hilfe der Cassette allein durchführen. Eine Fortsetzung der Therapie war nicht notwendig.

Walter war von Beruf Lehrer (kein Geschichtslehrer), erzählte aber später, daß ihn die Geschichte Pompejis schon immer außergewöhnlich fasziniert hatte. Er hatte die Ruinen der Stadt sogar schon einmal besucht.

Du bist so jung wie deine Zuversicht,
so alt wie deine Zweifel,
so jung wie dein Selbstvertrauen,
so alt wie deine Furcht,
so jung wie deine Hoffnung,
so alt wie deine Vergangenheit.

Albert Schweitzer

Energy in Motion

Bill und Hillary Clinton gingen spazieren. Selbst wenn man im Weißen Haus wohnt, braucht man ab und zu etwas Bewegung. Am besten abends, und natürlich von Bodyguards diskret begleitet.
An einer Straßenecke sahen sie plötzlich einen Penner in abgewetzter Kleidung, der einen Einkaufswagen mit seinen Habseligkeiten vor sich her schob. Hillary erkannte den Mann sofort. Sie war mit ihm auf der Schule in die gleiche Klasse gegangen.
Bill lächelte über ihre Jugenderinnerungen, aber dann fragte er sie plötzlich ganz ernsthaft: *„Was glaubst du, wo du heute wärest, wenn du diesen Menschen und nicht mich geheiratet hättest?"*
Und Hillary antwortete: *„Natürlich im Weißen Haus, mit ihm, my darling."*

Abb. 17: Hillary und Bill Clinton im Weißen Haus

Hillary Clinton und der Teebeutel

Hillary Clinton gilt als eine starke Frau, so sehr, daß sie schon als mögliche Präsidentin der USA gehandelt wird. Es steht außer Frage, daß dabei Intelligenz, eine gute Ausbildung und politische Erfahrung eine wichtige Rolle spielen. Doch der entscheidende Punkt ist es, daß sie offenbar gut mit ihren Emotionen umgehen kann.
Sechs erfolgreiche Jahre lang hatten die Clintons ihre Rollen im Weißen Haus überzeugend und professionell gespielt. Dann, am 21. Januar 1998, flog die Affäre Bill Clintons mit Monica Lewinsky auf. Indiskretionen aus dem Weißen Haus kolportierten Meldungen an die Öffentlichkeit, daß Hillarys Reaktion hinter verschlossenen Türen sehr heftig gewesen sein soll.
Sie selbst schreibt darüber: *„Ich bekam keine Luft, ich rang um Atem, begann zu weinen und schrie ihn an: ‚Was soll das heißen?! Warum*

hast du mich belogen?' Ich wurde jeden Augenblick zorniger. ... Ich hatte mir nicht vorstellen können, daß er unsere Ehe und unsere Familie aufs Spiel setzen würde. Nun war ich wie vom Donner gerührt. Ich war wütend und verzweifelt, weil ich ihm geglaubt hatte."

Während der ganzen Zeit, als die Lewinsky-Affäre die Schlagzeilen der Weltpresse beherrschte und sich Bill Clinton in immer mehr Widersprüche und Lügen verstrickte, stand Hillary zu ihren Emotionen. Sie gab nie auf, sowohl um ihre Ehe als auch um ihre Machtstellung zu kämpfen. *„Als Ehefrau wollte ich Bill den Hals umdrehen. Doch er war nicht nur mein Ehemann, sondern auch mein Präsident, und er führte Amerika in einer Art, die ich nach wie vor befürwortete."*

Die Wunden heilten nicht schnell. Ein Jahr lang unterzogen sich die Clintons einer Ehetherapie. Inzwischen zitiert Hillary Clinton oft einen Spruch von Eleanor Roosevelt: *„Frauen sind wie Teebeutel. Du weißt nicht, wie stark sie sind – bis du sie in heißes Wasser tauchst."*

Am 8. November 2000 eroberte Hillary Clinton ein eigenständiges politisches Mandat als Senatorin des Staates New York.

Im Privatleben führt sie mit Bill inzwischen eine Ehe, in der sich die Senatorin und der attraktive Frühpensionär selten sehen, aber ständig in Kontakt bleiben. Sie reden viel miteinander, bezeugen sich gegenseitig Respekt, und man vermutet, daß sie sich sogar auf eine bestimmte Weise auch noch lieben.

Warum erzählen wir Ihnen diese Geschichte?

Weil sie bei uns allen starke Emotionen geweckt hat. Sie ist auch für Hillary und Bill sehr stark emotional gewesen.

Der Psychologe Prof. Gary Schwartz von der Universität Arizona weist darauf hin, daß das Wort Emotion eine Kurzform ist für „Energy in motion", also „Energie in Bewegung". Es dürfte kaum eine Kraft auf der Welt geben, die so viel in Bewegung setzen kann wie menschliche Emotionen. Meist gilt dies – leider – in negativer Hinsicht, und deshalb gibt es auch kaum etwas, was der spirituellen Entwicklung von Menschen hinderlicher sein könnte.

Natürlich sind es nicht die Emotionen selbst, die uns hindern, sondern unser Umgang mit ihnen. Hillary Clinton war in der Lage, mit ihren Emotionen sehr konzentriert und konstruktiv umzugehen.

Nicht jeder kann das. Wo liegt das Geheimnis?

Energie in Bewegung

Wie gehen Menschen eigentlich mit ihren Emotionen um? Verbreitet sind im wesentlichen zwei Muster. Das eine ist, die Emotion ungehindert auszuleben. Etwas ärgert uns, und wir bekommen einen Wutanfall. Wir fühlen uns verletzt und geben uns beleidigt. Wir begeistern uns und vollbringen dadurch bedeutende Leistungen. Wir verlieben uns und geben uns voll und ganz der Tiefe unserer Gefühle hin.

Wir sehen schon, daß dieses Muster nicht von vornherein als „schlecht" zu bezeichnen ist. Positive Gefühle können uns Flügel verleihen. Sie können uns Kraft geben und zu Leistungen anspornen, die wir nie für möglich gehalten hätten. Sie können allerdings auch unseren Blick vernebeln, uns Nachteile übersehen lassen, die wir in unserer Euphorie nicht zur Kenntnis zu nehmen bereit sind.

Das zweite Muster ist in der Regel wesentlich problematischer, wird aber auch von sehr vielen Menschen beherrscht und angewendet. Es besteht darin, seine Gefühle einfach zu unterdrücken und schließlich zu verdrängen. Diese Verdrängung ist ein Ausdruck unserer gesellschaftlichen Normen und wird uns schon in der Kindheit beigebracht. „Nimm dich doch zusammen!" – eine Ermahnung, die wohl jeder von uns schon hundert Mal gehört hat. Man zeigt eben vor anderen Leuten nicht offen seine Gefühle.

Warum scheuen wir uns so sehr, in der Öffentlichkeit Gefühle jeder Form zu zeigen? Der Grund ist, daß Emotionen eine ganze Reihe körperlicher Vorgänge auslösen, die auf unser weiteres Handeln entscheidenden Einfluß haben. Hormone werden ausgeschüttet – bei negativen Emotionen vor allem das Streßhormon Adrenalin. Dieses Hormon sorgt dafür, unseren Körper auf äußere Abwehr, kurz gesagt auf Flucht oder Kampf, vorzubereiten, so wie es für unsere Steinzeitvorfahren im Moment der Gefahr überlebensnotwendig war. Der Blutdruck steigt an, alle Kraftreserven werden mobilisiert, unsere Muskeln spannen sich an. Die Großhirnrinde wird weitgehend lahmgelegt, denn um zwischen Kampf oder Flucht zu entscheiden, muß man blitzschnell und reflexartig reagieren können, anstatt erst lange nachzudenken. Vergessen wir nicht, daß wir erst seit wenigen Jahrtausenden in einer mehr oder weniger zivilisierten Gesellschaft zusammenleben. Die Evolution des Körpers braucht viel längere Zeit,

und so ist es klar, daß wir mit all unserem Wissen des 21. Jahrhunderts noch heute einen Steinzeitkörper bewohnen.
Wenn aber das rationale Denken weitgehend ausgeschaltet ist, dann erklärt dies, wieso Menschen, wenn sie so richtig in Wut geraten, so oft alle Zivilisiertheit vergessen und sich eher wie ein Steinzeitmensch benehmen. Ein Paradebeispiel lieferte der französische Fußballstar Zinedine Zidane bei seinem berühmten „Ausraster" im Endspiel der Fußball-Weltmeisterschaft 2006.
Uralte Instinkte brechen hervor, man ringt vor Entrüstung nach Worten und bringt doch nur unverständliche Urlaute hervor, man schlägt um sich, ist „blind vor Wut". Alles nur Resultat eines Mißverständnisses, denn der Körper kann ja nicht wissen, daß unsere Aggressionsgefühle heute kaum noch Ausdruck echter Lebensgefahr durch Feinde oder wilde Tiere sind und daß deshalb Flucht oder Kampf keine geeigneten Auswege mehr darstellen.
Es ist also klar, daß unsere Gesellschaft nur in gesitteter Form existieren kann, wenn wir unsere Emotionen einigermaßen unter Kontrolle halten. Doch hier begann irgendwann in der Vergangenheit ein folgenschweres Mißverständnis, das bis heute bei den meisten Menschen nicht überwunden ist: man verwechselt Kontrollieren mit Verdrängen. Die Folgen sind schwerwiegend. Der Mensch spürt Aggression, und sein Körper reagiert darauf. Energie wird mobilisiert, doch er kann sie nicht auf vernünftige Weise abführen. Sie staut sich im Körper an, und wenn er nicht am Ende doch noch explodiert, richtet sie sich schließlich gegen ihn selbst.
Dies ist die typische Folge unserer menschlichen Mentalität, erst dann aktiv zu werden, wenn das Kind längst in den Brunnen gefallen ist. Das Wutgefühl ist da, wir dürfen es nicht herauslassen, also schlucken wir es hinunter. Damit ist es natürlich genauso „weg" wie die Ladung Giftmüll, die wir in der Nordsee verklappen. Aus den Augen, aus dem Sinn, so wie beim Vogel Strauß.
Dabei haben wir nur am falschen Hebel angesetzt. Wir haben die falschen Fragen gestellt. Die Frage: „Meine Emotion ist da, wohin jetzt mit ihr?" ist falsch. Es ist schon wieder ein Herumdoktern an Symptomen und noch dazu ein gewaltiger Selbstbetrug, die Vorstellung nämlich, die Emotion sei etwas, was man loswerden könne, so wie eine Tüte Müll, so als hätte sie nicht im tiefsten Innern etwas mit uns selbst zu tun.

Warum fragen wir nicht viel lieber: „Wie kommt es, daß ich diese Emotion habe?“, „Woher kommt mein Ärger?“, „Wer oder was läßt solche Gefühle in mir entstehen?“
Sie werden auf diese Frage meist eine schnelle Antwort zur Hand haben: „Mein Kollege hat mich geärgert, weil er wieder so dämlich gegrinst hat.“ Oder: „Ich habe mich darüber geärgert, daß mir schon wieder Kaffee auf das Tischtuch gekleckert ist.“
Merken Sie, daß Gott und die Welt für die Emotionen eines Menschen verantwortlich sein können, nur niemals er selbst?
Nahezu alle Emotionen in unserem Leben werden durch äußere Anker ausgelöst, durch Reizworte, Gesten, unerwartete Geschehnisse. Natürlich verursachen diese äußeren Anker nicht Ihre Emotionen im Sinne von Ursache und Wirkung. Die äußeren Auslöser sind es vielmehr, die in uns bestimmte Bewußtseinszustände aktivieren, die mit der Emotion verbunden sind. Man sollte in diesem Fall vielleicht sogar lieber von „Unbewußtheitszuständen“ sprechen. ☺
Der emotionale Bereich in unserem Leben ist also ein weites Feld, in dem wir die Kontrolle über unser Befinden voll der Außenwelt überlassen. Uns bleibt es nur, darauf zu reagieren, so wie ein Roboter – fliehen oder kämpfen, aus der Haut fahren oder hinunterschlucken.
Und doch – spricht man Menschen darauf an, daß es dringend nötig ist, seine Emotionen unter Kontrolle zu bekommen, so hagelt es in der Regel wütende Proteste. Es heißt dann, wir könnten doch nicht alle zu seelenlosen Robotern werden. Als wenn nicht gerade das Gegenteil der Fall wäre.
Gefühle und Emotionen sind in unserem Leben etwas Wichtiges und oft auch sehr Schönes. Warum aber sollen immer nur die anderen darüber bestimmen, welche Gefühle wir haben sollen? Warum soll nicht jeder Mensch selbst entscheiden dürfen, wie er sich hier und jetzt fühlt? Ist es nicht viel eher die Abhängigkeit unseres Gefühlslebens von äußeren Ankern, die uns zu Reiz-Reaktionsmaschinen macht?
Warum ist das eigentlich so? Der Grund ist natürlich, daß unsere Gefühlswelt eben in der Regel nicht unserer bewußten Kontrolle unterliegt, sondern voll vom Unbewußten, umgangssprachlich ausgedrückt: vom „Bauch“, gesteuert wird.
Was können wir also tun, wenn wir aus dem Dilemma „explodieren oder verdrängen“ ausbrechen wollen? Wichtig ist dafür, vor allem

mehr über den Mechanismus der Entstehung der Gefühle zu lernen. Eine der wichtigsten Voraussetzungen ist es natürlich, den äußeren Auswirkungen, den Ankern also, etwas die Spitze zu nehmen.
Wenn wir akzeptieren müssen, daß wir etwas nicht voll unter bewußte Kontrolle bringen können, so müssen wir zumindest lernen, uns mit diesem Zustand im Hier und Jetzt zu arrangieren, anstatt ihn auch noch zu bekämpfen. So kommt jetzt ein weiteres oft mißverstandenes Wort ins Spiel, nämlich das *Loslassen.*
Der Begriff des *Loslassens* ist eine unpräzise Formulierung, und meistens verwechselt man ihn mit dem Begriff des Verzichtens oder Aufgebens. *Eigentlich bedeutet aber Loslassen nur, eine Sache nicht dem Egobewußtsein zu überlassen*, wer immer es auch sonst tun soll.

Was uns Menschen menschlich macht

Vor allem sind es die Emotionen und unser Umgang mit ihnen. Zwei Faktoren spielen bei der Entstehung von Emotionen eine entscheidende Rolle: Der Mangel an Präzision oder an Kongruenz. Die äußeren Auslöser, die Anker, sind nur für den Wechsel von Bewußtseinszuständen verantwortlich. Welche Gefühle mit diesen Bewußtseinszuständen verbunden sind, damit haben sie im Grunde nichts zu tun.
Beginnen wir mit der *Kongruenz.* Dies ist ein Begriff, der ursprünglich aus der Geometrie stammt und so viel wie *Deckungsgleichheit* bedeutet. Zwei Dreiecke zum Beispiel heißen kongruent, wenn man sie durch Übereinanderschieben vollständig zur Deckung bringen kann.
Was bedeutet es nun, daß ein Mensch kongruent ist? Im Grunde genau das selbe, nämlich, daß auch er in allen seinen Schichten Deckungsgleichheit, d. h. Übereinstimmung aufweisen kann. Dazu gehört vor allem, daß er in diesem Moment sein inneres Wesen voll nach außen auslebt, daß also sein Denken und Handeln übereinstimmen. Hierzu gehören alle Zwischenebenen der Körpersprache, der Mimik usw. Ein Mensch, der „Ja“ sagt und dabei mit dem Kopf schüttelt, ist inkongruent. Sein verbales Versteckspiel wird ihm nicht viel nützen, denn die Umwelt wird aus seinen unsichtbaren Botschaften ihre Schlüsse ziehen. Wie sagt man doch so schön: „Man merkt die Absicht und ist verstimmt.“
Es geht hier nicht darum, Lügner zu entlarven. Auch Menschen, die äußerlich Dinge tun, die ihnen total gegen den Strich gehen, sind hochgradig inkongruent. Dieses Ungleichgewicht zwischen Innen

und Außen verursacht natürlich innere Abwehrgefühle und damit Emotionen.
Wie geht man also vor, wenn man eine Inkongruenz bei sich festgestellt hat? Die einfachste Möglichkeit ist es, Kongruenz herzustellen. Entweder man paßt sein Denken dem Handeln an, oder man unterbricht seine Handlung und tut etwas, was dem inneren Denken entspricht.
Ein Beispiel: Ein Mensch sitzt im Büro über einer langweiligen Arbeit und denkt dabei daran, wie schön es wäre, jetzt im Garten zu sitzen. Je mehr Anspruch und Wirklichkeit auseinanderklaffen, desto nervöser wird er werden. Die aufkommende Emotion macht ihn darauf aufmerksam, daß er inkongruent ist. Er kann nun entweder die Gedanken an den Garten vertreiben und sich voll auf seine Arbeit konzentrieren, oder er macht Feierabend und geht in den Garten. Beides würde Kongruenz augenblicklich herstellen und damit die negative Emotion vertreiben, ohne daß etwas verdrängt werden müßte.
Wir sehen schon, daß sich das Problem der Inkongruenz nicht in jedem Fall so einfach lösen läßt. In der Regel hat man nicht die Freiheit, Hals über Kopf seine momentane Arbeit abzubrechen und statt dessen seine Träume zu verwirklichen. Und nicht jede Arbeit kann man sich durch Konzentration so einfach versüßen. Dennoch lohnt es sich stets, zuerst darüber nachzudenken, ob sich nicht eine so einfache Lösung anbieten könnte.
Es gibt noch eine dritte Möglichkeit, augenblicklich Kongruenz herzustellen, und zwar durch die Methode der *gezielten Musterunterbrechung*. Man unterbricht beides – sein Denken und sein Handeln – und tut statt dessen etwas, was man kongruent zu tun in der Lage ist. Der gestreßte Büromensch könnte etwa aufstehen und sich eine Tasse Kaffee machen. Wenn er gern Kaffee trinkt, so kann er diese Handlung sicher im Einklang mit seinem Innern ausführen. So erreicht er, daß die Emotion zumindest für den Moment abflaut. Die Reiz-Reaktionskette ist unterbrochen, und die Chancen stehen zumindest nicht schlecht, daß er hinterher einen Weg findet, sich auch bei der Arbeit besser zu fühlen.
Musterunterbrechungen eignen sich vorzüglich, um sinnlosen Streitigkeiten die Spitze zu nehmen. Oft geht es ja – gerade bei Ehepartnern, die schon lange zusammenleben – überhaupt nicht mehr um eine konstruktive Auseinandersetzung, sondern eher um eine ritualisierte Prinzipienreiterei, bei der ein Wort das andere gibt. Wenn Sie

eine solche Situation erkennen und plötzlich etwas total Unerwartetes tun, z. B. einen Scherz machen, über den Sie beide herzlich lachen können, so ist für den Moment Kongruenz hergestellt. Bei beiden Streithähnen wird der Zorn augenblicklich verrauchen, und wenn guter Wille vorhanden ist, wird in den meisten Fällen der Streit hinterher nicht wieder aufflammen.

Wenn es einem Menschen nicht gelingt, Kongruenz und damit Abbau von Emotionen mit Hilfe dieser drei Möglichkeiten herzustellen, so führt er meist Sachzwänge ins Feld: „Ich kann doch nicht...“, „Man darf nicht...“, „Es geht nicht...“. Das führt uns zum zweiten Auslöser von Emotionen, und das ist die mangelnde *Präzision.*

Wir wissen, daß jeder Mensch niemals alle Aspekte einer Situation voll überschauen kann. Aus der Flut aller Außenreize filtert er sich ein Bild der Welt heraus, das im wesentlichen von seinen Erfahrungen, Vorurteilen, Ängsten und Sehnsüchten bestimmt ist. Jeder Mensch hat so ein verzerrtes und verengtes – eben ein unpräzises Weltbild.

Emotionen entstehen oft ganz einfach dadurch, daß man irgendeinen möglichen Aspekt ganz einfach übersieht oder auch bewußt nicht wahrhaben will. Betrachten wir hierzu folgendes Beispiel. Mrs. Banks und Mrs. Dunstan treffen sich auf einer Cocktailparty und begrüßen sich. Mrs. Banks lächelt dabei etwas gekünstelt und sagt: „Ach, wie nett, Mrs. Dunstan, Sie hier zu treffen. Was für ein hübsches Kleid Sie anhaben!“

In Wirklichkeit verspannt sie sich innerlich und denkt: „Muß mir ausgerechnet diese dumme Gans hier begegnen! Ihr Kleid ist absolut unmöglich. Wie kann sie nur in ihrem Alter so etwas tragen.“

Wenn Mrs. Banks hier Kongruenz herstellen wollte, so müßte sie entweder Mrs. Dunstan ihre Gedanken unverblümt ins Gesicht sagen, was sicher nicht empfehlenswert wäre, oder sie müßte ihr inneres Gefühl ihrer Aussage anpassen. Auch dies dürfte ihr nicht ohne weiteres gelingen. Die Musterunterbrechung wäre, die Begegnung zu vermeiden und statt dessen Mr. Adams zu begrüßen. Doch dies würde das Problem nur hinauszögern, ohne es zu lösen.

In Wirklichkeit liegt die Inkongruenz von Mrs. Banks in der mangelnden Präzision ihres Weltbildes begründet. Daß sie Mrs. Dunstan nicht leiden kann, ist ein Ausdruck ihrer ganz subjektiven Einschätzung. Bestimmt hat Mrs. Dunstan, so wie jeder andere Mensch auch, eine große Anzahl positiver Eigenschaften, die Mrs. Banks nur nicht zur Kenntnis zu nehmen bereit ist. Und das Kleid muß Mrs. Dunstan schließlich schön gefunden haben, sonst hätte sie es nicht angezogen. Über Geschmack läßt sich bekanntlich nicht streiten.

Wäre Mrs. Banks also bereit und in der Lage, ihr Weltbild dahingehend zu präzisieren, daß sie den Standpunkt von Mrs. Dunstan zur Kenntnis nimmt und akzeptiert, so könnte sie dann auch kongruent mit ihr reden.

Stellt man also fest, daß Kongruenz in einer Situation nicht herstellbar ist, so muß man von einem Präzisionsmangel in der persönlichen Wertung des Ereignisses ausgehen. Mrs. Banks müßte sich zum Beispiel fragen: „Was genau stört mich eigentlich an dieser Frau? Warum stört es mich? Welche positiven Eigenschaften könnte diese Frau haben, die ich bisher übersehen habe?“ Der gestreßte Büromensch hingegen sollte sich fragen: „Was genau macht diese Arbeit für mich so langweilig? Hat sie nicht vielleicht doch einen positiven Aspekt?“. Eine andere Möglichkeit wäre: „Was hindert mich daran, jetzt Feierabend zu machen und in den Garten zu gehen?“ oder – vielleicht noch besser – „Was hindert mich daran, mir eine interessantere Arbeit zu suchen?“

Nicht jede dieser Fragen kann man augenblicklich und erschöpfend beantworten, aber sie können bedeutsame Hinweise auf eine notwendige Umorientierung im Leben sein. Setzt man sie langfristig in die Tat um, so kann dies insgesamt für einen bedeutenden Zuwachs an Lebensqualität sorgen.

Wenn man uns also in der Kindheit beigebracht hat, daß wir unsere Gefühle „beherrschen“ sollen, so hat dies nichts mit Verdrängung zu tun. Wer Autofahren lernt und es schließlich beherrscht, der verdrängt nicht, daß er ein Auto fahren kann. Das dürfte klar sein. Statt dessen bedeutet es, daß man mit dem Auto umgehen kann. Genau so ist ein Mensch, der seine Gefühle beherrscht, kein Verdränger, sondern jemand, der gelernt hat, mit seinen Gefühlen umzugehen.

Man kann sich darauf trainieren, bei jeder aufkommenden Emotion aufmerksam zu werden und die Emotion selbst zum Gegenstand der Betrachtung zu machen.

Fragen Sie sich dann als erstes, was für eine Art von Emotion es ist. Freuen Sie sich, oder fühlen Sie Ärger, oder sind Sie nervös? Und was noch wichtiger ist: Fragen Sie sich ernsthaft: „Will ich dieses

Gefühl jetzt haben?“ Gefühle sind nicht verboten, sondern Sie sollen selbst bestimmen können, wie Sie sich fühlen. Wenn es Ihnen gefällt, warum sollen Sie sich nicht auch ärgern dürfen?
Wenn Sie aber das Gefühl loswerden wollen, dann fragen Sie sich weiter, ob Sie kongruent sind, oder ob das Gefühl daraus entstanden ist, daß Innen und Außen bei Ihnen auseinanderklaffen. Meistens wird dies der Fall sein. Versuchen Sie also, durch eine der drei einfachen Methoden Kongruenz herzustellen. Um Ihre Arbeit zu erleichtern, hier noch einmal eine kurze Checkliste:

- Passen Sie Ihr Denken dem Handeln an (indem Sie sich z. B. innerlich bestätigen: „Ich sitze jetzt am Schreibtisch und arbeite.“) oder
- Passen Sie Ihr Handeln dem Denken an (indem Sie Ihre Tätigkeit unterbrechen und das tun, woran Sie gerade gedacht haben).

Ist beides nicht möglich, so versuchen Sie die Musterunterbrechung:

- Unterbrechen Sie Ihre Handlung und tun Sie statt dessen etwas anderes, was Ihnen im Moment möglich ist und was Sie kongruent tun können, ohne Ihr Inneres zu vergewaltigen. Es kann etwas vollkommen Banales sein.

Erst wenn Sie mit allen drei Methoden keinen Erfolg haben, versuchen Sie, Präzisionsmängeln in Ihrer Wertung der momentanen Situation auf die Spur zu kommen. Dieser Weg ist erheblich schwieriger und sehr oft ohne die tätige Mithilfe eines anderen Menschen, mit dem Sie über Ihr Problem sprechen können, nicht so einfach zu bewältigen. Suchen Sie dann also das Gespräch mit einem Freund, der Ihnen vielleicht einen wertvollen Hinweis geben kann, um Ihre Situation in neuem Licht zu sehen.

„Alles schon mal dagewesen“

Tja – was sind wir doch klug! Wir kennen jetzt alle diese Zusammenhänge, und doch ist es nicht schwer vorherzusagen, daß alle alten Muster wieder hervorbrechen werden, sobald uns die Schwiegermutter, der Chef oder der muffelige Nachbar begegnet...
Was die Sache noch interessanter macht – wir machen das so seit Jahrtausenden. In diesem Sinne sind wir alle die geborenen Wiederholer.

Es mag überraschend klingen, aber ohne Emotionen könnte es vielleicht Reinkarnation geben, nur wir wüßten vermutlich nichts davon. Die Tatsache, daß Menschen sich früherer Leben überhaupt bewußt werden, ist in der Regel dadurch bedingt, daß sie hier und heute mit Emotionen konfrontiert werden, deren Ursachen sie nicht kennen. Es ist Inkongruenz oder ein Präzisionsmangel da, aber man kann im Moment nichts dagegen tun, weil man nicht alle Fakten kennt. Ein nicht gerade angenehmer Zustand. Die in diesem Buch beschriebenen Methoden – hypnotische Regression, Halding-Analysen etc. – dienen im Grunde hauptsächlich dem Zweck, diesen Mangel an verfügbarer Information zu beseitigen und dem Menschen dadurch die Mittel an die Hand zu geben, auch mit Emotionen fertigzuwerden, deren Ursachen nicht in seinem heutigen Leben liegen.
An dieser Stelle ist es notwendig, auch den Begriff des Karmas zu präzisieren. Das Verständnis des Karmabegriffs hat sich in der heutigen Zeit grundlegend gewandelt. Dachte man früher noch, es ginge darum, etwas „gut zu machen", was man in der Vergangenheit „schuldhaft" getan hatte, so kann man heute das Karma relativ wertfrei auffassen.
Wie bereits mehrfach erwähnt, geht man heute nicht mehr davon aus, daß sich eine Persönlichkeit in identischer Form „reinkarniert". Es ist lediglich so, daß sich die Psyche eines Menschen aus Anteilen zusammensetzt, die auch früheren Menschen zu eigen war. Damit ist jeglicher „Wiedergutmachungsgedanke" natürlich absurd. Warum soll ich etwas gut machen, was jemand anderes verbockt hat? Es geht lediglich darum, daß sich Verhaltensmuster aus den Leben früherer Menschen nach Art einer Zeitschleife reaktivieren, weil der früher lebende Mensch es nicht geschafft hatte, mit dem entsprechenden Problem irgendwie fertigzuwerden.
Wenn sich ein Mensch der Tatsache bewußt wird, daß er hier lediglich den unaufgeräumten Ballast eines früheren Menschen erneut auslebt, kann das schon ein erster Schritt sein in Richtung einer Distanzierung, die letztendlich zur Auflösung des Musters führen kann. Solange dagegen diese Zusammenhänge vollkommen unbewußt sind, wird er daraus nichts lernen, d. h. die Zeitschleife wird meistens in stereotyper Weise wiederholt. Dabei treten zwei Grundtypen auf:

1. Der Wiederholer
2. Der Vermeider

Auf welche dieser beiden Weisen ein Mensch mit einer „ererbten“ karmischen Zeitschleife umgeht, hängt von seinen sonstigen charakterlichen Eigenschaften ab. Der Wiederholer macht so weiter wie immer. Im Halding-Protokoll einer solchen Person finden sich oft bemerkenswerte Übereinstimmungen zwischen heutigen und früheren Lebensumständen und Ereignissen. Konstruktiv ist eine solche Vorgehensweise natürlich nicht, denn schon ein altes Sprichwort sagt: „Wenn du tust, was du immer getan hast, wirst du bekommen, was du immer bekommen hast.“ Kurz gesagt – ein solcher Mensch tritt auf der Stelle.
Der Vermeider ist jedoch nicht viel konstruktiver. Bei ihm steht im Vordergrund, daß ein Verhaltensmuster sich nicht bewährt hat, und daher neigt er dazu, es so peinlich zu vermeiden wie das Kind die heiße Herdplatte, auf die es einmal gefaßt hat. Er verfällt also ins andere Extrem. Solange die zugehörigen Ursachen verdrängt bleiben, führt auch dies zu keiner Auflösung der karmischen Zeitschleife. In der Regel wird nämlich auch das total gegensätzliche Extrem nicht zum Erfolg führen, so daß er im nächsten Leben wieder auf die andere Seite hinüberpendelt. Die Halding-Analyse eines typischen Vermeiders zeigt daher häufig eine charakteristisch pendelförmige Entwicklung, bis eines Tages endlich der goldene Mittelweg gefunden wird.

„Alles wiederholt sich“

Ein geradezu klassisches Beispiel für einen Wiederholer zeigt der folgende Fall. Viktor S., ein älterer Herr, erhoffte sich von der Halding-Analyse in erster Linie Aufklärung über einige Gründe für sein überaus bewegtes Leben, das ihn unfreiwillig rund um die Welt geführt hatte. Schon als Kind waren ihm aufgrund der beruflichen Tätigkeit seines Vaters fremde Länder vertraut. So war er in Georgien geboren, von wo die Familie im Zuge des aufkommenden Stalinismus bald fliehen und nach Deutschland zurückkehren mußte. Bereits ein Jahr später jedoch gingen sie nach Südwestafrika, in das heutige Namibia, von wo sie 1931 erneut nach Deutschland zurückgingen. Schließlich ließ sich die Familie auf einem landwirtschaftlichen Anwesen in Schlesien nieder. Der Krieg und seine Folgen erbrachten eine erneute Vertreibung. Viktor S. war zu jener Zeit Soldat und in Italien in amerikanischer Kriegsgefangenschaft, von wo er bald nach Kriegsende in eine norddeutsche Großstadt zurückkehren durfte, in der er heute noch lebt.

So weit die Schilderung, die uns Viktor S. bei Erteilung seines schriftlichen Auftrages gab. Zusätzlich interessierte ihn, warum er seit jeher eine starke Abneigung gegen Frankreich und überhaupt alles Französische hatte.
Dieser Schilderung, die selbst schon fast wie ein Halding klang, konnten wir einen karmischen Entwicklungsweg gegenüberstellen, der dazu paßte wie ein Schlüssel zu einem Schloß. Besonders spektakulär dabei: Im Halding-Protokoll fanden sich Einzelheiten, die auf sehr merkwürdige Weise ihr Gegenstück im heutigen Leben von Viktor S. fanden, *ohne* daß sie uns vorher bekannt waren.
Sehen wir uns zunächst Auszüge aus seinem Protokoll an:

Viktor war ein Schiffskapitän auf der Adria im 14. Jh.
Er stammte aus der Levante, kreuzte aber hauptsächlich im Gebiet des heutigen Jugoslawien.
Sein Schiff wurde eines Tages von Piraten gekapert, er wurde im Boot ausgesetzt und seine Mannschaft zur Piraterie gepreßt.
Es gelang ihm, die Küste Montenegros zu erreichen und sich zu den örtlichen Machthabern durchzuschlagen.
Dann sorgte er dafür, daß die Piraten geschnappt und hingerichtet wurden. Dem fielen auch seine eigenen Männer zum Opfer, denn man machte keinen Unterschied unter den Gefangenen.
Dies hat ihn innerlich zutiefst verletzt und ihm Schuldgefühle gegeben, was ihn wohl bis heute etwas ruhelos machte.
Er soll heute lernen, daß letztendlich jeder selbst für sich die Verantwortung trägt.
Und wenn die Leute sich zum Mitmachen zwingen ließen, mußten sie auch die Folgen tragen.
Im 16. Jh. lebte er im Orient, im heutigen Irak, als Frau eines Kaufmanns.
Sie durfte sich im Laden nicht sehen lassen und nur hinter einem Vorhang ihrem Mann das Essen zubereiten.
Für eine so unruhige Seele war das ein Gefängnis.
Offenbar wollte sie gerade den Drang zum Herumziehen etwas dämpfen.
Aber die Frau verfiel nur in immer größere Unruhe und geriet so immer öfter in Streit mit ihrem Mann, wobei sie natürlich den kürzeren zog.

Heute soll Viktor lernen, sich unterschiedlichen Situationen anpassen zu können.
Er soll erkennen, daß er zur Selbstverwirklichung keinen bestimmten äußeren Bezugsrahmen braucht.
Im 17. Jh. ging er nach Weißrußland als Mann.
Er hieß Ilja Kyrilowitsch Banjuschkin und war ein Kaufmann in Minsk.
Ilja handelte mit Gemüse und Obst und mußte dafür viel zu den Bauern in der Gegend ziehen, um ihnen die Ware abzukaufen.
Dieses Leben gefiel ihm, aber seiner Frau nicht.
Sie hieß Olga Alexandrowna und war eine häusliche Person, die ihren Mann oft vermißte.
Doch im Gegensatz zu dem Leben im Irak konnte er sich diesmal durchsetzen und sein Leben so führen, wie es ihm beliebte.
Als er alt war, begannen seine Probleme.
Sein Sohn war ihm vollkommen fremd, da er sich nie um ihn gekümmert hatte, und er war nun von seiner Gnade abhängig.
Also gerade das, was er nie wollte.
Heute muß Viktor lernen, daß man in der menschlichen Gesellschaft auch Kompromisse schließen muß.
Seine erste Reaktion war jedoch ein Rückzug vor den Menschen, die ihn so enttäuscht hatten.
Und so war er im 19. Jh. ein Förster in Oberbayern.
Er hieß Florian Klingner und lebte in einem einsamen Haus im Wald.
Dort in den Bergen wurde ihm die Ruhe aber doch langweilig, und so ging er viel hinunter ins Dorf, um Menschen zu treffen.
Diese innere Zwiespältigkeit war für ihn schon lange typisch.
In menschlicher Gesellschaft fand er nur selten Freunde, denn seine Ausstrahlung war nicht offen genug, da er innerlich wieder zum Zurückziehen neigte.
Sein bester Freund war eben solch ein Eigenbrödler wie er. Er hieß Ignaz Urleitner und besaß einen großen Bauernhof in der Nähe.
Er wollte Florian mit seiner Tochter verheiraten, doch der wollte nicht Bauer werden.
Er brauchte immer ein Hintertürchen zum Alleinsein.
So blieb er ein Junggeselle, und seine Tage vergingen ohne besondere Vorkommnisse.

Er muß heute seinen inneren Zwiespalt auflösen, nur so kann er seinen Seelenfrieden finden.
Daß er die Franzosen nicht mag, könnte an einem Leben liegen, das im 12. Jh. in England stattfand.
Die französischen Normannen setzten sich damals fest, dort wo er lebte.
Er kämpfte auf seiten der angelsächsischen Bevölkerung.
Zudem hat er auch in diesem Leben große Grausamkeiten erlebt und ist selbst einem Massaker zum Opfer gefallen.
In späterer Zeit hatte er zu diesem Land keine Berührung mehr.
...

Das Halding-Protokoll kennzeichnet Viktor S. also ganz eindeutig als eine seit jeher etwas ruhelose Seele, die gerade im heutigen Leben etwas mehr inneres Gleichgewicht finden sollte, und wie es nicht selten ist, ist ein solcher innerer Umbruch erst einmal mit einigen Erschütterungen verbunden. Doch lesen wir, was Herr S. uns als Antwort auf das Halding-Protokoll schrieb:

Sehr verehrte Frau Grazyna Fosar!
Sehr geehrter Herr Franz Bludorf!

Zu meinem dankend erhaltenen Halding-Protokoll und der Beschäftigung damit möchte ich Ihnen aus meinem bisherigen Leben sehr bemerkenswerte ähnliche Erlebnisse bzw. Ereignisse mitteilen. Vielleicht könnten sich für Sie, aber auch für andere, wenn sie sich im Nachhinein mit ihren jetzigen Erlebnissen auseinandersetzen, ähnliche interessante Vergleichserfahrungen ergeben.
Beispiel 1: Ein Vorgang aus meinem Halding-Protokoll - 14. Jahrhundert als Kapitän eines Schiffes im Gebiet der Adria. Von Piraten überfallen, der Kapitän wurde ausgesetzt, konnte sich an Land retten. Die Piraten wurden gefaßt und gehängt, aber leider auch seine eigenen Männer.
Im heutigen Leben kam ich 1945 als Soldat in Italien in die englisch-amerikanische Kriegsgefangenschaft und war längere Zeit in einem Gefangenenlager bei Ancona an der Adria, auf einem sehr kargen Bergmassiv. Wir alle litten unter großem Wassermangel, Hitze, Staub und Hunger. Erschwerend kam hinzu, daß wir täglich auf das schöne blaue Meer der Adria sehen konnten und manchmal sogar in der

Ferne die Küste Jugoslawiens meinten erkennen zu können und daß wir teilweise das sommerliche Treiben der freien Bewohner an der unter uns liegenden Küste sehnsüchtig beobachten konnten.
Viele diskutierten damals über einen eventuellen Ausbruch und Flucht. Ich lehnte diese Diskussionen aus Gründen der Aussichtslosigkeit und der Folgen intuitiv ab. Einige wagten es trotzdem, wurden erwischt, uns als Abschreckung vorgeführt, das Strafmaß mitgeteilt - wir haben sie nicht wiedergesehen.
Um aber dies alles einigermaßen ertragen zu können, befaßten wir uns oft mit dem Refrain eines aus dieser Situation entstandenen Liedes, der mir bis heute noch in Erinnerung verblieb: „Wir tragen unser Schicksal mit Geduld, denn wir sind ja an der Scheiße selber schuld.“, was auch bei anderen karmischen Ereignissen oft tröstlich sein könnte. Wie sagt ein altes Sprichwort: „Mitgeschritten - Mitgelitten“ oder „Mitgegangen - Mitgehangen“ - siehe oben, 14. Jahrhundert!
Beispiel 2: Ein Vorgang aus meinem Halding-Protokoll - 19. Jahrhundert als ein sehr zurückgezogen lebender Förster in Oberbayern. Enge Freundschaft zu einem Großbauern, dessen besonderer Wunsch es war, diesen Förster mit seiner einzigen Tochter zu verheiraten, was aber an der Weigerung des Försters scheiterte.
Im jetzigen Leben übernahm ich 1955 - umgeschult - als Handelsvertreter eine oberbayerische Firmenvertretung für den norddeutschen Raum. Auch dieser Chef hatte eine einzige, sehr nette, sympathische und fleißige Tochter. Auch hier ergab sich mit der Zeit der Wunsch, doch seine Tochter zu ehelichen, um später gemeinsam die Firma zu übernehmen. Leider mußte ich dies ablehnen, da ich in den Nachkriegswirren - vielleicht zu schnell und unüberlegt - geheiratet hatte. Obwohl mir die Kostenübernahme der Scheidung zugesichert wurde, verneinte ich, zog mich zurück und machte mich mit meiner Frau selbständig. 1963 kam es dann doch zur Scheidung und zum Verlust der Firma.
Zum Schluß noch eine interessante Bemerkung. Schon seit meiner Jugend steckte in mir eine unerklärliche Abneigung gegen die französische Sprache - ich weigerte mich sogar, sie zu lernen - und gegen Frankreich als solches. Sogar als Soldat kam ich eigenartigerweise nie nach Frankreich bzw. Paris, obwohl fast alle meine damaligen Bekannten dort waren.

Das dazugehörige Erlebnis lag - laut Halding-Protokoll - weit zurück, im 12. Jahrhundert. Der Anlaß lag in den großen kriegerischen Auseinandersetzungen zwischen den Normannen und Angelsachsen in Verbindung mit den Kreuzzügen, was zu grausamen Folterungen führte und zum Schluß, bei der Erstürmung der letzten Bastion, in einem gewaltigen Massaker endete, bei dem ich damals selbst zu Tode kam.
Ehrlich gesagt, waren mir die damaligen Geschehnisse aus dieser frühen Periode der Geschichte bisher nicht sonderlich bekannt gewesen. Doch nun plötzlich - vier bis fünf Tage nach Erhalt meines Halding-Protokolls - welch wunderbare Fügung - erschien im Fernsehen ein historischer Film, genau über diese kriegerische Auseinandersetzung, übereinstimmend mit der Jahreszahl und mit einem besonderen Hinweis auf dieses Massaker! In der Zwischenzeit sind fast 800 Jahre vergangen, bis es zu einer Möglichkeit der Auflösung oder Aufklärung kommen konnte. Es geht eben nichts Wichtiges verloren!

Mit freundlichen Grüßen verbleibend

Ihr Viktor S.

Die überaus lebendige Schilderung von Herrn S. bedarf eigentlich kaum noch eines Kommentars. Er schien geradezu im Schnelltempo praktisch alle Orte, die für seine heutige karmische Entwicklung bedeutsam waren, in diesem Leben aufgesucht zu haben: Rußland, Adria, Oberbayern - und dabei wiederholten sich einige Ereignisse auf merkwürdige Weise noch einmal!
War er als Kapitän im 14. Jahrhundert noch daran beteiligt gewesen, die Piraten - und mit ihnen die zur Piraterie gepreßten eigenen Männer - zu fangen und hängen zu lassen, so geriet er nunmehr selbst in dieser Region in Kriegsgefangenschaft, war sich diesmal aber der Eigenverantwortung für sein Schicksal voll bewußt und lehnte sogar einen Fluchtversuch ab. Das alte Schuldgefühl und die daraus resultierende karmische Aufgabe wurden durch eine neue „Theaterinszenierung" des Lebens auf eindrucksvolle Weise erlöst.
Noch spektakulärer war wohl der Fall, daß ihm heute wieder von einem väterlichen Freund angetragen wurde, seine Tochter zu heiraten und in den Betrieb einzusteigen, wieder in Oberbayern, daß Vik-

tor S. wieder ablehnte (bzw. ablehnen mußte) und daß ihm diese Entscheidung letztendlich zum eigenen Nachteil gereichte.
Daß Viktor S. schließlich gerade zu der Zeit, als er das Halding erhielt, im Fernsehen einen Film sah, in dem Ereignisse geschildert wurden, die er im 12. Jahrhundert in England selbst miterlebt haben soll, zeigt nur auf, daß unser altes Verständnis von „Ursache und Wirkung" nur einen Teil unseres Lebens erklären kann. Die andere Seite der Medaille – jene merkwürdige Synchronizität von Ereignissen, die uns manchmal von allen Seiten immer wieder auf das gleiche aufmerksam machen wollen – ist es gerade, was wir als „Resonanz der Psyche" bezeichnen[18]. Für Viktor S. war offenbar die Zeit reif, sich nun endlich mit seinem 800 Jahre alten Haß auf Frankreich auseinanderzusetzen.

„Alles nicht so einfach"

Markus M. ist ganz im Gegensatz zu Viktor S. ein typischer Vermeider. Er war zum Zeitpunkt der Halding-Erstellung 30 Jahre alt und wollte ein seltsames Verhaltensmuster klären, das er bei sich beobachtet und als „Angst vor dem Vollenden" bezeichnet hatte. Er hatte mehrfach erlebt, daß er in wichtigen Lebenssituationen seine eigenen Chancen geradezu boykottierte, so als ob er nicht beenden sollte (oder wollte?), was er begonnen hatte. So war er während der Vorbereitung auf das Abitur kurz davor, alles „hinzuschmeißen", und schaffte es buchstäblich erst im letzten Moment.
Während des Studiums gelang es ihm bereits, zusammen mit Kollegen eine eigene Firma zu gründen. Doch eine Bilderbuchkarriere à la Bill Gates versagte er sich selbst, da er Selbstzweifel an seiner Arbeit und seinem Weg entwickelte und schließlich die Firma verließ, die heute übrigens ein sehr erfolgreiches Unternehmen ist. Auch spätere Arbeitsstellen und Firmenbeteiligungen hielt er niemals lange durch. Häufig verlor er das Interesse an einer Aufgabe, sobald ihm die Lösung klar vor Augen stand und „nur noch" umgesetzt werden mußte. Er trieb den Wunsch nach Unabhängigkeit so weit, daß er es sogar als Selbständiger nicht schaffte, längere Zeit mit Geschäftspartnern zusammenzuarbeiten.
Es wird uns kaum noch überraschen, daß in seinem Namen bereits die Grundlage für die heutige Lebenssituation erkennbar war. Die kabbalistische Analyse ergab für seinen Namen die Zahlenkombination

Summe 117, o 9, x 13

Hierzu schrieben wir ihm in der Halding-Analyse:

Die Problematik mit der Selbstbehinderung ist vermutlich schon in der Schwingung des Namens enthalten. Die Kombination 9/13 (hermetisch Wassermann/Widder) treibt ihn einerseits ständig mit ziemlicher Macht zu neuen Ufern, fördert aber andererseits nicht unbedingt das Durchhaltevermögen, eine Sache zu Ende zu führen. Die 9 läßt ihn nach Unabhängigkeit streben, doch wenn es mal nicht so klappt, wie er will, kann er auch auf die „negative" Seite rutschen, und das bedeutet im Grunde eine gewisse Sturheit, sich selbst nichts eingestehen zu wollen und lieber sich und der Welt etwas vorzumachen.
Ein weiteres Problem liegt in der 13, die ihm in der Tat eine ständige Transformation aufzudrängen scheint. Da liegen ständig Abschied und Neuanfang in der Luft. Es ist gut, wenn der Mensch nicht krampfhaft am Alten festhält, doch wenn er zu sehr unstet lebt, kann er sich auch nichts Solides aufbauen.
Nun ist sein Name sicher etwas, wofür er nichts kann. Aber man darf die Sache nicht mißverstehen: Es ist nicht so, daß er diese Probleme hat, weil er so heißt, sondern es ist umgekehrt: Er heißt so, weil er diese Probleme hat. Die Seele wurde vor der Geburt zu genau einer solchen Situation hingezogen, die zu ihren Schwingungen resonanzfähig ist. Die Ursachen liegen dann natürlich in der Vergangenheit. Der Name wiederum wird in seinem Umfeld häufig gesprochen. Das verstärkt dann wieder die Neigung, daß er im Leben mit den Problembereichen konfrontiert wird, die er bearbeiten und auflösen muß.

Wie die Halding-Analyse weiter zeigte, lagen die Wurzeln dieses destruktiven Verhaltensmusters allerdings nicht in einem einzigen „Schlüsselerlebnis" in der Vergangenheit, sondern waren das Ergebnis eines langen Prozesses.

[...]
Im 1. Jh. n. Chr. in China war er ein Mann, dessen Leben von Angst erfüllt war.

Er hatte als Kind früh die Mutter verloren und so nie ein echtes Urvertrauen aufbauen können. Er lebte durchaus nicht im Elend, denn er betrieb einen kleinen Handel, den er vom Vater übernommen hatte und der ihm ausreichend einbrachte. Aber seine Hauptambition im Leben bestand allseits im Festhalten, auch was sein Geld und seinen Besitz betraf. Immer hatte er Angst, etwas zu verlieren. Das hinderte seinen Lebensfluß, und er erstarrte innerlich.
Er hatte eine sehr gute Frau. [...] Sie war von lebensbejahendem und optimistischem Charakter und hätte ihm eigentlich helfen können (sollen?), aus seinen erstarrten Glaubenssätzen und Verhaltensmustern herauszukommen. Doch er war nicht in der Lage, sich ihr dafür ausreichend zu öffnen. Statt dessen mußte sie bei ihm sehr häufig die Mutterstelle vertreten, da er vor allem Geborgenheit suchte. [...]
Heute muß Markus das Loslassen erlernen. Und hier setzt das Problem ein: Sein Name konfrontiert ihn mit dem Drang nach Neuerungen, wie schon gesagt, und arbeitet so mit der karmischen Lernaufgabe Hand in Hand. [...]
Im 13. Jh. in Pakistan war er eine Frau. Sie war Muslimin und führte daher kulturbedingt ein sehr zurückgezogenes und introvertiertes Leben.
Gleichzeitig war sie in diesem Leben durchaus glücklich, denn sie war durch ihren Mann versorgt, dem sie willig gehorchte. Die Außenwelt allein zu meistern, das hätte sie sich sowieso nicht zugetraut. So suchte sie schon wieder beim Ehepartner vorrangig Schutz und Geborgenheit. Diesmal ging das problemloser, da es ohnehin der ihr gesellschaftlich zugedachten Rolle entsprach. War der Chinese noch ein Außenseiter, so war sie diesmal angepaßt.
[...]
Dieses Leben konnte eventuell dazu geführt haben, daß er innerlich einen eher introvertierten, selbstbezogenen Charakter einem stärkeren Kontakt zu anderen Menschen vorzieht, ganz einfach, weil er in diesem Leben mehr Sicherheit und Ruhe gefunden hatte. Gleichzeitig muß man natürlich sehen, daß ein solches Leben nicht viel Entwicklungsmöglichkeiten bietet. Daher ist in ihm heute auch eher die Neigung zur Unabhängigkeit angelegt. Man

sieht, wie vielschichtig der menschliche Charakter ist, und wie vielschichtig dementsprechend auch die karmischen Aufgaben sein können. Was er heute offenbar versucht, ist, den Drang zur Unabhängigkeit mit einem stark selbstbezogenen Charakter zu verbinden. Kurz gesagt – die zwischenmenschlichen Beziehungen sind noch unterentwickelt. Das führt letzten Endes natürlich in die Einsamkeit.
Es gibt eigentlich nur zwei Gründe für Kontaktprobleme: Angst und schlechte Erfahrungen. Von beiden hatte er in der Vergangenheit genug.
Im 15. Jh. war er in Frankreich, im schönen Wechsel wieder als Mann.
Er hieß Charles und war von Beruf ein Schmied und körperlich recht kräftig. Das war auch notwendig, um zu jenen Zeiten im Leben bestehen zu können. Es war oft Krieg, und die Menschen hatten mit vielerlei Schwierigkeiten zu kämpfen. Er hatte noch eine Frau Henriette und einen Sohn, der aber schon in früher Kindheit starb. Da die Todesursache ein Unfall war, redeten sich beide Eltern ständig schwere Schuldgefühle ein, obwohl sie eigentlich nichts Falsches getan hatten. Es war ganz einfach ein Unglück.
Nur gab es damals niemanden, der ihnen das so hätte sagen können, daß sie aus diesem Dilemma herausgekommen wären. Der einzige Ansprechpartner war der Priester, doch der konnte nur Trost spenden und sie zum Gebet aufrufen. Das mochte kurzfristig helfen, konnte die Eheleute jedoch nicht aus ihrer Seelenqual befreien.
Der Schmied begann mit der Zeit immer mehr Wein zu trinken, um seinen Kummer zu betäuben, und da seine Frau ihm deshalb Vorwürfe machte, ging er mehr und mehr von zu Hause fort und saß dann in einem Wirtshaus, meist ganz allein, am Tisch und grübelte vor sich hin. Immer wieder warf er sich vor, daß er nicht bei dem Sohn gewesen war und ihn beschützt hatte. So brachte das Unglück letztendlich auch die Eheleute auseinander, ganz einfach, weil sie sich gegenseitig entfremdeten.
Charles starb in einem Krieg, allerdings nicht im Kampf. Er war mit seinen Kameraden unterwegs, und sie gerieten in einen Schneesturm. Er verlor den Kontakt zu seinen Leuten (innerlich hatte er ihn nie gehabt), verirrte sich im Sturm und erfror.

Schon in diesem Leben hätte eigentlich die Lehre des Loslassens gezogen werden müssen. Wenn es dem Mann möglich gewesen wäre, die Trauer über den Sohn zu überwinden, hätte er vielleicht die Freiheit gewonnen, sein Leben normal weiterzuleben und zu anderen Menschen Kontakt zu finden.
Heute muß sich Markus daher auch ganz besonders mit der Problematik des Abschieds befassen, d. h. er darf das Loslassen nicht nur auf materielle Dinge beschränken, auf Pläne und Lebenssituationen etwa, sondern auch auf Menschen.
[...]
Im 17. Jh. im Rheinland war er wieder ein Mann. Er hieß Robert Holzer und war ein Landsknecht. Er hatte fast sein ganzes Leben lang nur Krieg im Land gekannt, und er hatte die Situation angenommen und machte mit.
In einer Schlacht gegen die Schweden wußte er seine Tapferkeit zu beweisen und erhielt von seinem Kommandanten eine Belobigung. Insgesamt jedoch war es für ihn nicht einfach. Er galt als individualistisch bis disziplinlos und ordnete sich nur schwer in den Verband seiner Kameraden ein, was natürlich im Krieg besonders wichtig war, damit einer für den anderen einstehen konnte.
Mehr und mehr merkte er, daß das Soldatenleben nicht Abenteuer und Freiheit bedeutete, so wie er es sich als Junge erträumt hatte, sondern daß er in einem Abhängigkeitsverhältnis steckte. Er hatte Befehle auszuführen, selbst wenn er ihren Sinn nicht einsah, und da neigte er oft zum Querschießen. So wurde er im Grunde häufiger mit Disziplinarstrafen belegt als belobigt. Meist bestand die Strafe darin, daß er dann einen besonders gefährlichen Auftrag, etwa als Kundschafter, auszuführen hatte. Mehr als einmal konnte er nur mit Mühe das nackte Leben retten.
Als seine Leute eines Tages nach einer verlorenen Schlacht auf dem Rückzug waren, empfand er es als „Schande". Da war in ihm auch schon etwas von dem „Widderprinzip" angelegt, für das es immer nur ein „Vorwärts" geben kann. Unter Mißachtung seiner Befehle rannte er zurück, den nachrückenden Feinden entgegen, weil er meinte, man müsse bis zum letzten Blutstropfen kämpfen. Durch seine Begeisterungsschreie folgten ihm einige Kameraden. Sie alle wurden getötet, da sie nicht genug Verstärkung hatten.
Hier sieht man genau die Gefahren des übertriebenen Vorange-

hens und Loslassens – wenn die Handlungsweise unüberlegt und impulsiv ist. Auf jeden Fall sollte Markus heute lernen, mehr aus dem Kopf als aus dem Bauch heraus zu handeln. Die meisten Menschen sind heute zu kopflastig, so daß man ihnen eher das Gegenteil raten sollte. Bei ihm jedoch gilt es sich vor Unüberlegtheiten zu hüten.
Im 18. Jh. in Ungarn war er eine Frau. Sie war österreichischer Abstammung und hieß Viktoria Grubner.
Als Kind wuchs sie in einem bürgerlichen Elternhaus auf, in dem aber nur wenig Liebe herrschte. Die Gefühle der Eltern zueinander waren erloschen, und auch dem Kind brachten sie nicht viel Herzenswärme entgegen. Das verstärkte natürlich bei dem Kind ohnehin vorhandene Rückzugstendenzen.
Da ihr Vater in der Lage war, ihr eine Mitgift zu geben, fand sie einen recht gutsituierten Ehemann. Dies war ein erheblicher Einschnitt in ihr Leben. Durch den Namenswechsel geriet sie in eine etwas andere Schwingung, und auch das äußere Umfeld änderte sich, da der Mann mit ihr nach Österreich zog.
Dadurch, daß sie jetzt in einem für sie fremden Land leben mußte, fühlte sie eine gewisse Entwurzelung, und das, obwohl ja ihre Kindheit in der Heimat nicht einmal besonders glücklich gewesen war. Das alte Muster des Festhaltenwollens, das der Chinese so übertrieben praktiziert hatte, versuchte vorsichtig wieder an die Oberfläche zu kommen. Aber es war natürlich vergeblich. Der Mann hatte keine Absicht, nach Ungarn zurückzugehen, und so mußte sie sich versuchen zu arrangieren.
Anstatt jedoch der Situation das Beste abzugewinnen, reagierte sie nur mit einem Muster, das sie schon kannte – alles ertragen und sich innerlich zurückziehen. Damit war eine wichtige Entwicklungschance vertan – nämlich durch einen radikalen Wechsel des gesamten Umfeldes wirklich neue Wege zu gehen, d. h. auch alte Muster über Bord zu werfen.
Er wird jetzt selbst sehen, wie schwierig es sein kann, in einer so pendelförmig verlaufenden Entwicklung die Balance zu halten. Die einzige Möglichkeit ist es daran zu arbeiten, daß die Ausschläge nach der einen und der anderen Seite nicht zu groß werden, dadurch findet man am Ende ganz von selbst die Mitte und verliert zumindest nicht das Gleichgewicht.

Im 19. Jh. in den USA war wieder die andere Polarität an der Reihe. Es war Bürgerkrieg, und schon wieder kam er in ein Land, dessen traditionelle Strukturen am Zusammenbrechen waren, so wie er es schon während des Dreißigjährigen Krieges erlebt hatte. Nur daß der Krieg diesmal nicht so lange dauerte.
Er hieß damals Jim Patton und war Sohn eines Pflanzers in Virginia. Für ihn war nicht so sehr der Krieg das Problem, sondern sich in dem veränderten Land danach zurechtzufinden. Die Pflanzer hatten ihre Herrscherposition verloren, die ihnen von Natur aus zuzustehen schien, ohne daß sie etwas dazu leisten mußten. Jetzt hieß es sich in einem Schmelztiegel von verarmten Großgrundbesitzern, befreiten Sklaven und Glücksrittern aus dem Norden zu behaupten.
Als Jim die Uniform ausgezogen hatte, versuchte er dem Vater zu helfen, die Plantage wieder herzurichten. Doch es fehlte ihnen an Geld, um die Durststrecke durchzuhalten. Jim mußte bald feststellen, daß er als Herrensohn außer Krieg zu führen praktisch nichts für das Leben gelernt hatte. So waren ihm manche Männer niedrigerer Herkunft jetzt durchaus überlegen und wurden erfolgreicher, ganz einfach weil sie gelernt hatten, auch in Friedenszeiten im Leben zu kämpfen. Dieser Kampfgeist fehlte ihm völlig. Der Krieg war für ihn eher eine Frage der Ehre gewesen.
Bald mußte er als einfacher Verkäufer in einem Laden arbeiten, noch dazu für einen Chef, der früher einmal als Sklavenaufseher bei seinem Vater beschäftigt gewesen war. Nicht nur, daß er sich nun einem früheren Untergebenen unterordnen mußte – der Mann war im Grunde auch der gleiche Sklaventreiber geblieben, der er immer gewesen war. Er schikanierte und kommandierte seine Angestellten nach Strich und Faden.
Schon wieder das Problem, mit einem veränderten Umfeld klarzukommen, und schon wieder fand er kein Mittel, daraus das Bestmögliche für sich zu machen. Er konnte nur „überleben".
Es regte sich durchaus Widerspruchsgeist in ihm, doch er war nicht in der Position, ihn lauthals zu äußern, denn seine Stellung mochte er auch nicht riskieren. Immer das gleiche Muster – das Pendeln zwischen Aufbegehren und Festhalten, nur daß die Ausschläge tatsächlich langsam enger und schneller werden. Früher zogen sich solche Zyklen noch über ganze Inkarnationen hin.
Auf jeden Fall kam es eines Tages doch zu einer Auseinandersetzung

mit seinem Chef, er kündigte selbst, bevor man ihn hinauswarf, und ging in eine andere Stadt, wo er dann sogar noch ein besseres Auskommen fand. Es war also letztendlich sogar noch eine positive Erfahrung geworden, was natürlich auch „förderlich“ war für seinen heutigen Drang, Dinge aufzugeben, bevor sie beendet sind.
Dabei läßt sich das nicht vergleichen. Damals war die Sache wirklich „beendet“. Zwischen Jim und seinem Chef war nichts „offen“. Es war das Beste für ihn zu gehen.
Heute muß Markus genau auf diesen Aspekt acht geben, denn hauptsächlich unvollendete Entwicklungen pflegen sich zu wiederholen (damit man die Chance bekommt, sie doch zu beenden).
[...]

Haben Sie schon je darüber nachgedacht, was Sie sind? Ein Vermeider oder ein Wiederholer? Neigen Sie eher dazu, Problemen auszuweichen, oder konfrontieren Sie eine Herausforderung? Beides kann richtig oder falsch sein, je nach Situation, und es ist im Grunde für einen Menschen am besten, beide Muster parat zu haben, also den Mittelweg zu beschreiten. Sozusagen eine Uniform für den Vormarsch und eine für den Rückzug im Schrank zu haben. Wenn man sich seiner vorherrschenden Modalität bewußt wird, gibt das einem Menschen auch Anhaltspunkte für schrittweise Verhaltenskorrekturen. Wenn es dabei Probleme gibt, kann man natürlich in der Vergangenheit nach möglichen Ursachen suchen.

Am Anfang war der Fehler

„Niemand ist Nobody“, und „Nobody is perfect“. Es ist unglaublich schwierig, sich im heutigen Leben zu behaupten. Und doch gibt es Erfolgstypen und weniger erfolgreiche Exemplare unter uns. Mit Erfolgstypen meinen wir nicht die seelenlosen Plastik-Klone, die in ihren aufgeblähten Spekulationsfirmen über Leichen gehen. Es geht uns darum, daß es ganz normale Menschen gibt, denen einfach mehr gelingt im Leben als anderen. Wie schon gesagt – ein Schlüssel dazu sind die Emotionen. Der zweite ist die Strategie, wie man mit Fehlern umgeht.
Es ist nämlich keineswegs so, daß erfolgreiche Menschen keine Fehler machen. Im Gegenteil. Es ist sogar gut, Fehler zu machen. Fehler sind im Grunde der Motor der Evolution. Auch Tiere lernen bekanntlich hauptsächlich durch Versuch und Irrtum.

Schauen wir uns Abb. 18 an. Nachdem wir beim Fehler das Stadium „Aua“ hinter uns haben, gibt es zwei Möglichkeiten. Wir versuchen entweder die ganze Angelegenheit zu verdrängen, oder wir geben uns Mühe, nach einer Zeit der Überlegung daraus Schlüsse zu ziehen. Das heißt, wir lernen aus dem Fehler.

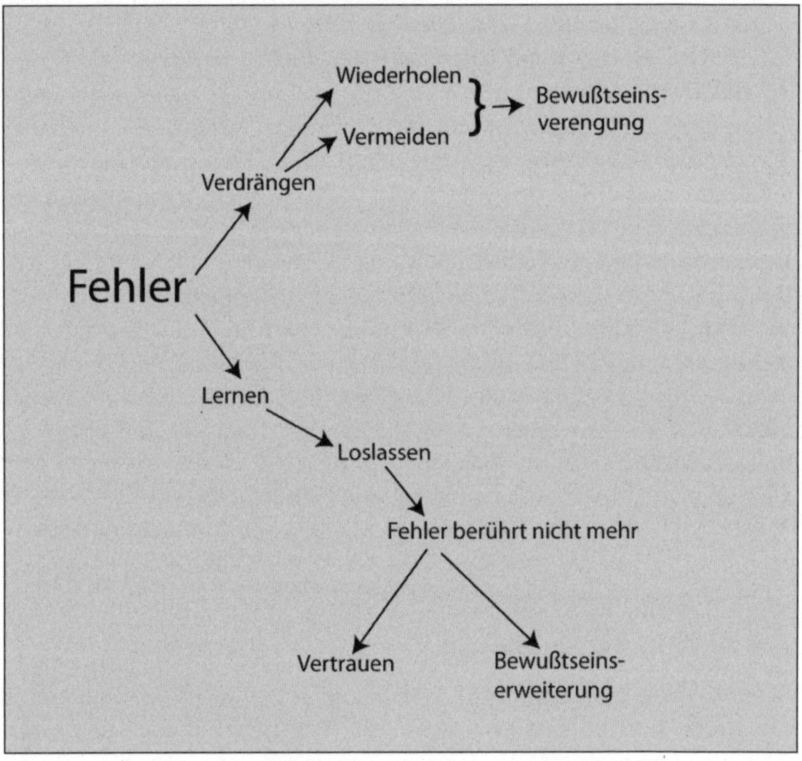

Abb. 18: Der Umgang mit Fehlern

Im Fall der Verdrängung entwickeln die Menschen sich in der Regel zu Vermeidern oder Wiederholern, weil sie ganz einfach nicht wissen, wie sie es besser machen könnten. Im Endeffekt kommt es zu einer Bewußtseinsverengung. Der Mensch nimmt Teile seines Lebens nicht mehr wahr.

Wenn wir aber glauben, aus dem Fehler gelernt zu haben, braucht man auch nichts mehr zu verdrängen. Wir können das ganze Ereignis also ruhig loslassen, da wir wissen, daß wir uns bei nächste Gelegenheit anders verhalten werden. Kurz gesagt – der Fehler berührt uns nicht mehr. Daraus resultiert ein erhöhtes Vertrauen – Selbstvertrauen – und im Endeffekt eine Bewußtseinserweiterung, weil uns mehr Strategien im Leben zur Verfügung stehen.

Wir hatten in unserer Praxis einmal einen Mann, der insgesamt vier Mal im Leben sozusagen die gleiche Frau geheiratet hatte. Wohlgemerkt – es war natürlich jedes Mal eine andere Frau, nur alle hatten im wesentlichen die gleichen Charakterzüge. Genau daraus folgte dann auch immer wieder das erneute Scheitern der Ehe. Eine gründliche Aufarbeitung seiner Vergangenheit ergab, daß schon seine Mutter genau so ein Mensch war.

Am Ende entwickelte sich der Mann schließlich zum Vermeider – ein fünftes Mal wagte er keine Ehe.

In einem anderen Fall ließ sich ein Mann von seiner Frau scheiden, doch einige Jahre später heirateten sie beide noch einmal. Diesmal lebten sie bis ans Lebensende relativ harmonisch zusammen. Mutige Menschen – aber sie machen uns deutlich, daß es durchaus Wege gibt, um aus dem Kreislauf von Vermeidung und Wiederholung herauszukommen.

Parallele Existenzen

Es gibt Tage, an denen Ereignisse geschehen, die so groß sind, daß sie in die Geschichtsbücher eingehen. Was wir aber dabei vergessen, ist, daß sich an solchen Tagen auch viele kleine Schicksale von Menschen ereignen, die für das Leben dieser Menschen sehr wichtig sein können.
Marta plagte sich schon seit Jahren mit ihrer Schlaflosigkeit herum. Als Apothekerin wußte sie – es ist gefährlich, ständig schlaffördernde Medikamente einzunehmen, also suchte sie nach Alternativen.
Eine Freundin hatte ihr empfohlen, Marek Last aufzusuchen, einen Arzt und Psychologen, der sich auch mit therapeutischer Hypnose beschäftigte.

„Ich bin ein anderes Du"

Martas Fall entwickelte sich so, daß sich Dr. Last eines Tages entschloß, sie in ihre Kindheit zurückzuführen. Nach der üblichen Einleitung und Konditionierung ging er mit Marta linear zurück in der Zeit. Am zehnten Geburtstag erlebte sie, wie ihre Schulfreundinnen mit ihr nachmittags eine Kinderparty feierten. Alles völlig normal.
Dann kam der fünfte Geburtstag. Martas Stimme veränderte sich erneut und wurde noch kindlicher. Sie beschrieb ihre kleine Geburtstagstorte und ihre Geschenke. Das Hauptgeschenk, das ihr die meiste Freude machte, war ein ferngesteuertes Polizeiauto.
Komisches Geschenk für so ein kleines Mädchen, dachte sich Marek Last, aber er machte weiter. Auf die Frage, was da weiter geschah, antwortete Marta sofort: „Meine Mutter ruft mich. Hubert, komm in die Küche."
„Wer ist Hubert?", fragte Dr. Last.
„Na ich!" Ihre Stimme war voller Überzeugung.
„Wie heißt du?", wollte Marek die Situation absichern.
„Na Hubert."
Mareks Kehle wurde in diesem Moment trocken, so daß er nicht schlucken konnte. Er fühlte sich einigermaßen irritiert, trotz seiner langjährigen Hypnosepraxis. In einem früheren Leben konnte Marta nicht versehentlich gelandet sein. Dazu paßte das ferngesteuerte Spielzeugauto nicht. Was also war geschehen?
In diesem Moment mußte Marek Last die Interessen seiner Patientin

über seine Neugier stellen, und so führte er sie zunächst einmal linear wieder zurück zum heutigen Tage. Er ging langsam und sehr behutsam vor, denn ständig klingelten in seinem Hinterkopf die Alarmglocken: „Was um Himmels Willen habe ich falsch gemacht? Wie ist das möglich?“
Als er mit ihr wieder den heutigen Tag erreicht hatte, fragte er sie, was sie jetzt täte.
„Ich muß gleich noch in die Schule zu der Nachmittagsgruppe.“
Marek Last wußte genau, daß Marta in einer Apotheke arbeitete, und daher fragte er nach.
„Welche Schule?“
„Na meine Schule, da kommt die Schülermannschaft heute nachmittag zum Training. Wir haben nächste Woche das große Spiel.“
Puuh, dachte sich der arme Therapeut, ganz offenbar ist das immer noch Hubert. Um Zeit zum Überlegen zu gewinnen, fragte er ihn, wo er jetzt sei.
„Noch zu Hause. Ich will nur noch schnell die Nachrichten hören.“
„Kannst du mir sagen, was da heute passiert ist auf der Welt?“
„Oh Gott, da ist ein Flugzeug in ein Hochhaus geflogen. Schreckliche Sache. Sie berichten live aus New York.“
Marek wollte mehr wissen, aber Marta alias „Hubert“ blockte ab. „Ich muß jetzt fort. Sonst stehen die Jungs da vor der Sporthalle auf der Straße. Wer weiß, was die da wieder alles anstellen.“
Plötzlich hatte Marek einen Geistesblitz und wußte, wie er Marta wieder als Marta ins Hier und Jetzt holen konnte. Er führte sie ganz weit zurück, noch vor ihre Geburt, und forderte sie dann ganz bestimmt auf, zum Moment zu gehen, in dem sie als Marta geboren wurde.
Das klappte endlich, und mit einigen Testfragen konnte er feststellen, daß sie wieder „ganz die alte Marta“ war. Vorsichtshalber erteilte er ihr noch eine Amnesiesuggestion. Er wußte selbst noch nicht, was das Ganze zu bedeuten hatte, und so hatte er nicht die geringste Lust, es auch noch seiner Patientin in diesem Moment schon erklären zu müssen.
Ein Therapeut ist schließlich auch nur ein Mensch, und nach diesem Erlebnis sagte Marek die nächsten zwei Termine ab und fuhr nach Hause.
Doch der turbulente Nachmittag war noch nicht zu Ende. Es ging erst jetzt richtig los. Marek schaltete sein Autoradio ein und hörte nun mit

eigenen Ohren die Schreckensmeldungen aus New York. Die Zwillingstürme des World Trade Center standen in Flammen. Zu Hause konnte er sogar die Vorgänge des 11. September 2001 am Fernsehschirm weiter verfolgen.
Während der Therapiestunde hatten weder er noch Marta das Geringste über diese Ereignisse gewußt.
Das alles brachte ihn vollkommen aus dem Gleichgewicht. War es möglich, daß Marta in Hypnose mit den Augen eines anderen Menschen eine Fernseh-Liveübertragung mit angesehen hatte?
Marek hatte schon viel über Telepathie gehört und gelesen, doch das erschien ihm vollkommen bizarr. Außerdem hatte Marta nicht behauptet, die Gedanken jenes „Hubert" wahrnehmen zu können. Sie hatte darauf bestanden, „Hubert" zu *sein*.
Nach einer weiteren Stunde fokussierten sich alle seine Gedanken auf eine einzige Frage: Existiert dieser Hubert wirklich? Nicht irgendein Hubert, sondern der, der vor dem Fernseher gesessen hatte und dann zum Fußballtraining mit ein paar Jungs gegangen war. Irgendwo auf der Welt.
Beim nächsten Termin mit Marta gab es eine Gelegenheit, etwas mehr darüber herauszufinden. Sie wurde schon wieder zu „Hubert", und der war sehr extrovertiert. So konnte Marek feststellen, daß Hubert eine kleine Sportschule für Kinder leitete und daß sein voller Name Hubert Wronski lautete. Diese Sitzung allerdings schien für „ihn" nicht so toll zu verlaufen. Marta hatte gerade detailliert beschrieben, wie sie als Hubert mit den Jungs Fußballtraining machte, als sie plötzlich wie von einem heftigen Schmerz laut aufschrie.
„Was ist geschehen?"
„Verdammt, dieser Kerl, muß der immer sein Bein stehen lassen? Mein Knöchel, ich glaube, ich habe mir den Knöchel verstaucht."
Dr. Last hatte alle Hände voll zu tun, damit Marta diesen Schmerz nicht länger physisch spürte.
Marek fing an, sich ernsthafte Gedanken zu machen... Litt die Frau womöglich an einer dissoziativen Störung? Oder gab es diesen Mann tatsächlich?
Es gab einen guten Anhaltspunkt: Hubert hatte seinen Namen genannt und außerdem angegeben, daß er in der gleichen Stadt wohnte wie Marek und Marta. Also blieb nichts weiter übrig, als nach ihm zu suchen.

Ein Blick ins Telefonbuch, und schon saß Marek im Auto, unterwegs zu Hubert Wronskis Fußballschule. Als er sie erreichte, sah er, daß er keinen Moment später hätte kommen dürfen. Die Jungen kamen schon lachend aus der Schule gerannt. Hinter ihnen ging ein etwa 35jähriger Mann. Nachdem drei der Kinder ihm „Tschüs, Hubert." zugerufen hatten, wußte Marek – hier war er richtig.
Was allerdings nicht richtig war – dieser echte Hubert hinkte nicht. Sein Knöchel war völlig unversehrt.
Es war ein wichtiges Detail. Alles hatte gestimmt. Warum erwies sich dann die Sache mit dem Unfall als falsch?
Marek mußte nicht lange auf eine Antwort warten. Als er nächsten Morgen in die Praxis kam und den Anrufbeantworter abhörte, erklang Martas Stimme: „Herr Dr. Last, ich fürchte, ich kann nächste Woche nicht kommen. Gestern abend bin ich gestürzt und habe mir den Knöchel verstaucht."
Im Verlauf der nächsten zwei Monate bemerkte Marek Last eine zunehmende Synchronizität zwischen den Leben von Marta und Hubert. Er hatte sich inzwischen bemüht, den Mann persönlich kennenzulernen, und ein paar ganz harmlose Gespräche mit ihm geführt, um Informationen aus Martas Hypnosesitzungen zu überprüfen. Marta ihrerseits hatte nach wie vor keine Ahnung von Hubert. Marek beließ sie weiterhin in Amnesie hinsichtlich ihrer Trance-Erfahrungen. Zum einen, um sie nicht zu beunruhigen, zum anderen aber auch, damit sie nicht mit ihrer Phantasie dazwischenfunken konnte.
Allerdings bekam Hubert mit der Zeit Probleme mit Schlaflosigkeit, während sich Martas Symptomatik zunehmend besserte. Und was noch beunruhigender war – es gab weiterhin immer wieder kleinere Details, die Marta in der Trance als Hubert erlebte und die nicht stimmten. Allerdings zeigten sie sich anschließend in Martas Leben, mit einer kleinen Zeitverzögerung.
Während der ganzen Zeit versuchte Marek Last auch, sich ein Denkmodell zu entwerfen, das diese seltsamen Ereignisse erklären konnte. Er hatte schon viele Menschen in frühere Leben zurückgeführt, manchmal auch schon Vorausführungen in zukünftige Leben gewagt. Aber was sollte das denn jetzt sein? Eine „Rückführung ins Hier und Jetzt"? Auf welche Weise waren die Seelen von Marta und Hubert einander verbunden, daß sie nicht nur Informationen austauschen konnten, sondern sogar ihre Schicksale gegenseitig beeinflußten?

Marek hatte schon von seltsamen Synchronizitäten in den Schicksalen eineiiger Zwillinge gehört, selbst wenn sie sich Hunderte von Kilometern entfernt voneinander befanden. Doch zwischen Marta und Hubert gab es nicht einmal eine entfernte genetische Verwandtschaft.
Marta beendete eines Tages die Therapie bei Marek Last, und so gab es keine Möglichkeit mehr, diesem Fall noch nachzugehen. Allerdings stellte sich Marek noch lange die Frage: Was würde geschehen, wenn Marta und Hubert sich eines Tages zufällig begegnen würden?

Co-Walker

So ein Fall wie der hier vorgestellte wird natürlich nur sehr selten bekannt. Die Tatsache, daß sich die Leben zweier Menschen, die sich überhaupt nicht kennen, derart beeinflussen können, wurde hier erst durch einen veränderten Bewußtseinszustand bei einer der beiden Personen überhaupt entdeckt. Es geschieht sicher selten, aber es geschieht, daß Menschen sich der Tatsache bewußt sind, „auf der Erde nicht allein zu sein". In der Regel können die Menschen dieses Gefühl nicht genauer präzisieren. Es kann sich zum Beispiel durch plötzlich auftretende, scheinbar unmotivierte Emotionen äußern.
Die Schicksale solcher Menschen sind wie aneinander gekettet, selbst wenn sie auf unterschiedlichen Kontinenten leben sollten. Es können dabei unterschiedliche Konstellationen auftreten, zum Beispiel zwei Männer, zwei Frauen, aber auch die Kombination Mann-Frau ist möglich.
In Deutschland sind uns schon zwei solcher Fälle bekannt geworden (also insgesamt vier Personen), und eine Geschichte erfuhren wir über eine Verbindung einer deutschen Frau mit einem Engländer. Wenn sich zwei solche Menschen tatsächlich treffen und die Gelegenheit haben, sich kennenzulernen und weiter in Verbindung zu bleiben, dann kann es zu unterschiedlichen Reaktionen kommen. Es ist möglich, daß sie sich persönlich überhaupt nicht leiden können. In diesem Fall verlaufen die Lebenswege fast polar-gegensätzlich. Aber selbst dann bleibt ein gegenseitiges Interesse aneinander erhalten. Jeder verfolgt den Lebensweg des anderen, und sei es auch nur aus der Ferne, um über die weitere Entwicklung informiert zu sein. Dies entspringt nicht nur einer gewöhnlichen Neugier, sondern einem echten inneren Bedürfnis, einer seltsamen Art von Faszination, die sie

aufeinander ausüben und die sie nicht voneinander loskommen läßt.
Die zweite Möglichkeit ist, daß sich solche Menschen parallel entwickeln, fast wie Zwillinge, obwohl sie genetisch nicht verwandt sind. Es sind eher „Seelen-Zwillinge“. Auch beruflich machen solche Menschen dann einen fast identischen Weg. Mit persönlichen Sympathien ist dies aber auch nicht verbunden, sofern sie überhaupt voneinander wissen. Die gegenseitige Neugier ist jedoch in diesen Fällen wiederum vorhanden.
Problematisch wird es in der Konstellation Mann-Frau, wenn sich die beiden Menschen kennenlernen und sich ineinander verlieben. Im Fall der erwähnten deutschen Frau und des Engländers hatte die Begegnung der beiden ernsthafte Konsequenzen. Sie trafen sich im Leben nur drei Mal, was bei dem Engländer dazu führte, daß er plötzlich relativ gut und akzentfrei Deutsch sprechen konnte. Er kannte diese Sprache vorher nicht. Die Frau dagegen bekam ernsthafte psychische Probleme. Sie schilderte, wie der Mann selbst während eines Telefonats die Fähigkeit hatte, sie vollkommen zu kontrollieren.
Die Kommunikation zwischen solchen „Co-Walkern“, wie wir sie normalerweise nennen, verläuft oft nonverbal, auf einer Art telepathischen Ebene. Sie reagieren augenblicklich und präzise aufeinander. Einer denkt etwas, der andere tut es.
Manchmal ist es so, daß solche Co-Walker eine gemeinsame Aufgabe zu haben scheinen, bei der sie sich gegenseitig ergänzen müssen. Wenn die beiden über das Ziel wissen, arbeiten sie meist nicht zusammen, aber trotzdem in einem Bereich. Es kann dabei zu recht heftigen Konkurrenzsituationen kommen, speziell wenn es sich um polar-gegensätzliche Entwicklungen handelt. In solch einem Fall bedeutet ja ein Fortschritt bei dem einen in direkter Konsequenz einen Rückschritt bei dem anderen.
Insofern ist es meist besser, wenn sich Co-Walker aus dem Wege gehen. Und wenn sie das nicht tun, sorgt das Schicksal oft von selbst dafür.
Astrid und Robert waren auf eine derartige Weise miteinander verbunden. Sie wußten schon voneinander, bevor sie sich das erste Mal persönlich begegneten. In vielen Lebensbereichen hatten sie identische Interessen und auch den gleichen beruflichen Weg eingeschlagen, mit ähnlicher Ausbildung.
Zu einer ersten persönlichen Begegnung kam es dadurch, daß Astrid

und Robert einen gemeinsamen Freund hatten. Es folgten einige weitere Treffen, aber immer im Beisein anderer Menschen oder sogar einer größeren Gruppe.
Eines Tages entstand die Idee eines gemeinsamen Projekts, das die beiden ins Leben rufen wollten, und Astrid lud Robert zu sich in ihr Haus ein, um Einzelheiten zu besprechen.
Da sie an entgegengesetzten Enden des Landes wohnten, buchte Robert ein Hotelzimmer in einer Stadt, etwa 30 Kilometer entfernt von Astrids Wohnort. Sie wohnte in einem kleinen Ort, in dem es keine geeigneten Übernachtungsmöglichkeiten gab.
Gut ausgeschlafen nach der langen Anreise brach er am nächsten Tag mit dem Auto zu Astrid auf. Den Weg zu der kleinen Ortschaft hatte er sich schon vorher auf einer Landkarte eingeprägt. Es war ein heißer Sommertag, und die Landschaft lag in strahlendem Sonnenschein, als er die Stadt verließ, in der er sein Quartier aufgeschlagen hatte.
Am Anfang ahnte er noch nichts Besonderes, er fuhr eine Landstraße entlang, immer einem holländischen Reisebus folgend, der offenbar einen ähnlichen Zielort hatte. Irgendwann hielt der Bus dann an, und Robert war auf der Straße ganz allein.
Nach einiger Zeit merkte er, daß er sich von dem Fluß, an dem er kilometerweit entlanggefahren war, entfernte. Das widersprach dem, was er auf der Karte gesehen hatte. Eigentlich hätte er eine bestimmte Ortschaft erreichen und dort über eine Brücke fahren sollen. Tatsächlich kam er bald in einen Ort, nur war es nicht der Ort, den er erwartet hatte. Hatte Robert sich verfahren? Er war an keiner größeren Weggabelung oder Kreuzung vorbeigekommen, an der er hätte falsch abbiegen können.
Nachdem er durch mehrere weitere unerwartete Ortschaften gekommen war, hielt er an und schaute nochmals auf die Karte. Keinen der Orte konnte er auf seiner Karte finden. Die Karte war aktuell, zu der Reise gekauft, und Orte verschwinden auch nicht so einfach von einem Tag zum anderen oder wechseln ihre Namen. Durch keinen der Orte auf seiner Karte war er hindurchgekommen, obwohl man sehen konnte, daß es zu der Straße am Fluß, die er anfangs gefahren war, keine Alternative gegeben hatte.
Was ihn noch mehr beunruhigte – er sah entlang dieser Straße zwar Häuser, aber keine Menschen, keine Autos, kein gar nichts, nicht einmal jemanden, den er nach dem Weg hätte fragen können. Die

ganze Situation hatte etwas Unwirkliches, obwohl die Szenerie der Landschaft durchaus sehr real wirkte.
Aus purer Neugier wollte Robert feststellen, wie die Geschichte weitergehen würde, und tatsächlich kam er schließlich an seinem geplanten Zielort an. Als er auf die Uhr sah, bemerkte er, daß eineinhalb Stunden Zeit vergangen waren. Die Strecke sollte, wie gesagt, laut Karte 30 Kilometer betragen, und er war die ganze Zeit in zügigem Tempo gefahren, ohne längere Rasten einzulegen.
Astrids Haus war verschlossen und wirkte total verlassen. Als er die Türklingel betätigte, bemerkte er, daß sie abgestellt war.
Nach kurzer Überlegung entschloß sich Robert umzukehren und zu seinem Hotel zurückzufahren.
Ab einem bestimmten Punkt der Strecke gab es auf der Rückfahrt plötzlich normalen Straßenverkehr, und die Orte, durch die Robert kam, stimmten wieder mit der Karte überein.
Astrid und Robert haben sich nie wieder getroffen. Jahrelang dachte Robert, daß sie ihn ganz einfach versetzt hatte. Erst viel später begriff er, daß sie vielleicht nicht einmal wußte, daß er überhaupt dagewesen war.
Wir wissen nicht, was die Ursache für Roberts seltsame Erlebnisse war. Das einzige, was wir wissen, ist, daß die Geschichte sich nachweislich so zugetragen hat. Vielleicht hätte ein persönliches Treffen unter vier Augen zwischen Astrid und Robert so einschneidende Konsequenzen auf die Stabilität des Raum-Zeit-Gefüges gehabt, daß die Matrix zu einer Art Selbstkorrektur schritt.
Es ist seltsam, daß in solch scheinbar unbedeutenden Ereignissen so drastische Eingriffe in unsere Realität stattfinden.
So bizarr die ganze Angelegenheit mit den Co-Walkern auch klingen mag, für die Wissenschaft ist sie im Grunde nichts Neues. Zumindest in der Welt des Mikrokosmos ist sie seit Jahrzehnten bekannt.
Man weiß aus der Quantenphysik, daß sich Elementarteilchen, z. B. Elektronen, durch bestimmte diskrete Zustände unterscheiden, die durch sogenannte Quantenzahlen beschrieben werden. Eine dieser Quanteneigenschaften ist der sogenannte Spin, der in populären Darstellungen oft auch als Eigendrehung des Elektrons beschrieben wird (obwohl diese Beschreibung den wahren Kern nicht trifft). Der Spin eines Elektrons kann zwei Zustände haben, „Up“ oder „Down“, was anschaulich gesprochen einer Links- bzw. Rechtsrotation entspricht.
Es gibt nun quantenphysikalische Prozesse, in denen Paare von Teil-

chen zusammen entstehen, die polar gegensätzliche Eigenschaften haben. Eines hat dann z. B. den Spin Up und eines den Spin Down. Da die beiden im gleichen Moment durch den gleichen Prozeß entstanden sind, bleiben sie auf ewig aneinander gekoppelt, selbst wenn man sie auseinanderfliegen läßt und so lange abwartet, daß sie Lichtjahre voneinander entfernt sind. Physiker nennen solche Teilchen auch miteinander „verschränkt".
Sobald einem der beiden verschränkten Teilchen etwas „geschieht", z. B. sein Spin umkippt, geschieht dem Partner augenblicklich das Gleiche. Die beiden Partnerteilchen „wissen" also über ihr Schicksal, ohne über normale Kommunikationskanäle darüber Informationen austauschen zu müssen (was immer zu einer Verzögerung führt, da klassische Kommunikationsprozesse an die Lichtgeschwindigkeit gebunden sind). Diese Nullzeit-Kommunikation wird in Zukunft noch von entscheidender Bedeutung sein, z. B. in der Raumfahrt oder in der Computertechnik. Vor einigen Jahrzehnten hingegen erschien dieses Szenario ganz einfach nur paradox. Es folgte zwar aus den Gesetzen der Quantenphysik, schien aber jeglichem gesundem Menschenverstand zu widersprechen. Der Effekt wird nach seinen Entdeckern bis heute Einstein-Podolsky-Rosen-Paradoxon (oder kurz EPR-Paradoxon) genannt.
Das EPR-Paradoxon war jahrzehntelang nur ein Gedankenexperiment, das Albert Einstein und seine Kollegen ursprünglich sogar erdacht hatten, um die von ihnen skeptisch beurteilte Quantenphysik ad absurdum zu führen. In den achtziger Jahren des 20. Jahrhunderts gelang es jedoch französischen Wissenschaftlern, das EPR-Paradoxon im Labor nachzuweisen.
Co-Walker scheinen so etwas wie makroskopische Entsprechungen verschränkter Teilchenpaare zu sein, die EPR-Kommunikation betreiben. Normalerweise kann man sicher quantenphysikalische Effekte nicht nahtlos in die makroskopische Welt übertragen. Man muß aber berücksichtigen, daß es hier nicht um körperlich-materielle, sondern um Bewußtseinsphänomene geht. Demzufolge brauchen Co-Walker auch nicht am gleichen Tag geboren zu sein (sie sind es in der Regel auch nicht).
Daß aber das Bewußtsein quantenphysikalischen Gesetzmäßigkeiten folgt, wird von vielen Wissenschaftlern schon seit langem angenommen. Dem russischen Molekularbiologen Pjotr Garjajev zufolge hat die menschliche DNA nicht nur eine fraktale Struktur, sondern sie kommuniziert auch über EPR-Kanäle.[19]

Die zwei Leben der Veronika

In vielen Publikationen ist die Rede von einer sogenannten „Dualseele", und man hört immer wieder, daß Menschen auf der Suche nach ihrer Dualseele wären, in der Hoffnung, auf diese Weise den idealen Partner fürs Leben zu finden.

Doch Vorsicht! Wenn die Dualseele, also die Ergänzungshälfte der Seele eines Menschen, wirklich hier bei uns auf der Erde verkörpert sein sollte, dann handelt es sich eher um eine Art von Co-Walker, wie wir es hier beschrieben haben. Die Dualseele eines Menschen repräsentiert per definitionem das, was der Mensch nicht ist, also das, was ihm zur Ganzheit fehlt. Sie müßte daher auf jeden Lernschritt eines Menschen augenblicklich reagieren. Alles, was den Menschen bereichert, würde seine Dualseele automatisch ärmer machen.

Wer den Partner fürs Leben sucht, sollte lieber nach einer „verwandten Seele" Ausschau halten, um „Anne auf Green Gables" mal wieder zu zitieren.

Die Thematik des Co-Walkers wurde auf eine sehr poetisch-hintergründige Weise von dem bedeutenden polnischen Filmregisseur Krzysztof Kieślowski in dem Spielfilm „Die zwei Leben der Veronika"[20] verarbeitet. In vielen Werken Kieślowskis finden wir geheimnisvoll-spirituelle Anspielungen, doch in diesem preisgekrönten Film hat er sich selbst übertroffen.

Der Film erzählt die Lebensgeschichte zweier junger Frauen, der Französin Veronique und der Polin Weronika, die einander wie Zwillinge gleichen. Beide sind etwa im gleichen Alter, haben ein sehr großes Gesangstalent und ähnliche familiäre Hintergründe.

Beide haben eine unterschwellige Ahnung von der Existenz der jeweils anderen, ohne einander zu kennen.

Veronique kommt eines Tages mit einer Reisegruppe nach Krakau und fotografiert aus dem Bus den Marktplatz, den Weronika gerade überquert. Veronique nimmt ihre Co-Walkerin in diesem Moment gar nicht zur Kenntnis. Weronika jedoch sieht ihr französisches Gegenstück und ist von ihrem Anblick fasziniert. Dann fährt der Bus weiter, und die Wege der beiden trennen sich wieder.

Die Tatsache, daß Weronika das Treffen bewußt erlebt, hat für sie Konsequenzen. Möglicherweise kommt es bei ihr zu einem Energieverlust. Auf jeden Fall bekommt sie danach Herzbeschwerden. Sie arbeitet jedoch weiter an ihrer künstlerischen Karriere und gewinnt einen Gesangswettbewerb. Bei ihrem ersten öffentlichen Konzert bricht sie tot zusammen.

Abb. 19: Weronika (Irène Jacob) sieht auf dem Marktplatz von Krakau in einem Reisebus ein Mädchen, das ihr aufs Haar gleicht.

Weronikas Tod löst bei Veronique eine unerklärliche Traurigkeit aus, obwohl sie über die Ereignisse bewußt nichts weiß. Gleichzeitig ist sie von nun an zunehmend mit Informationsfeldern aus Weronikas Bewußtsein verbunden und reagiert darauf. Sie bricht ihre Gesangsausbildung ab und arbeitet statt dessen als Musiklehrerin in der Schule. Den künstlerischen Höhepunkt hatte ihre Co-Walkerin in Polen bereits erreicht und unmittelbar darauf das Leben verloren. Veronique braucht diese Erfahrung nicht mehr, sie entscheidet sich für das Leben.
Gleichzeitig entwickelt sie eine unstillbare Faszination für genau das Musikstück, das bei Weronikas Tod aufgeführt worden war, und versucht es sogar mit ihrer Klasse einzuüben.
Erst längere Zeit später lernt sie einen Dichter und Marionettenspieler kennen, der sie über die Hintergründe aufklärt. Bei dieser Gelegenheit betrachtet sie erstmals bewußt ihre Fotos aus Krakau und erkennt, daß sie dort eine Frau fotografiert hatte, die ihr Ebenbild war. Sie fühlt deutlich, daß sie jetzt „allein auf der Welt ist".

Die meisten Filmkritiker sehen in Kieślowskis Film in erster Linie eine symbolische Auseinandersetzung des Künstlers mit der Frage, ob er sich für seine Kunst oder für das Leben entscheiden soll. Doch die spirituellen Anspielungen beschreiben das Phänomen des Co-Walkers zu exakt, um nur eine allgemein-symbolische Parabel darstellen zu können. Vielleicht wollte uns der Regisseur sogar vermitteln, daß beide Frauen eine gemeinsame Grundschwingung der Seele hatten. Das Bindeglied bildet hier die bezaubernde Musik, die sich wie ein roter Faden durch den Film zieht und deren Faszination sich der Betrachter nicht entziehen kann.

Ein fremdes Ich

Das Gegenteil zu den Co-Walkern stellt die sogenannte multiple Persönlichkeitsstörung dar. In diesem Fall scheinen sich zwei oder mehrere Persönlichkeiten einen Körper zu teilen.

Multiple Persönlichkeitsstörungen sind seit etwa 200 Jahren in der medizinischen Literatur bekannt. Seit den siebziger Jahren des 20. Jahrhunderts werden sie fachlich als „dissoziative Identitätsstörungen" bezeichnet.[21]

Ein Mensch, der an einer solchen Störung leidet, hat außer seiner eigentlichen Identität, die sozusagen durch seinen Personalausweis bestätigt werden kann, noch weitere Identitäten in sich. Jede dieser Persönlichkeiten hat ihre eigene Lebensform, ihre Gefühle und Verhaltensmuster, Ausdrucksweisen usw., die unabhängig voneinander sind und zu unterschiedlichen Zeiten dominant werden.

In der Regel haben die unterschiedlichen Identitäten keinen Zugang zueinander, d. h. wenn die eine dominiert, weiß sie nichts von den anderen. In manchen Fällen kann aber zumindest eine der Identitäten auch von den anderen wissen. In Extremfällen gehen die Unterschiede zwischen den einzelnen Identitäten so weit, daß es sich auch körperlich auswirkt. Zum Beispiel muß der Mensch eine Brille tragen, wenn Identität A aktiv ist, bei Identität B jedoch nicht. Die einzelnen Identitäten können unterschiedliche Allergien entwickeln und auf Medikamente verschieden reagieren. Ist die Person z. B. Diabetiker, so kann die benötigte Insulindosis je nach dominierender Identität variieren. Die einzelnen Identitäten können vollkommen unterschiedliche Vorlieben für bestimmte Nahrungsmittel entwickeln. Es ist auch möglich, daß eine Identität Raucher ist, die anderen nicht.

Man muß betonen, daß die grundsätzliche Fähigkeit zur Dissoziation, also zur Aufspaltung des Bewußtseins, jedem Menschen gegeben ist und auch bei vollkommen gesunden Menschen im Alltag zum Einsatz kommt. Zum Beispiel fährt man Auto und schweift dabei in Gedanken ganz weit ab. Insbesondere Kinder sind Meister der Dissoziation. Doch der gesunde Mensch weiß auch in solch dissoziativen Phasen immer noch genau, wer er ist. Von einer dissoziativen Störung spricht man erst dann, wenn dies nicht mehr unbedingt gegeben ist. Die einzelnen Identitäten sind dann streng gegeneinander abgegrenzt und entwickeln ein Eigenleben. Die Diagnose wird auch nur gestellt, wenn die Störung chronisch und gravierend ist und nicht auf den Mißbrauch von Alkohol oder Drogen zurückgeführt werden kann.[22]

Es gibt unterschiedliche Hypothesen, wie eine solche Störung entstehen kann. Meist vermutet man, daß die Aufspaltung der Persönlichkeit auf ein Trauma zurückzuführen ist. Menschliche Erinnerungen sind ein großes Archiv, aus dem nie etwas aussortiert wird. Natürlich vergessen wir manches, aber wenn es zu einem scheinbaren Vergessen kommt, d. h. zu einer Verdrängung einer traumatischen Erfahrung, wird dieser Bewußtseinsinhalt von der bewußt wahrgenommenen Persönlichkeit abgespalten. Bis hierher ist alles noch ganz normal und findet bei jedem Menschen mehr oder weniger statt. Hält das Trauma jedoch über längere Zeit an, so können sich solche Persönlichkeitsfragmente stabilisieren und eine eigene Identität entwickeln. Sie werden dann zu „Hütern“ der verdrängten Erfahrung, wie Psychologen es nennen.

In bestimmten Lebenssituationen können solche verdrängten Erfahrungen dann wieder aktiviert werden, was im Fall der dissoziativen Störung bedeutet, daß die gesamte Teilidentität an die Oberfläche tritt und die dominante Rolle übernimmt.

Psychotherapeuten können während der Arbeit mit einem solchen Patienten durch Benutzung bestimmter Reizworte gezielt die einzelnen Identitäten aktivieren.

In Fachkreisen herrscht die allgemeine Überzeugung vor, daß speziell in den USA die dissoziative Identitätsstörung zu häufig und zu leichtfertig diagnostiziert wird. In Extremfällen wurde sogar bekannt, daß Therapeuten ihren Patienten traumatische Erfahrungen eingeredet haben, die nie stattgefunden haben. Speziell in Situationen, wo ein Mensch mit einer Autoritätsperson konfrontiert ist, ist er relativ leicht

davon zu überzeugen, sich an etwas zu „erinnern“, vor allem, wenn suggestive Fragen gestellt werden. Dr. Elizabeth Loftus von der Universität Washington hat festgestellt, daß bei Gerichtsverhandlungen schon die Art der Fragestellung die Erinnerung verändert.
Unabhängig von der hier besprochenen Thematik der dissoziativen Störungen ist es also gerade auch bei psychotherapeutischen Sitzungen in Hypnose besonders wichtig, daß sich der Therapeut jeglicher Suggestivfragen streng enthält. Dies ist der Grund, daß bei den Hypnoseprotokollen, die in diesem Buch zitiert werden, die Äußerungen des Therapeuten so monoton erscheinen. Sie sind minimalistisch und beschränken sich auf Formulierungen wie „Was geschieht jetzt?“, „Wo bist du?“, „Was fühlst du?“ usw. Ihr Zweck ist im Grunde nur, den therapeutischen Rapport aufrechtzuerhalten und dem Patienten zu helfen, weiter in seine Erinnerungen einzusteigen.
In diesem Zusammenhang erinnern wir uns übrigens an ein sehr lustiges Erlebnis mit einem jungen Mann in unserer Praxis. Seine Geschichte spielte sich im heutigen Leben ab, und er behauptete während der Hypnose, in seinem Schlafzimmer im Bett zu liegen. Eine fremde Person stand neben seinem Bett und starrte ihn an.
In diesem Moment kam es zu einer langen Pause, und auf die Frage, was als nächstes geschehe, antwortete er: „Nichts.“
Nachdem dieses Nichts immer noch anhielt, war es notwendig, ganz vorsichtig zu fragen: „Ist denn diese Gestalt noch da?“. Die Antwort war mehr als überraschend:
„Ja, er ist noch da, aber ich bin weg.“
Es ist wirklich eine hohe Kunst, in einem solch total unerwarteten Moment, der in keinem Lehrbuch der Welt beschrieben ist, als Therapeut richtig zu reagieren und den Patienten nicht mit einer ungeschickten Frage zu beeinflussen. In diesem Fall war die Sache äußerst originell. Der junge Mann behauptete, weg zu sein, in einem „schwarzen Nichts“, wo natürlich auch nichts geschah.
Er hatte aber Gelegenheit, von seinem Nichts aus die Gestalt weiter zu beobachten, die nach seiner Aussage nach wie vor in seinem Schlafzimmer neben dem Bett stand.
Es hat jetzt keinen Sinn, diesen Fall noch ausführlicher aufzurollen. Daher nur so viel: Der Mann lebt bis heute weiter, und es geht ihm gut. Es ist allerdings schon fast unvorstellbar, mit was für Situationen man bei der Trance-Arbeit konfrontiert werden kann.

Bewußt sein oder nicht sein

Ein Fernsehsender plante eine Dokumentation zum Thema Déjà-vu-Erlebnisse. Grazyna wurde gebeten, bei dieser Produktion als wissenschaftliche Beraterin mitzuwirken. Im Aufenthaltsraum neben dem Fernsehstudio waren schon vor Beginn der Aufnahmen viele Menschen versammelt, und jeder kam mit einer eigenen Geschichte.
Es ist interessant, daß das Endergebnis – also die Sendung, die der Zuschauer letztendlich sieht – mehr oder weniger perfekt, abgerundet und gut geschnitten wirkt. Das, was tatsächlich beim Fernsehen fasziniert, ist die Atmosphäre vor und am Rand der Sendung sowie das kreative Chaos, das dabei regelmäßig abzulaufen pflegt.
Auch die Gespräche zwischen Redakteuren, Beratern und geladenen Gästen führen manchmal zu Bekanntschaften, die hinterher noch jahrelang Bestand haben. Da sitzt man bei einer Tasse Kaffee und zwischen den Platten des kalten Büffets und tauscht Gedanken aus, während im Hintergrund schon Polaroid-Bilder für die Regie gemacht werden.
Kurz gesagt – das Interessanteste läuft ab, bevor man verkabelt ist. Danach kommt eigentlich nur noch Anspannung und Streß.

Regie eines Déjà-vu

In solch lockerer Atmosphäre traf Grazyna Yukio Akimoto, einen Japaner, der seit vier Monaten in Deutschland lebte. Er berichtete über sein Erlebnis in Berlin, am Potsdamer Platz.
„Meine Frau und meine Tochter gingen schon zum Marlene-Dietrich-Platz, wo wir uns am Eingang zum Theater treffen wollten. Ich blieb noch am Potsdamer Platz stehen, weil gerade die erste Zeit der Dämmerung eingesetzt hatte, und wollte noch eine Reihe von Fotos machen. Viele Menschen waren zu sehen, farbige Lichtreklamen und der unaufhörlich fließende Autoverkehr. Sie bildeten eine gute Ergänzung zum Sony-Center, das ich eigentlich fotografieren wollte.
Ich weiß nicht warum, aber plötzlich wurde ich langsamer. Ich hatte keine Lust mehr, Bilder zu machen, und blieb einfach stehen, versunken in den äußeren Eindrücken. Zuerst sah ich so etwas wie eine Verengung meines Blickfeldes. Am linken und rechten Rand wurde

die Wahrnehmung unscharf und nebelig. Dann plötzlich war die ganze Umgebung nur noch schwarz-weiß zu sehen. Alle Farben waren verschwunden. Ich sah ein Bild, vermutlich aus früheren Zeiten, als dieser Platz noch ganz anders aussah. Ich weiß, daß es dieser Platz war, weil die Normaluhr dort immer noch stand. Aber jetzt stand sie nicht mehr an der Seite am Bahnhofseingang, sondern direkt in der Mitte eines Kreisverkehrs, auf dem viele altertümliche Autos fuhren. Ich sah auch eine alte Trambahn und vieles andere, was heute am Potsdamer Platz gar nicht mehr existiert. Auch die Häuser waren anders, wunderschön alt und in einem Stil gebaut, der mir fremd war. Insgesamt hatte ich aber ein Gefühl der Bedrohung. Dieses Gefühl war so stark, daß mir kalt wurde.

Zwei Epochen, ein Platz:

Abb. 20: Berlin, Potsdamer Platz, um 1930

Abb. 21: Der Potsdamer Platz heute.
Das einzige Element, das in beiden Bildern vorhanden ist, ist die Normaluhr, das Wahrzeichen des Platzes: Im oberen Bild sieht man sie links unten im Kreisverkehr, im unteren links neben dem Daimler-Benz-Gebäude (mittleres Hochhaus).

Plötzlich sah ich zwei schwarze Limousinen, die aus einer Nebenstraße

kamen und hinter einem Bus parkten. Männer mit Hüten und langen schwarzen Ledermänteln stiegen aus und nahmen einen Mann fest. Passanten beobachteten die Szene mit ängstlichen Blicken. Ich fühlte, wie meine Knie weich wurden, und mir wurde sehr unbehaglich.
In diesem Moment löste sich das schwarz-weiße Bild auf und wurde unscharf. Es überlagerte sich dem heutigen Bild noch ein wenig, und dann war alles wieder normal, außer dem Gefühl in meinen Knien.
Noch den ganzen Abend stand ich unter dem Eindruck dieses Erlebnisses. Später kaufte ich mir in einem Souvenirladen noch einige Postkarten, die den Potsdamer Platz in der Zeit vor dem zweiten Weltkrieg zeigten. Alles sah ungefähr so aus, wie ich es erlebt hatte."
Yukio Akimoto war kein Mann, der sich irgendwie mit Reinkarnation oder ähnlichen Themen beschäftigte. Trotzdem – wie wir sehen, hatte er eine Art von Déjà-vu-Erlebnis, und zwar ein sehr heftiges, weil er mitten in der Szene war.
Bei Déjà-vu-Erlebnissen haben die Menschen meist nur ein eher unbestimmtes Gefühl, an einem Ort früher schon einmal gewesen zu sein oder irgendeine Szenerie schon einmal erlebt zu haben. Es ist nicht unbedingt notwendig, solche Erlebnisse mit Hilfe der Reinkarnation erklären zu müssen. Man kann aber auch nicht ausschließen, daß es sich bei Yukio Akimotos Erlebnis um die Erinnerung an ein früheres Leben gehandelt hat.
Reinkarnationsvorstellungen, die meist heutzutage auf Rudolf Steiner zurückgehen, unterscheiden sich von denen, die wir aus anderen Kulturen, etwa aus Indien, kennen. Wenn wir davon ausgehen, daß die Energie in unserem Universum nicht verloren geht, dann geht auch die Information nicht verloren, denn Information ist im Grunde nichts weiter als ein Muster, das einer Energie aufgeprägt wurde.
Wenn wir uns zum Beispiel bei Rupert Sheldrake und seinen „morphogenetischen Feldern" bedienen, ist Reinkarnation im Grunde gar nicht schwer zu erklären als eine Wiederholung früher existierender Informationsmuster, Formen etc.
Das würde bedeuten, daß ein Mensch in seinem Leben in Resonanz zu bestimmten Informationen steht, die sich in einem solchen morphogenetischen (Informations-)Feld befinden. Diese Informationsmuster sind nun aber keine digitalen Informationen (wie z. B. die Buchstaben eines Buches), sondern analog (also bildhaft) und führen dann im Unterbewußtsein zu einer Wiederholung dieses Musters.

Das Resultat: Ein Mensch „erinnert“ sich ganz lebhaft z. B. an eine historische Szene, die nach dem eben Gesagten keinesfalls Phantasie ist. Dem entspricht dann auch die interessante Tatsache, daß sich derartige „Reinkarnationserinnerungen“ von Menschen zuweilen überprüfen und bestätigen lassen. Das führt natürlich zu einer starken Identifizierung und Personifizierung dieser Informationsfetzen, und man sagt meist z. B.: „Ich war mal dieser Mann dort...“

Auch auf der Ebene der DNA wird Information gespeichert und übertragen. Das kann dazu führen, daß ein Mensch schon zur Zeit der Geburt zu den Reinkarnationserlebnissen passende Narben und Krankheiten mitbringt, oder daß er glaubt, die Wiedergeburt seines Großvaters zu sein (genetisches Gedächtnis).

Wie wir sehen, kann man Reinkarnation als einen globalen Fall von geistigem Recycling betrachten.

Wenn wir das Erlebnis von Yukio Akimoto auf der Basis der Reinkarnation sehen würden, könnte man sagen, daß die Informationen *von ihm* kämen. Unserer Meinung nach war das hier nicht der Fall. Warum? Seine Bilder waren schwarz-weiß. Das bedeutet, daß er die Szenerie relativ distanziert wahrgenommen hat und eine echte Identifikation mit irgendwem auf dem Platz damals nicht stattgefunden hat. Also wäre es möglich, daß dieses Déjà-vu-Erlebnis eher mit dem Ort zu tun hatte, genauer: Mit der *Matrix des Ortes*.

Auch ein Ort, ein Platz, ein Haus etc. hat sein eigenes morphogenetisches Feld, oder anschaulich gesprochen: Sein eigenes Gedächtnis.

Wir wollen dieses Thema jetzt nicht eingehender diskutieren, da wir uns mit der Matrix des Ortes bereits in unserem Buch „Terra Incognita“ ausführlich beschäftigt haben. Doch die Feinstruktur der Informationen über einen Ort, die unabhängig von Raum und Zeit im morphogenetischen Feld gespeichert sind, zeigt sich in unserer Raumzeit in Form von rekursiven und progressiven Zeitvariablen. Es ist durchaus möglich, daß Yukio Akimoto in eine solche Zeitschleife gerutscht war und sich die Informationen unbewußt aus der Matrix des Ortes abgezapft hatte.

Die dritte Möglichkeit, ein Déjà-vu-Erlebnis zu interpretieren, liegt in der seltsamen Eigenschaft des Gehirns, Sinneseindrücke zeitlich rückzudatieren. Ein Sinneseindruck wird erst dann bewußt wahrgenommen, wenn er zuvor mit passenden Referenzerlebnissen aus unserem Gedächtnis abgeglichen wurde. Kurz gesagt – wir sehen Dinge

erst dann bewußt, wenn wir (ungefähr) wissen, was sie darstellen. Dieser Vergleichsprozeß kann aber bis zu einer halben Sekunde Zeit in Anspruch nehmen. Würden wir alle Sinneseindrücke tatsächlich mit einer derartigen Verzögerung erst wahrnehmen, so könnten wir niemals auf einen Außenreiz adäquat reagieren. Die Erfahrung spricht dagegen. Wir fahren Auto, ein Kind rennt auf die Straße, wir bremsen (praktisch) sofort.
Dies ist möglich, weil das Gehirn dem Sinneseindruck eine zeitliche Signatur verpaßt. Wenn der innere Interpretationsprozeß des Gehirns abgeschlossen ist, wird die Wahrnehmung geeignet rückdatiert, sozusagen in die Vergangenheit geschickt, so daß wir sie tatsächlich verzögerungsfrei bewußt wahrnehmen können.
Auf der Basis der modernen Quantenphysik sind solche zunächst bizarr erscheinenden Vorgänge durchaus erklärbar, und die Rückdatierung von Sinneseindrücken konnte auch bereits im Labor nachgewiesen werden.[23]
Auf diese Weise empfangen wir also sozusagen Sinneseindrücke aus der Zukunft, wenn diese Zukunft auch nur Sekundenbruchteile vor uns liegt. Unter bestimmten Umständen kann dies dazu führen, daß ein Mensch eine Szenerie erstmals im Leben sieht, dabei aber das Gefühl hat, sie schon einmal genau so gesehen zu haben. Allerdings ist dieses Erklärungsmodell ungeeignet, wenn es um die Wahrnehmung historischer Szenerien geht, so wie beim Erlebnis von Yukio Akimoto.
Ein vierter Aspekt ist in den sogenannten Raum-Zeit-Achsen des menschlichen Gehirns zu sehen, die wir bereits im Buch „Vernetzte Intelligenz“ angesprochen haben. Die dortige Graphik möchten wir daher hier nochmals abbilden und die damalige Interpretation erweitern.
Es geht darum, daß bestimmte Gehirnzentren entlang zweier gerader Linien angeordnet sind, von denen wir eine als Raumachse und eine als Zeitachse bezeichnen. Die beiden Achsen schneiden sich in einer Region des Hinterhirns, dem sogenannten Hippocampus. Diese Region wird nicht nur von Gehirnforschern heute als entscheidend für die Funktion des Gedächtnisses angesehen. Es zeigte sich auch, daß sie ein Tor zur Hyperkommunikation darstellt, also für die menschliche Fähigkeit, Informationen aus Dimensionen außerhalb von Raum und Zeit wahrzunehmen.

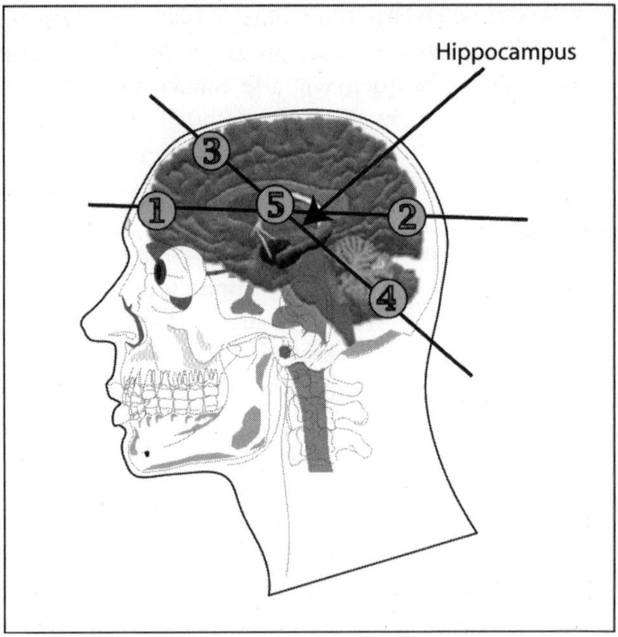

Abb. 22: Raum- und Zeitachse im Bereich des menschlichen Gehirns. 1-5-2: Raumachse, 3-5-4: Zeitachse

Dadurch ist es natürlich im Nachhinein für einen Menschen sehr schwer zu unterscheiden, ob ein innerer Eindruck einer persönlichen Erinnerung entstammt oder ob er durch Hyperkommunikation mit dem morphogenetischen Feld zustande gekommen ist. Im Grunde genommen ist diese Unterscheidung auch nicht so wichtig. Es zeigt aber, daß es grundfalsch wäre, jeden merkwürdig anmutenden inneren Eindruck sofort mit der Reinkarnation in Verbindung zu bringen.
Yukio Akimoto stand auf dem Potsdamer Platz und fotografierte. Er schaute nach oben zum Sony-Hochhaus, dann wieder nach unten auf den Straßenverkehr – auf jeden Fall bewegte er seinen Kopf mehrfach hin und her. Bei einem sensiblen Menschen können bestimmte Kopfpositionen zu einer Wahrnehmungsveränderung führen. Was dann wahrgenommen wird, ist keinesfalls eine Phantasie oder gar eine Halluzination. Es hat mit dem Ort zu tun, an dem man sich befindet, mit dem Zusammenspiel zwischen rechter und linker Gehirnhälfte sowie dem Hyperkommunikationszentrum im Hippocampus.

Aus der psychologischen Therapietechnik des Neurolinguistischen Programmierens (NLP) ist bekannt, daß durch gezieltes Positionieren der Augen unterschiedliche Bewußtseinsinhalte abgerufen werden können.

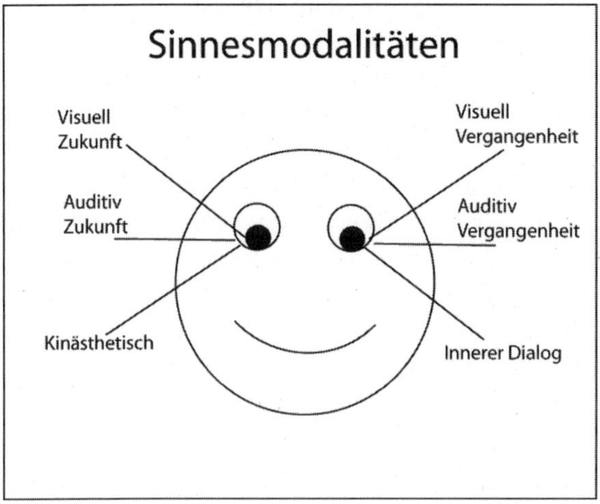

Abb. 23: Sinnesmodalitäten in Abhängigkeit von der Blickrichtung: Nach oben visuell, zur Seite auditiv, nach unten Innerer Dialog bzw. kinästhetisch (Gefühlsebene)

Blickt ein Mensch nach links oben, so erhält er Zugang zu echten Erinnerungsbildern, also zur Vergangenheit. Der Blick nach rechts oben dagegen ermöglicht die Wahrnehmung von Impulsen aus der Zukunft. Da man diese meist nicht korrekt einordnen kann, werden sie häufig als „Phantasien" fehlinterpretiert.

Blickt man auf der Augenachse horizontal nach links, also in Richtung des linken Ohres, kann man Zugang zu auditiven, also akustischen Erinnerungen erhalten. Nach rechts eröffnet sich dagegen wieder das Tor zur Zukunft, diesmal allerdings auf der akustischen Ebene.

Der Blick nach links unten ermöglicht den Zugang zum inneren Dialog, während unten rechts unsere Gefühlseindrücke verfügbar werden.

Die Tatsache, daß wir unsere Emotionen vor allem dann abrufen, wenn wir nach unten schauen, ist uns übrigens unbewußt durchaus vertraut. Wenn ein Kind zum Beispiel aus irgendeinem Grund weint und die Mutter es trösten will, schaut es natürlich nach oben, ganz einfach, weil die Mutter größer ist. Meist hört es dann schnell wieder auf zu weinen, denn der Kontakt zu den Emotionen ist abgeschnitten.

Ein Link zum Hyperraum

Wenn man über das Bewußtsein spricht, bringt man meist die Begriffe durcheinander. Da ist die Rede vom Unterbewußtsein, Überbewußtsein, dem Ego, der Seele, dem höheren Selbst usw. Jeder benutzt diese Begriffe, und fast jeder meint damit etwas anderes.
Dies ist nicht verwunderlich, denn das Bewußtsein hat es meisterhaft verstanden, sich bis heute einer exakten Definition zu entziehen.
Bewußtsein läßt sich weder physikalisch noch medizinisch in Raum und Zeit nachweisen. Es muß also eine Struktur sein, die außerhalb von Raum und Zeit – im Hyperraum – existiert und dennoch in der Lage ist, in Raum und Zeit hineinzuwirken.
Die meisten Menschen identifizieren das Bewußtsein fälschlicherweise mit bestimmten Persönlichkeitsanteilen, Erinnerungen, Neigungen und Abneigungen, also mit Informationen. Alle diese Dinge haben mit dem Bewußtsein nicht das Geringste zu tun. Man könnte sie schließlich auch in einem Buch auflisten, ohne daß das Buch dadurch plötzlich zu einem bewußten Wesen würde.
Auch die Psychologen haben sich mit dem Bewußtsein immer schwer getan und im Laufe der Zeit die unterschiedlichsten Modelle formuliert.
Sigmund Freud stellte sich das menschliche Bewußtsein als zwei Kegel vor, die mit der Spitze aufeinanderstehen. Der untere Kegel spielte dabei die Rolle eines Eisberges, der sich ja bekanntlich zu ungefähr sechs Siebenteln unter Wasser befindet. Die kleine Spitze oberhalb des Wasserspiegels bezeichnete Freud als das Ich, den darunter liegenden größeren Teil als das Es oder das Unbewußte.
Das Ich war für ihn unser Tagesbewußtsein, während das Es das Reich unserer verdrängten Antriebe, für Freud vorwiegend sexueller Natur, war. Diese Antriebe galt es natürlich vor dem zartbesaiteten Ich sorgfältig unter Verschluß zu halten, und in diesem Moment trat der obere zweite Kegel in Aktion, den Freud als Über-Ich bezeichnete, also als eine moralische Kontrollinstanz, die zu entscheiden hatte, welche der „schmutzigen Phantasien“ des Es als jugendfrei und damit zur Betrachtung für das Ich freizugeben sei.
Die nächste, aktualisierte Ausgabe der Bewußtseinslandkarte wurde von Freuds Schüler Carl Gustav Jung herausgegeben. Er wählte für die einzelnen Bewußtseinsschichten etwas weniger moralisierende Begriffe.

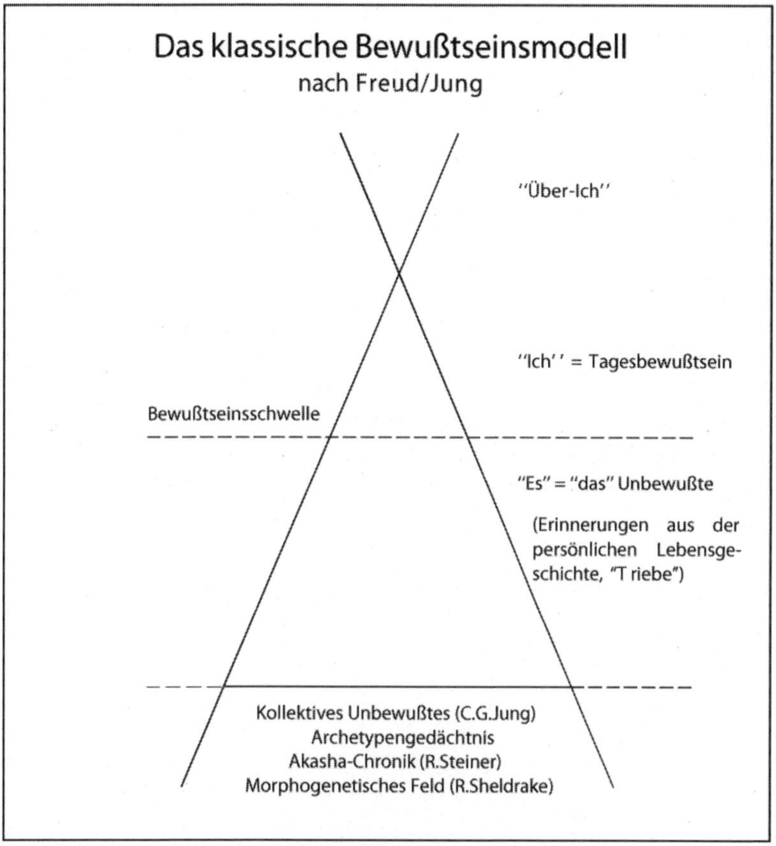

Abb. 24: Bewußtseinsmodell nach Freud/Jung

So nannte er das Über-Ich zum Beispiel das Höhere Selbst, und seine Bedeutung sah er weniger im moralischen Werten als im spirituellen Aufstieg. Das Unbewußte unterteilte er in weitere Schichten. Die oberste, das persönliche Unbewußte, enthielt nach Jungs Ansicht die vergessenen Erinnerungen und verdrängten Antriebe. Er glaubte jedoch, daß sich darunter noch mehr befinden müsse, und zwar ein sogenanntes kollektives Unbewußtes, also ein Menschheitsgedächtnis, das allen Menschen gemeinsam zu eigen ist. In diesem kollektiven Unbewußten siedelte Jung die allen Menschheitskulturen gemeinsamen mythologischen Urbilder an, die sogenannten Archetypen, die in den Träumen aller Menschen immer wieder in cha-

rakteristischer Form auftreten. Darunter finden sich Helden- und Sagengestalten, Drachenwesen, aber auch spirituelle Figuren wie der „Hüter der Schwelle", der weise Ratgeber usw.
Jungs Vorstellungen von persönlichkeitsübergreifenden Bewußtseinsstrukturen waren damals seiner Zeit weit voraus und finden heute Bestätigung im modernen holographischen Weltbild und in der Theorie der morphogenetischen Felder.
Doch auch mit diesem Modell könnten wir uns noch nicht zurechtfinden, und zwar ganz einfach aus dem Grund, weil es zu statisch ist. Das Bewußtsein ist dynamisch und läßt sich nicht in ein so starres Schema pressen.
Ein dynamisches Bewußtseinsmodell stammt von dem amerikanischen Psychiater und Hypnotherapeuten Milton H. Erickson und seinen Nachfolgern, unter ihnen Richard Bandler, John Grinder, Anthony Robbins und anderen (Abb. 25).

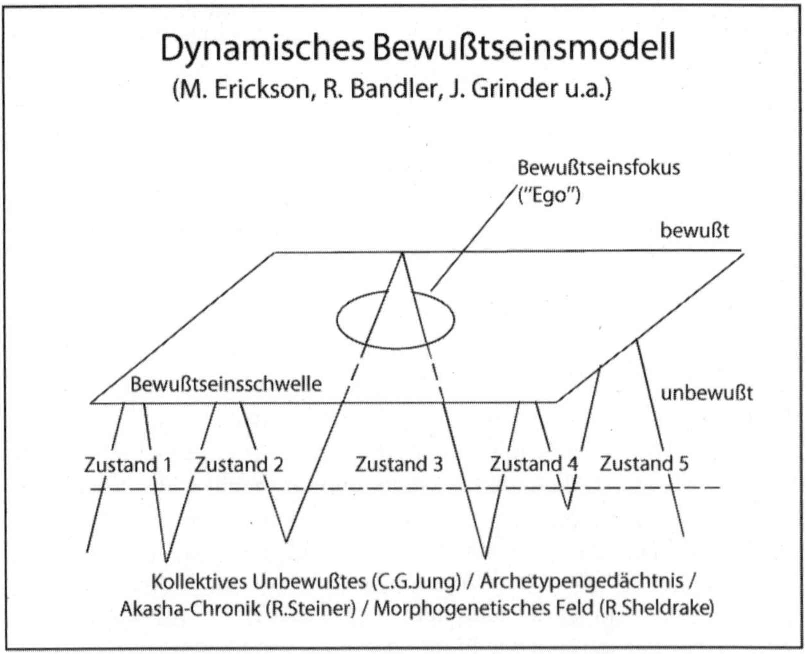

Abb. 25: Dynamisches NLP-Bewußtseinsmodell

Zunächst einmal müssen wir ganz streng trennen zwischen dem *Bewußtsein* an sich und *Bewußtseinszuständen*. Hier treten die meisten Verwechslungen und damit auch Verwirrungen auf. Die meisten Menschen sprechen von Bewußtsein und meinen eigentlich einen bestimmten Bewußtseinszustand, mit dem sie sich identifizieren. Es ist so, als würde man die Landkarte mit dem Land selbst verwechseln.
Wir alle kennen es, wenn nach einer langen Arbeitswoche endlich das Wochenende beginnt, auf das wir uns so lange gefreut haben. Das erste, was wir tun (falls es uns gelingt), ist abschalten. Zwei Tage lang denken wir überhaupt nicht über das Büro nach, vergessen es scheinbar.
Statt dessen spielt man vielleicht mit den Kindern, treibt Sport oder geht einem anderen Hobby nach. Einem Menschen stehen also am Wochenende vollkommen andere Fähigkeiten zur Verfügung als während der Woche, wenn er im Büro ist. Er ist in einem anderen Bewußtseinszustand, dem „Wochenend-Bewußtseinszustand".
Interessant ist nun, was geschieht, wenn Montag früh der Wecker klingelt und man wieder zur Arbeit gehen muß. Jetzt sind wieder alles Wissen und alle Fähigkeiten gefragt, die zur Erledigung der beruflichen Arbeit nötig sind. Dagegen brauchen wir jetzt nicht mehr zu wissen, wie man beim Tennis einen Aufschlag schlägt oder wie man den Rasen mäht. Jetzt wird der „Arbeits-Bewußtseinszustand" gebraucht.
Vielleicht werden Sie sich wundern, daß Sie sich bislang nie darüber Gedanken gemacht haben. Das brauchten Sie auch nicht, denn der Wechsel des Bewußtseinszustandes geschieht normalerweise von selbst. Es reicht aus, das Büro zu betreten, und alles, was Sie brauchen, ist Ihnen sofort wieder verfügbar. Und es ist Montag...
Das dynamische Bewußtseinsmodell trennt nicht mehr streng hierarchisch zwischen einem festen Ego und einem festen Unbewußten. Es sieht vielmehr das Unbewußte als einen umfangreichen Speicher von Erinnerungen, Erfahrungen und Fähigkeiten an, die ständig nach Bedarf über oder unter die Bewußtseinsschwelle fließen. Man könnte auch sagen, sie hoppeln – durch ein Loch nach oben. Anstelle eines Eisberges haben wir also jetzt viele kleine Eisberge, von denen aber immer nur einer über das Wasser ragen kann.
Dementsprechend ist der über dem Wasser liegende Teil des Eisberges auch nicht „das Ich", so wie Freud es annahm, sondern lediglich der momentan an der Oberfläche liegende Bewußtseinszustand. Das Ich oder Ego hingegen ist in unserem Modell das Wasserloch, sozusagen der

Grenzbeamte, der zu entscheiden hat, ob ein Eisberg überhaupt durch das Wasserloch hindurchschlüpfen darf. Mit Argusaugen beobachtet er, ob auch nichts in diesem Bewußtseinszustand seinen liebgewordenen Vorurteilen widerspricht, denn nur unter dieser Voraussetzung erteilt er das Visum und damit die Genehmigung zur Grenzüberschreitung.
Kurz gesagt – solange wir als Menschen im Körper inkarniert sind, haben wir es eigentlich gar nicht mit dem Bewußtsein an sich zu tun, sondern nur mit unterschiedlichen Bewußtseinszuständen. Und unsere Löcher – unsere Egos – sind uns lieb und teuer, und wir nähren und pflegen sie, so gut wir nur können.
Ist Ihnen eigentlich schon einmal aufgefallen, daß wir zwar von Egos oder Bewußtseinszuständen reden können, aber nicht von „Bewußtseinen“? Das Wort Bewußtsein hat keinen Plural. Und das hat seinen Grund.
Seit Beginn dieses Buches stehen einige Fragen unausgesprochen im Raum: Wenn es Reinkarnation gibt, was inkarniert dann eigentlich? Welcher Bestandteil der menschlichen Persönlichkeit könnte den Tod des Körpers überleben?
Um uns der Beantwortung dieser Fragen auch nur nähern zu können, müssen wir jetzt bei der Benutzung der Begriffe sehr präzise sein. Wenn wir also sagen, das Bewußtsein überlebe den Tod, so meinen wir natürlich nicht den momentanen Bewußtseinszustand, in dem Sie sich befinden, während Sie das Buch lesen. Der verschwindet bald wieder in der Versenkung, vielleicht schon nach ein paar Minuten, wenn Sie das Buch zuklappen und einer anderen Beschäftigung nachgehen. Er wird auch niemals exakt so wie jetzt wiederkehren. Vielleicht werden Sie später das Buch weiterlesen (zumindest hoffen wir das), und dann wird Ihnen das Wissen wieder verfügbar sein, was Sie bislang gelesen haben, aber in irgendeiner anderen Ecke Ihrer Persönlichkeit werden Sie sich inzwischen verändert haben.
Das Bewußtsein an sich hingegen kann a priori nicht sterben, und zwar aus zwei Gründen:

1. Das Bewußtsein existiert außerhalb von Raum und Zeit, wie wir gesagt haben. Sterben ist aber ein Begriff, der nur innerhalb des Rahmens unserer gewohnten Zeit überhaupt einen Sinn ergibt. Wo es kein Gestern und kein Morgen, sondern nur ein immerwährendes Jetzt gibt, kann auch nichts sterben.

2. Das Bewußtsein existiert nur im Singular, es gibt also – von der Warte höherer Dimensionen aus gesehen – nur ein Bewußtsein.

Punkt 2 haben wir bislang nur so als Behauptung in den Raum gestellt, ohne ihn zu begründen. Das soll nun nachgeholt werden.

Das holographische Paradigma

Die anstrengenden Tage der Funkausstellung waren vorbei, und Carsten Vollmer und seine Kollegen hatten ihren Messestand abgebaut. Bis zum Abflug seiner Maschine hatte Carsten noch zwei Stunden Zeit. Er hatte mit Nicole-Marie verabredet, daß sie sich in der Cafeteria auf dem Flughafen zum Abschied noch kurz treffen würden. Während er noch auf das geschäftige Treiben der Reisenden und des Flughafenpersonals schaute, sah er sie von fern schon kommen – in angeregtem Gespräch mit Hubert Schaffhauser, der ganz offenbar auch seine Maschine erreichen mußte.

Wenige Minuten später saßen sie zu dritt bei Kaffee und Mineralwasser zusammen.

„Gut daß ich Sie noch mal treffe, Professor.“, begann Carsten das Gespräch. „Eine Frage ist nämlich bei mir noch offen geblieben. Wenn Reinkarnation nur ein Vorgang ist, bei dem sich eine Persönlichkeit aus bereits vorhandenem Informationsmaterial zusammenfindet, welche Rolle spielt dann das Bewußtsein dabei?“

„Da sprechen Sie eines der großen Geheimnisse der Wissenschaft an, eine Frage, die wissenschaftlich noch nicht befriedigend gelöst ist. Zunächst einmal ist Bewußtsein gar keine biologische Funktion. Nicht nur, daß noch kein Gehirnchirurg je bei einem menschlichen Gehirn den Sitz des Bewußtseins gefunden hätte – es gibt auch gar keine biologische Notwendigkeit für die Existenz des Bewußtseins. Alle lebensnotwendigen biochemischen Funktionen des Körpers laufen schließlich auch ohne Bewußtsein ab. Es gab also im Verlauf der Erdgeschichte überhaupt keinen Evolutionsdruck, um im Körper eines Lebewesens eine Art Beobachterinstanz zu entwickeln, die wir als Bewußtsein bezeichnen.

Gemäß der Evolutionstheorie dürfte es also das Bewußtsein überhaupt nicht geben, da die Natur nichts Überflüssiges oder Sinnloses hervorbringt. Neuerungen, die durch Mutation entstehen, für das Überleben aber keinen Wert haben, verschwinden sehr schnell wie-

der. Konsequenz: Das Bewußtsein wurde nicht im Verlauf der Evolution entwickelt, es war schon von Anfang an da."
„Mein Bewußtsein auch? Vor Millionen von Jahren?"
„Ich sagte *das* Bewußtsein. Es gibt nicht *mein* Bewußtsein oder *Ihr* Bewußtsein, sondern nur *das* Bewußtsein."
„Wie das?"
„Das erfahren Sie jede Nacht, wenn Sie träumen. Sie gehen bewußt durch eine Szenerie, Sie treffen andere Menschen, und dann wachen Sie auf und stellen fest, daß der ganze Traum allein von Ihnen erschaffen wurde."
„Heißt das, daß auch Sie hier nur eine Ausgeburt meiner Phantasie sind?" Carsten dachte ernsthaft darüber nach, warum er dann gerade diesen Mann hätte erschaffen sollen.
Schaffhauser lächelte. „Natürlich nicht. Aber in der Welt, die Sie erleben, gibt es in der Tat nur Ihr Bewußtsein und eine ganze Menge anderer Leute, die Sie nur wahrnehmen. Genau so ist es in der Welt, die ich erlebe. Da gibt es nur mein Bewußtsein. In Nicoles Welt ist ihr Bewußtsein die einzige bewußte Instanz, deren Existenz sie sicher sein kann. Die Tatsache, daß wir der Meinung sind, es existiere darüber hinaus eine objektive Realität, liegt daran, daß unsere Welten gut miteinander synchronisiert sind. Wir können uns darüber verständigen, daß wir hier alle in etwa das Gleiche sehen.
Die Kabbalisten sagten, Gottes Schöpfung manifestiere sich in unterschiedlichen Facetten, wie bei einem Kaleidoskop. Jeder von uns ist eine dieser Facetten, hinter denen aber nur ein einziges Schöpfungsprinzip steht."
„Das Bewußtsein?"
„Wie immer Sie es nennen wollen, der göttliche Funke, die Schöpfungsstrategie."
„Die Quantenphysiker wissen schon seit langem, daß der Mensch als Beobachter an der Erschaffung der wahrgenommenen Realität beteiligt ist.", schaltete sich Nicole-Marie ein.
„Selbst die Kirche hat dies inzwischen anerkannt. In seinem Kommentar zur Botschaft von Fatima hat Kardinal Ratzinger, der heutige Papst Benedikt XVI., es ausdrücklich gesagt. Moment, ich will korrekt zitieren."
Schaffhauser holte einen Schnellhefter mit einigen ausgedruckten Seiten aus seiner Tasche.

„Also, er schreibt da, *daß das Subjekt an der Bildwerdung dessen, was sich zeigt, wesentlich mitbeteiligt ist. Das Bild kann nur nach seinen Maßen und seinen Möglichkeiten ankommen.*“[24]
„Der Mensch als Mitschöpfer?“
„Natürlich nicht in einem so naiven Sinn, wie manche Leute sagen – ‚Du bist Gott.‘ Auf jeden Fall aber sind alle Menschen durch das Bewußtsein miteinander verbunden, und jedem ist prinzipiell jede Information zugänglich. Für jeden allerdings, wie Ratzinger schrieb, nur so weit, wie es seine Bewußtseinsstufe erlaubt.“
„Also wie bei einem Hologramm?“, fragte Nicole-Marie.
Schaffhauser zuckte nur die Schultern. „Das, was auf Ihrer Kreditkarte aufgedruckt ist.“, erklärte Carsten.
Nicole-Marie gab ihm ein Zeichen, still zu sein. „Das Universum als Hologramm ist ein Konzept, das auf David Bohm und Karl Pribram zurückgeht, einen Quantenphysiker und einen Gehirnforscher. Hologramme sind Bildspeicher, in denen dreidimensionale Bilder abgespeichert werden können durch ein bestimmtes Interferenzverfahren, also genau genommen wieder durch Resonanz.
Wenn man solch ein Hologramm anschaut, sieht man zunächst einmal überhaupt nichts. Erst wenn man es geeignet beleuchtet, wird das Bild reaktiviert. Es scheint aus der Bildebene heraus dreidimensional in den Raum hineinzutreten – absolut faszinierend.
Interessant ist dabei vor allem, daß durch die Art der Speicherung kein herkömmliches Bild wie etwa ein Gemälde oder ein Foto entsteht. Wenn man ein Hologramm zerschneidet, so enthält jedes der Bruchstücke die Information über das ganze Bild. Aus jedem der Teile kann das Ganze also wieder erzeugt werden, wenn auch mit abnehmender Qualität.“
„Jetzt verstehe ich.“, warf Schaffhauser ein. „Jeder von uns ist ein Teil des Hologramms. Das würde erklären, wieso zum Beispiel das Bewußtsein und die Erinnerungen überall im menschlichen Körper verteilt zu sein scheinen. Bei Organtransplantationen können ja ganze Persönlichkeitsanteile des Spenders mit übertragen werden.“
„Es ist sogar noch mehr. Wir sind nicht nur Teile eines Hologramms, sondern als solche betrachten wir das Hologramm auch wieder, mit eingeschränktem Blickfeld.“

Holographische Bildspeicherung

Wenn zwei Wellen unterschiedlicher Wellenlänge oder Phase aufeinandertreffen, so kommt es zu einem Effekt, den man in der Physik als *Interferenz* bezeichnet (Abb. 26). Die Wellen überlagern sich, da sie aber nicht kohärent sind, gibt es Stellen, an denen sie sich verstärken, und andere, an denen sie sich gegenseitig auslöschen (1). Das resultierende Schwingungsbild ergibt dann keine reine Sinusschwingung mehr, sondern ein unregelmäßiges Muster (2). Man kann dies etwa bei den kreisförmigen Wasserwellen beobachten, die entstehen, wenn man zwei Steine nebeneinander ins Wasser wirft (3).

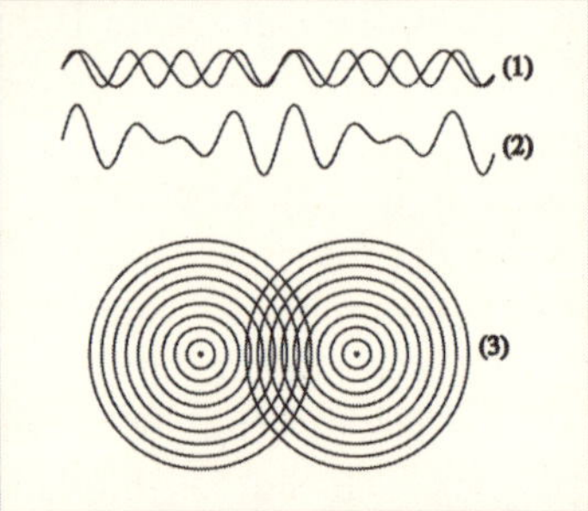

Abb. 26

Den gleichen Effekt macht man sich zunutze bei der *Holographie* (Abb. 27): Zwei kohärente Lichtstrahlen werden von einer Lichtquelle abgestrahlt. Strahl α fällt direkt auf eine Fotoplatte, Strahl β auf ein Objekt, von wo aus er von jedem Oberflächenpunkt anders reflektiert wird. Die Teilstrahlen des Strahlenbündels γ sind also zu α nicht mehr kohärent, da sie unterschiedliche Wege zurücklegen mußten.
So kommen sie beim Auftreffen auf die Fotoplatte zur Interferenz, wobei das Muster Informationen über die gesamte dreidimensionale Oberfläche des Objektes speichert. Da nun jeder Teilstrahl von γ die gesamte Fotoplatte trifft, enthält jeder Punkt der Fotoplatte die vollständige Information über das Objekt.
Das Bild, das im Hologramm gespeichert ist, kann allerdings erst durch erneutes Beleuchten der Fotoplatte wieder reaktiviert werden.
In der modernen Naturwissenschaft benutzt man dieses technische

Verfahren der Holographie als Sinnbild, um den Aufbau des Universums, aber auch der menschlichen Persönlichkeit zu beschreiben. Auch in diesen Bereichen stößt man auf die Tatsache, daß jeder Bestandteil Informationen über das Ganze enthält.

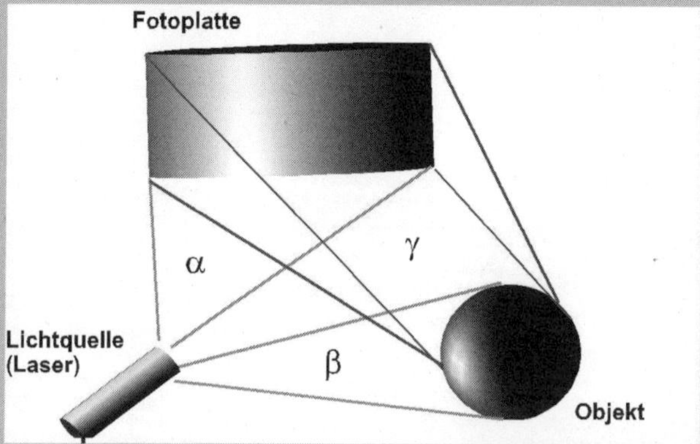

Abb. 27

Jetzt fiel es Carsten wie Schuppen von den Augen. „Das ist die Geburtsstunde der Matrix, meine Lieben. Wenn wir Teile eines Hologramms sind, das sich selbst betrachtet, entsteht dadurch eine Rückkopplung. Erinnert euch, wie wir auf dem Schiff damals über die zwei gegenüberliegenden Spiegel gesprochen haben, die ein gespiegeltes Bild endlos wiederholen. Auf diese Weise kommen die Fraktalformen in unsere Welt. Anders wäre das Aussehen der Welt in der Tat gar nicht zu erklären."

„Vorausgesetzt allerdings,", gab Schaffhauser zu bedenken, „daß der Betrachter selbst, das Bewußtsein, nicht Teil dieses Hologramms ist, sondern sich durch das Hologramm nur projiziert.

Ich kannte mich mit Hologrammen nie so aus, deshalb hatte ich mir immer ein einfacheres Bild gemacht." Er nahm eine Zeichnung aus seiner Tasche.

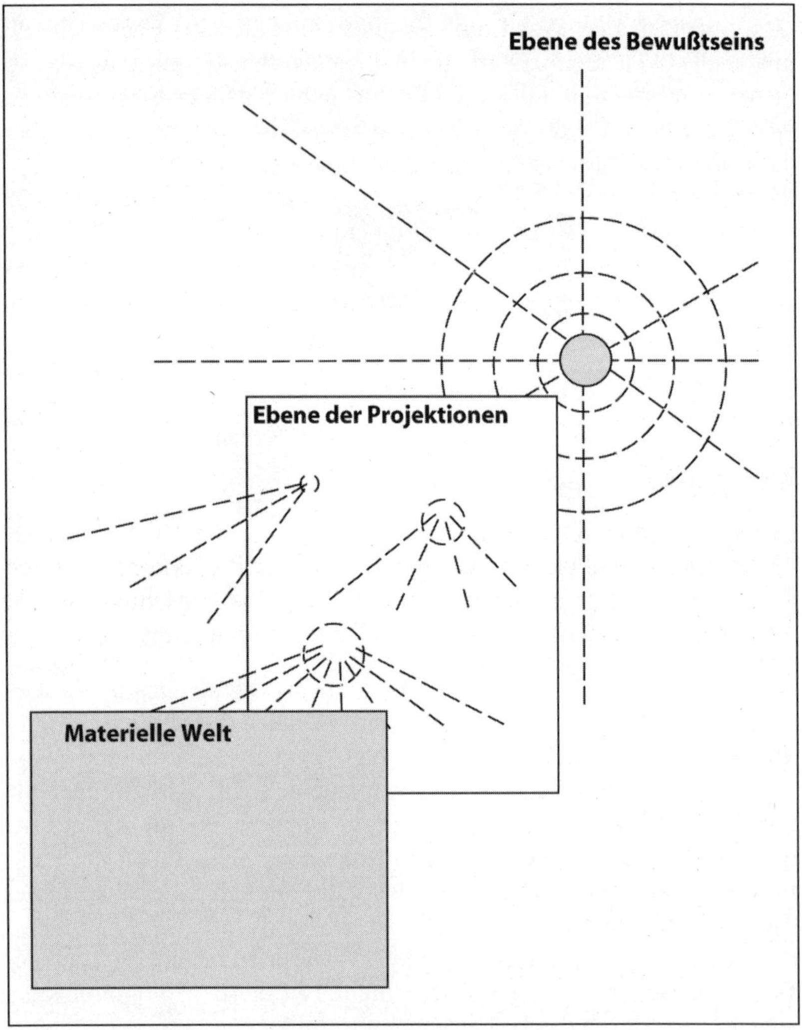

Abb. 28: Holographische Projektion des Bewußtseins in die Materie

„Das Bewußtsein ist so etwas wie ein Licht, das hinter einer Wand leuchtet. Sie kennen doch Platos Höhlengleichnis. Der Mensch nimmt nicht die Dinge an sich wahr, sondern nur ihre Schatten.

In diese Wand schneidet man nun einige Löcher. Das sind die Menschen oder allgemeiner die Lebewesen, bzw. ihr jeweiliger Bewußtseinsfokus. Der kann mehr oder weniger Licht hindurchlassen. Trotzdem ist hinter der durchlöcherten Wand auf der gegenüberliegenden Ebene, die die materielle Welt repräsentiert, Licht zu sehen. Nicht alles, nur ein Abglanz. Außerdem ist durch die Löcherstruktur auch der Lichtschein auf der Ebene strukturiert. Wie ich jetzt erfahren habe, können durch Überlagerung solcher Lichtstrahlen Hologramme entstehen."

„Und damit materielle, d. h. fraktale Formen." Carsten war jetzt ganz engagiert dabei. Die Diskussion fing langsam an, ihm zu gefallen.

„Mich erinnert das an einen Rolls Royce mit Chauffeur.", fügte er lachend hinzu. „Es gibt einen Vordersitz und einen Rücksitz und eine Trennscheibe dazwischen."

„Das ist sogar ein sehr gutes Bild.", nickte Schaffhauser. „Der Chauffeur ist zwar derjenige, der den Wagen zu steuern scheint. Wir dürfen aber nie vergessen – der Chef sitzt hinten."

Das Klavier im Gehirn

„Eines verstehe ich nur noch nicht.", meinte Nicole-Marie jetzt. „Wenn das Bewußtsein im Grunde hinter einer Projektionswand verborgen ist und nur in unsere Welt schwach hindurchschimmert, wie kommt es dann, daß wir es trotzdem so empfinden, als wenn es in unserem Kopf säße? Warum betrachten wir die Welt nicht von außen? Wie interagiert das Bewußtsein mit unserem Gehirn?"

„Darüber haben sich Mediziner lange Zeit den Kopf zerbrochen. Warten Sie, dazu habe ich auch vor einiger Zeit etwas gelesen." Er blätterte in seinem Schnellhefter ein paar Seiten weiter.

Schauen Sie: Der Neurophysiologe und Nobelpreisträger John Eccles war immer der Überzeugung, daß das Bewußtsein „nicht stofflich" sei und von außerhalb unseres Körpers bestimmt, welche Nervenzellen aktiviert werden sollen und welche nicht. Später war er in der Lage, die Schnittstelle zwischen Bewußtsein und Gehirn sogar genauer zu lokalisieren. Es handelt sich um die sogenannte SMA-Region. Das bedeutet *supplementary motor area*, also *ergänzendes motorisches Feld.*

In dieser seltsamen Gehirnregion entdeckte der deutsche Neurophysiologe Hans Kornhuber ein sogenanntes Bereitschaftspotential. Immer, wenn wir irgendeine willentliche Bewegung ausführen wollen, steigt etwa eine Sekunde vorher in der SMA-Region das elektrische Potential an. Die Gehirnzentren, die wirklich für die Bewegung zuständig sind, werden daraufhin besser durchblutet, und am Ende erfolgt die Bewegung selbst."

„Na und?“ Carsten hatte den Kick hinter der Sache noch nicht begriffen. „Wo ist die Pointe?“
„Im Moment noch nirgends. Man machte aber Versuche mit Testpersonen und forderte sie auf, sich eine solche willentliche Bewegung nur vorzustellen. In diesem Fall geschah etwas Interessantes. Die erhöhte Durchblutung der motorischen Zentren des Gehirns unterblieb, aber das Bereitschaftspotential in der SMA-Region stieg trotzdem vorher an.“
Carsten zuckte mit den Schultern.
„Verstehen Sie nicht, was das bedeutet?“ Schaffhauser fixierte ihn mit den Augen. „Es bedeutet, daß die elektrischen Impulse in der SMA-Region nicht dort entstanden sind, sondern von außerhalb kommen mußten.“
„Wieso?“
„Nehmen wir an, die Impulse entstünden direkt in der SMA-Region selbst. Wie sollte das Gehirn dann unterscheiden, ob die Bewegung wirklich auszuführen (und die entsprechende Gehirnregion zu durchbluten) ist oder nicht? Die elektrischen Impulse selbst unterscheiden sich nicht. Der Ursprung der Impulse muß also außerhalb der SMA-Region liegen, irgendwo, wo jemand das unterscheiden kann.“
„Und wo soll das sein?“
„Wer weiß, jedenfalls nicht im Gehirn. Die Impulse lassen sich von der SMA-Region aus nicht weiter zurückverfolgen. John Eccles faßte es so zusammen, daß *der nichtphysische Geist auf den ca. 50 Millionen Neuronen der SMA-Region spielt wie auf den Tasten eines Klaviers.“*
Carsten war absolut verblüfft. Er hatte alle diese Behauptungen über nicht materielle, feinstoffliche, geistige Sphären immer für Unsinn gehalten, und nun mußte er wieder ein Stück seines geliebten Weltbildes aufgeben. Etwas verunsichert sagte er: „Ich erhöhe jetzt mal mein Bereitschaftspotential und bestelle uns noch ein neues Klavier – nein – einen neuen Kaffee.“ Er winkte nach dem Kellner.

Be Part of the Game!

„Wenn wir nun die Frage untersuchen, was von uns bleibt nach dem Tod.“, philosophierte Nicole-Marie vor sich hin. „Was könnte es sein, das sich da immer wieder in einem sterblichen Körper inkarniert? Das Bewußtsein?“
„Das Bewußtsein inkarniert nicht, es projiziert sich.“, sagte Schaffhauser. „Es existiert sozusagen auf allen Ebenen, bis hinunter auf die Zellebene bzw. auf die Ebene der DNA.“
„Da haben wir wieder die fraktale Eigenschaft der Skaleninvarianz.“ Carsten sah jetzt neue Zusammenhänge. „Zellen haben nur einen kleinen Bewußtseinsfokus, wir Menschen größere.“
„Viele Wissenschaftler vermuten, daß sogar Elementarteilchen rudimentäre Bewußtseinsfokusse haben.“, fügte Nicole-Marie hinzu. „Jetzt kann man auch das verstehen, was wir als Bewußtseinsentwicklung bezeichnen. Wenn das Bewußtsein eins ist und ungeteilt, so kann sich nur die Breite des Bewußtseinsfokus entwickeln, indem sie ganz einfach mehr Bewußtheit hindurchläßt.“
„Vermutlich geschieht das durch Selbstorganisation.“, meinte Carsten. „Kleine Löcher in der Projektionswand schließen sich zu größeren, gemeinsamen Löchern zusammen.“
„Richtig. In der Psychologie kennt man diesen Effekt auch.“ Schaffhauser war froh, daß er noch Gelegenheit zu diesem Abschlußgespräch hatte, um seine Gedankengänge naturwissenschaftlich zu untermauern. „Genau das geschieht, wenn ein Psychotherapeut einem Menschen hilft, sich an ein verdrängtes Erlebnis zu erinnern. Vorher hatten die Kontrollstrukturen des Egos nicht zugelassen, daß dieses Erlebnis an die Oberfläche kam, indem der Bewußtseinsfokus entsprechend verengt wurde. Die verdrängte Erinnerung gehörte zu einem Bewußtseinszustand oder einer Teilpersönlichkeit, die nicht gleichzeitig mit dem normalen Tagesbewußtsein koexistieren durfte. Sobald dieses Persönlichkeitsfragment aber bewußt integriert ist, wird der Bewußtseinsfokus natürlich breiter.“
„Aber wir waren von der Frage ausgegangen, was nach dem Tod von uns bleibt.“ Nicole-Marie ließ nicht locker. „Also das Bewußtsein ist es nicht.“
„Das habe ich nicht gesagt. Das Bewußtsein ist natürlich unsterblich,

weil es ungeteilt ist. Es existiert ohnehin nur in der Gegenwart, im Hier und Jetzt.
Die Vergangenheit und die Zukunft dagegen kommen erst durch unsere Gedanken in die Welt. Ohne unsere Gedanken würde es nur den jetzigen Moment und die unmittelbare Wahrnehmung geben.
Das Bewußtsein ist aber nicht Ihrer individuellen Persönlichkeit zuzuordnen, und darum geht es ja den Menschen, wenn sie nach dem Überleben des Todes fragen. Was bleibt von mir persönlich?"
„Da wollen Sie jetzt wieder auf die Informationsinhalte hinaus, aus denen unsere Persönlichkeit zusammengesetzt ist? Also, es wäre mir doch zu banal, wenn unser ganzes individuelles Sein, unser Leben, unser Schaffen nur darauf beruhen würde, daß unsere gesamte Existenz aus irgendwelchen zufälligen Resonanzen mit irgendwelchen Erfahrungen früherer Menschen zusammengesetzt würde, so wie der Körper aus bereits vorhandener Materie aufgebaut wird. Das soll schon alles sein?"
„Natürlich nicht. Wenn das alles wäre, dann gäbe es nur einen endlosen Kreislauf. Eine Welt ohne Vergangenheit und Zukunft. Die Zeitschleifen hätten ein für alle Male den Sieg davon getragen.
Aber ich kann Sie beruhigen: Wir sind nur scheinbar in einer Sackgasse, denn das neue Weltbild mit den Hologrammen, das Sie mir jetzt nahegebracht haben, hat einen entscheidenden Fehler – es ist statisch. Überlegen wir die Konsequenzen: Wenn das Bewußtsein außerhalb von Raum und Zeit existiert, gibt es für das Bewußtsein keine Zeit, nur das Jetzt. Von seiner Warte aus gesehen würden alle Leben aller Menschen gleichzeitig stattfinden. Es gäbe dann auch keine Reinkarnation, sondern nur eine Bewußtseinsvernetzung zwischen unterschiedlichen Menschen, die einander sonst nicht wahrnehmen können, weil sie sich subjektiv unterschiedlichen Zeitaltern zugehörig fühlen. Das Bewußtsein hat auch kein Gedächtnis, da es ja nur den Augenblick lebt. Was immer es weiß, es hat es schon vergessen."
„David Bohm hat übrigens berücksichtigt, daß das holographische Weltbild statisch ist. Er sprach daher auch nicht von Hologrammen, sondern von *holomovement*, also Holobewegung. Aber auch in Ihrem Modell mit der Wand und dem Licht fehlt ja noch die Bewegung, Monsieur le professeur, überhaupt die Zeit."
„Ja sicher, aber Sie haben ja auch noch etwas Wichtiges vergessen – die Seele."

„Weil Sie sie bislang nicht erwähnt haben, Professor.“, warf Carsten ein. „Wo ist denn die Seele in Ihrem Denkmodell?“
Schaffhauser schaute auf seine Uhr. „Wann geht Ihr Flugzeug?“
„Ich muß eigentlich schon jetzt zum Check-In.“
„Na, dann ist es kein günstiger Moment, jetzt über die Natur der Seele zu reden.“, meinte Nicole-Marie. „Aber ich habe eine Idee. Ich schlage vor, wir verabreden, uns in einem Jahr hier wieder zu treffen. Inzwischen haben wir alle Zeit, um über diese Frage nachzudenken.“

Ein mutiges Vorhaben, in einem Jahr Fragen lösen zu wollen, an denen sich die klügsten Geister seit Jahrtausenden versucht haben. Man kann sicher auf die nächsten Gespräche zwischen den drei Freunden gespannt sein. Leider konnten wir mit unserem Buch nicht so lange warten.

Keine 21 Gramm Seele

„Die Seele ist für die Wissenschaft ein Ärgernis, weil man sie nicht mit einem Teststreifen nachweisen kann.“[25]
Aber man sehe und staune – es gab einen, der es versucht hat.
Der amerikanische Arzt Duncan MacDougall war der Ansicht, die menschliche Seele sei materiell und müsse daher ein Gewicht haben. Er konstruierte im Jahre 1907 eine sehr empfindliche Waage, auf die er ein Bett stellte, in das er nacheinander sechs todkranke Patienten legte. Vor, während und nach dem Tod jedes dieser sechs Patienten protokollierte er genau jede Anzeige der Waage. Das Resultat veröffentlichte er in der New York Times.
Daraus entstand eine Legende, die bis heute bekannt ist und in neuester Zeit sogar den Titel für einen Spielfilm lieferte – daß nämlich die Seele des Menschen 21 Gramm wiegen soll.
In Wirklichkeit sind MacDougalls Experimente eher eine wissenschaftliche Kuriosität. Erstens hat er selbst zugegeben, daß die Gewichtsveränderungen der sechs Patienten im Moment des Todes nicht einheitlich waren. Zweitens war weder die Wiegetechnik noch die Möglichkeit, den Todeszeitpunkt exakt zu bestimmen, im Jahre 1907 für derartig subtile Messungen weit genug entwickelt. Die Experimente wurden niemals wiederholt, was für eine wissenschaftlich tragfähige Schlußfolgerung unerläßlich gewesen wäre.
Also, wenn Ihnen jemand versucht einzureden, Ihre Seele wiege 21 Gramm – seien Sie skeptisch.

Wesentlich näher an die Natur der Seele kam vermutlich der italienische Arzt Dr. Guido Melle. Er behauptete, die Fähigkeit zu besitzen, die „Seelenmelodie“ eines Menschen intuitiv zu erkennen und dann auf dem Klavier zu spielen. Gewissermaßen setzte er die ganz persönliche Ausstrahlung eines Menschen in Musik um. Jedes Lebewesen hat, so seine Aussage, eine eigene Schwingung, die er spüren könne. Diese Seelenmelodie sei so schön und einzigartig wie dieses Lebewesen und mit keiner anderen vergleichbar.

Aus der ganzen Welt kamen die Menschen in die kleine italienische Stadt Sava zu Dr. Melle, um ihre Seelenmelodie zu hören und auf Cassette mit nach Hause zu nehmen.

Dr. Melle berührte nur einen Moment lang leicht den Körper eines Menschen, und dann konnte er sich an das Klavier setzen und spielen. Auch im Fall kranker Kinder zum Beispiel ergab sich immer eine wunderbar harmonische Musik, die in manchen Fällen für diese Kinder sogar beruhigend und harmonisierend wirkte.[26]

Häufig wird einem Menschen auch ein „Seelenname“ genannt, der im Grunde wiederum einen Klang, ein Wort, ergibt.

Vermutlich ist die Seele eines Menschen tatsächlich etwas, das man nicht auf einer Waage wiegen kann (wer hätte schon je ein Musikstück gewogen?). Man kann sie aber offenbar auf eine subtile Art und Weise erspüren.

Was fühlen Sie, wenn Sie zwei Seelennamen vergleichen, z. B. Dinarius oder Lorie? Jedes Mal ist es eine ganz eigene und unverwechselbare Schwingung.

Es gibt viele Überlieferungen, in denen die Seele als eine Art von Licht dargestellt wird. Allerdings scheinen sich diese Überlieferungen immer noch zu sehr auf die materielle Ebene zu beziehen, denn Licht ist im Grunde ein elektromagnetisches Energiephänomen und steht als solches eher in Verbindung zur visuellen Wahrnehmung.

Die Seele würde eine komplexere Form der Wahrnehmung verlangen. Insofern könnte man vermuten, daß es sich um eine Struktur handelt, die so subtil ist, daß sie subtiler als Licht ist. Man sollte auch annehmen, daß es sich um eine intelligente Struktur handelt, die Erfahrungen aus unserem Leben sammelt und in Beziehung setzt und auch Informationen aus früheren Leben mit einbeziehen kann.

Dies sollte nicht mit dem Unbewußten verwechselt werden. Das Unbewußte eines Menschen ist ein Archivar mit einer recht einge-

schränkten Intelligenz. Es hat keinen freien Willen und kann daher immer nur Bekanntes wiederholen.
Es sieht also danach aus, als würde es sich bei der Seele um eine energetische Struktur handeln, allerdings mit einer gewissen individuellen Grundschwingung – besser gesagt: Mit einem Grundschwingungsmuster. Daraus folgt aber unmittelbar, daß die Seele unsterblich wäre, denn weder kann Energie vernichtet werden, noch verschwindet eine Information, solange sie einem energetischen Träger aufgeprägt ist.
Eine derartige energetische Seelenstruktur stellt genau das fehlende Glied dar, das im holographischen Weltbild noch fehlte. Wenn die Seele menschliche Erfahrungen sammelt, archiviert, bewertet und in Beziehung setzt, docken im Laufe der Zeit immer weitere Informationsmuster an ihr an und bilden auf der Basis des Grundschwingungsmusters eine dynamische Oberflächenstruktur, die sich mit der Zeit langsam verändert. Dadurch können im günstigsten Fall alte Zeitschleifen und Verhaltensmuster („Karma“) mit der Zeit aufgelöst werden.
Moderne Denkkonzepte über die Zeit besagen, daß nicht nur der Raum, sondern auch die Zeit eine fraktale Struktur besitzt. Dabei kommt es zu einer ständigen Wechselwirkung zwischen progressiven (verändernden) und rekursiven (wiederholenden) Aspekten.[27] Auf der Basis dieses Buches könnte man das Karma bzw. übernommene Verhaltensmuster (aus diesem oder einem früheren Leben) als rekursiven Aspekt und das Wirken der Seele als den progressiven Aspekt auffassen.
Man kann diese ganzen Zusammenhänge natürlich auch auf spirituelle Art und Weise und mit anderen Worten beschreiben. Dies ist allerdings in einer großen Zahl von Büchern schon so getan worden, also wollten wir es hier etwas anders darstellen.

Eine verhängnisvolle Affäre

Es ist absolut unvorhersehbar, wie die Erkenntnisprozesse einer Seele ablaufen. Eines Tages kam eine Seele zu uns, die im Moment im Körper einer Frau mit Namen Sandra weilt.
Sie kam mit „Unterleibsproblemen“ in unsere Praxis, was zunächst einmal natürlich nicht selten ist. Bei ihr verstärkten sich jedoch die Symptome unter Streß erheblich. Hin und wieder befürchteten die

Ärzte sogar eine Krebserkrankung, was sich jedoch dann immer als falsch herausstellte. Die Beschwerden bestanden schon seit vielen Jahren, ohne daß ihr jemand hätte helfen können.
Im Anamnesegespräch zeigte es sich, daß ihre Beschwerden vermutlich eher psychosomatischer Natur waren, denn sie konnte einen recht ungewöhnlichen Leitsatz formulieren „Ich habe Angst, daß meinem Unterleib etwas passiert, was ich nicht beeinflussen kann."
Sie dürfen sich das natürlich nicht so vorstellen, daß sie mit diesem plakativen Satz bereits nach fünf Minuten von selbst herausgekommen wäre. Erst nach mehreren Gesprächen gelang es ihr, ihr unbestimmtes Gefühl zu präzisieren. Damit stand natürlich einer Fokusanalyse grundsätzlich nichts mehr im Wege.
Es gab da nur ein kleines Problem: Sandra war zu dieser Zeit hoch schwanger. Eine Hypnosebehandlung mit Fokus auf den Unterleib wäre in diesem Moment natürlich ausgeschlossen gewesen. Wir vertagten also die Behandlung bis zu der Zeit, als sie das Kind bereits wohlbehalten zur Welt gebracht hatte.
Die Geburt des kleinen Dominik hatte allerdings nichts an ihrer Angst geändert. Ohnehin war es keine Angst vor der Schwangerschaft gewesen. Es war bereits ihr zweites Kind. Erst als sie selbst das Gefühl hatte bereit zu sein, sich diesem Problem zu stellen, konnte die Fokusanalyse begonnen werden.
Sie brachte Sandra nach Irland im 19. Jahrhundert. Dort erlebte sie sich als ein schönes junges Mädchen aus gutem Hause. Ihre Eltern waren sehr wohlhabend und besaßen ein großes Haus auf dem Land. Ihr Vater war ein Gutsbesitzer.
Fiona, so nannte sie sich in Irland, verliebte sich in einen jungen Mann, der einen wesentlichen Nachteil hatte – er war arm und arbeitete für ihren Vater als Knecht. Fiona wurde schwanger, und was das im 19. Jahrhundert in Irland bedeutete, können Sie sich vorstellen.
Zunächst wurde die Mutter eingeweiht, dann der Vater, und dann kam ein großes Entsetzen. Sandra erlebte in der Trance aufgeregte Familiengespräche, die sich alle nur um ein Thema drehten: Wie konnte man diese Schande verheimlichen?
Der Familie ging es in keinem Moment um das Wohl der Tochter, sondern nur darum, vor der Gesellschaft ihren guten Ruf zu wahren. Fiona wollte das Kind, doch weder sie noch der Knecht hatten den Mut zu fliehen, um sich weiterhin allein durchs Leben zu schlagen.

Eine Heirat erlaubte der Vater nicht, weil der Mann nicht standesgemäß war.
Letztendlich engagierte der Vater einen Arzt, der für ein hohes Schweigegeld bereit war, das Kind abzutreiben.
Natürlich hatte Fiona große Angst vor diesem Eingriff, der noch dazu aus Gründen der Diskretion bei ihnen zu Hause und nicht im Krankenhaus durchgeführt werden mußte. Man verabreichte ihr ein Getränk, das sie in einen nur halb bewußten Zustand versetzte. Ihre Eindrücke über den ganzen Verlauf der Prozedur waren sehr vage.
Ab einem bestimmten Moment sprang die Szenerie abrupt um. Fiona sah sich plötzlich von oben, fühlte sich vollkommen frei und begann aus dem Haus heraus in die Landschaft zu schweben.
Unendlich lange schwärmte sie von der Schönheit des Landes und von ihrer Liebe zum Land. Es war ihr nicht bewußt, daß sie den Eingriff nicht überlebt hatte. Es wäre ein schwerer Kunstfehler gewesen, ihr dies an dieser Stelle zu suggerieren. Sie mußte es selbst erkennen.
Diese Szenerie wiederholte sich über mehrere Hypnosesitzungen. Da Fiona damals unter Betäubungsmitteln stand, konnte man sie auch nicht auf klassische Weise durch das Todeserlebnis führen. Sie wußte überhaupt nicht, daß sie gestorben war.
Irgendwann erkannte sie dann endlich, daß die Szenerie so nicht stimmte und daß da etwas Schwerwiegendes mit ihr geschehen war.
Sie war jetzt bereit, durch den Tod hindurchzugehen. Aber damit war die Geschichte immer noch nicht zu Ende.
Sie werden uns sicher zustimmen, daß ein solches Erlebnis im Unbewußten einen Menschen noch ziemlich stark belasten kann. Nach einer Fokusanalyse muß man allerdings als erstes die Frage stellen, ob den Menschen noch etwas an dieses Leben bindet. Und was antwortete sie? War es die Angst vor diesem schmerzvollen Erlebnis? Trauer oder Reue über den Verlust des Kindes? Nichts dergleichen. All das schien sie während ihres Fluges über die irische Landschaft überhaupt nicht mehr zu interessieren. Ihre Bindung war – die Liebe zu ihrem Land.
Jeder, der einmal „Vom Winde verweht“ gesehen hat, der weiß, daß für einen echten Iren „nur das Land ewig ist, das einzige, wofür es sich zu leben lohnt – und auch zu sterben.“
Bei Fiona war das nicht anders, und obwohl Sandra im heutigen Leben bewußt überhaupt keine Beziehung zu Irland hatte, steckte dieses

Gefühl noch in ihr – zusammen mit allem, was da noch so dranhing, etwa das Erlebnis mit der Abtreibung.
Die Geschichte von Fiona hatte sich also in eine völlig überraschende Richtung entwickelt, und erst, nachdem sie das Klammern an die damalige Heimat loslassen konnte, war es ihr möglich, das Erlebnis als Ganzes abzustreifen. Wer hätte das gedacht, daß hinter einer Angst um den eigenen Unterleib im Grunde eine zweite Scarlett O'Hara steckte?
Bei diesem Beispiel dürfte es endgültig klar geworden sein, daß es beim Karma keinesfalls um „Vergeltung" oder „Wiedergutmachung" früherer Handlungen geht. Es geht einzig und allein um das Loslassen sinnlos gewordener Muster, die man nicht mehr braucht und an denen oft ein ganzer Rattenschwanz an Emotionen und Erinnerungen hängt.

Die verkaufte Braut

Lars, ein mittelständischer Unternehmer, suchte bei uns vor allem Rat für seine Bemühungen, etwas Ordnung in seine Beziehungen zu bringen, die ihm ein wenig aus dem Ruder gelaufen waren. Er lebte in einer problematischen Ehe und hatte gleichzeitig eine Beziehung zu einer anderen Frau, die noch dazu die Frau eines seiner Mitarbeiter war. Vor kurzem war dann auch noch eine schon fast vergessene Jugendliebe wieder aufgetaucht, die mit ihm alte Erinnerungen auffrischen wollte. Diese ganzen „Beziehungskisten" gingen ihm jedoch nach einiger Zeit auf die Nerven, und er sehnte sich danach, wieder eine harmonische Beziehung zu einer – seiner – Frau aufzubauen.
Nach einiger Zeit landete er in der Hypnose auf einem orientalischen Basar, wo er einen Ziegenbock gegen einen Ballen Stoff eintauschte. Dafür wiederum kaufte er sich bei einem Araber eine Frau...
So viel zu den guten alten Zeiten.
Der weitere Verlauf der Geschichte zeigte, daß er dann aber mit dieser „verkauften Braut" bis ans Ende seiner Tage zusammen lebte.
Wenn Sie denken, daß Lars es nach Durchschreiten des Todeserlebnisses in der bewertenden Rückschau bereut hätte, daß er seine Frau auf dem Basar gekauft hatte, dann täuschen Sie sich. Es schien ihm nicht das Geringste auszumachen. Ein solches Verhalten gehörte ganz einfach zu seiner damaligen Mentalität und auch zu den Sitten des damaligen Kulturkreises.

(Diesen Fall sollen sich alle Kritiker gut durchlesen, die immer wieder behaupten, in Hypnose bringen Patienten nur das, was dem Therapeuten gefällt! Die Autoren dieses Buches sind doch keineswegs Verfechter des orientalischen Mädchenhandels)
Es war interessant, die Reaktionen von Lars und seine kaufmännische Teppichhändlermentalität der damaligen Zeit kennenzulernen. Ein echtes Treffen mit einer fremden Kultur. Auch im heutigen Leben ist Lars diese Händlermentalität nicht abhanden gekommen, was ihm trotz mancher schwerer Rückschläge im Geschäftsleben immer wieder auf die Füße geholfen hat.
Auf jeden Fall gelang es ihm, im Verlaufe der Zeit die außerehelichen Beziehungen auf eine freundliche und reife Art zu beenden und tatsächlich voll und ganz in den Schoß der Familie zurückzukehren.
Am Ende zog Lars eine ganz kategorische Bilanz: „Jetzt will ich an meiner Ehe und Familie nichts mehr ändern, aber im nächsten Leben heirate ich erst mal gar nicht."

Lügendetektor H_2O?

Was denn, werden Sie jetzt vielleicht fragen? Ein Reinkarnationsbuch ohne eine „Hexe"?
Mitnichten. Angesichts der jahrhundertelangen Hexenverfolgungen in weiten Teilen Europas bleibt es nicht aus, daß man als Hypnosetherapeut eines Tages auch mit solchen Fällen konfrontiert wird.
Dorothea war eine freundliche und ruhige ältere Dame, deren Hauptproblem sich praktisch durch ihr ganzes Leben gezogen hatte – sie hatte panische Angst vor Wasser.
Schon als Kind war es ihr unmöglich gewesen, schwimmen zu lernen. Selbst wenn sie im flachen Wasser stand, das ihr nur bis zu den Knien ging, bekam sie schwere Atembeklemmungen.
Inzwischen hatte sie schon eine ganze Palette gängiger Therapien hinter sich, von psychologischen Gesprächsberatungen bis zur Atemtherapie. Manches hatte ihr zeitweilig Linderung verschafft. So konnte sie sogar zwischendurch etwas Schwimmunterricht nehmen. Sobald es dann aber zum Rückenschwimmen ging, kamen ganz schlimme Ängste wieder hoch. Als sie zu uns kam, hatten sich die Beschwerden mittlerweile so verschlimmert, daß sie sogar unter der Dusche Panikzustände bekam.
In diesem Fall einen Leitsatz zu formulieren, war nicht schwer. Die

schweren Ängste saßen relativ dicht unter der Bewußtseinsschwelle, so daß bereits die erste Fokusanalyse direkt zu Ort und Zeit der Ursache führte.
Sie erlebte sich auf dem Rücken im Wasser treibend, vollkommen hilflos, weil sie an Armen und Beinen gefesselt war. Die Szene löste sich dann von selbst auf (es stellte sich später heraus, daß dies ein symbolisch verkleidetes Todeserlebnis war). Im Nachhinein sah sie noch einige Szenerien aus dem damaligen Leben, wie in einer Rückschau. Eine wichtige Rolle schien ein kunstvoll verzierter Gürtel gespielt zu haben, ebenso ein junger Mann, von dem sie den Gürtel erhalten hatte.
In der nächsten Sitzung stellte sie zunächst sofort die gleiche Szene im Wasser wieder ein, erlebte dann aber Tod und Übergang auf eine geradezu klassische Weise, mit Tunnelerlebnis und körperloser Existenz.
Im Verlauf der therapeutischen Arbeit konnte Dorothea schon registrieren, daß ihre Angst beim täglichen Waschen im Badezimmer nachließ und sie sogar schon in der Badewanne liegen konnte.
Um das Erlebnis endgültig aufzulösen, mußte allerdings geklärt werden, wie es zu jenem Tod durch Ertrinken gekommen war.
Sie fand schließlich heraus, daß es sich um ein Leben in Deutschland zur Zeit des Mittelalters gehandelt hatte. Sie war damals eine einfache Frau vom Lande, und sie sah sich in der Regel in grobe leinene Gewänder gekleidet, aber meistens mit dem kostbaren Gürtel, der zu ihrem sonstigen Aufzug nicht zu passen schien.
Das Rätsel löste sich bald. Sie war eine Art Kräuterhexe und hatte den Gürtel eines Tages von dem jungen Mann als Bezahlung für einen Dienst erhalten, den sie ihm erwiesen hatte. Damit jedoch nahm das Unheil seinen Lauf. Es stellte sich heraus, daß der Mann den Gürtel gestohlen hatte, und so wurde auch sie zunächst als Diebin und dann auch als Hexe angeklagt.
Wie es in jenen Zeiten üblich war, beschloß man mit Hilfe eines „Gottesurteils" herauszufinden, ob sie bei den Verhören gelogen oder die Wahrheit gesagt hatte. Man fesselte sie an Armen und Beinen und warf sie ins Wasser. Wenn sie untergehen und ertrinken würde, wäre dies ein Beweis ihrer Unschuld gewesen. Sollte sie jedoch auf dem Wasser treiben, so hätte man dies als Beweis dafür angesehen, daß sie eine Hexe sei und mit dem Teufel im Bunde stünde. Vermutlich

hätte man sie in solch einem Fall hinterher auf dem Scheiterhaufen hingerichtet. Dorothea jedenfalls erlebte, daß sie unterging. Das grausige „Gottesurteil“ bestätigte also ihre Unschuldsbeteuerungen, was ihr damals natürlich nichts mehr nützte.
Die jahrzehntelange Wasserangst, die sie im heutigen Leben so stark behindert hatte, löste sich im Anschluß an die Therapie nach kurzer Zeit vollständig auf.
Es werden jedoch nicht nur Ängste und traumatische Erfahrungen von einem Menschenleben zum anderen weitergereicht, sondern auch Begabungen und Talente. Es gibt Menschen, die so großartige Leistungen vollbringen, daß zur Entwicklung solcher Fähigkeiten ein Leben ganz einfach nicht ausreicht.

Bach und Mozart – Zwei Leben für die Musik

Im Jahre 1786 schrieb *Wolfgang Amadeus Mozart* sein Klavierkonzert in c-moll, KV 491. Wie in vielen seiner Spätwerke kommen auch hier Schmerz und Elend eines gebrochenen Mannes zum Ausdruck. Merkwürdig muten allerdings Passagen des ersten Satzes an, der mit seinen Septimensprüngen und Halbtonschritten völlig untypisch für Mozarts Musik ist. Er erinnert dagegen stark an einen Komponisten, der einige Jahre vor Mozarts Geburt verstorben war: *Johann Sebastian Bach.*

Abb. 29: Die ersten Takte von Mozarts Klavierkonzert in c-moll

Zeitlebens war Mozart ein Verehrer von Bachs Musik gewesen. Nicht ungewöhnlich, werden Sie vielleicht sagen, schließlich verehren doch noch heute Millionen in aller Welt den großen Thomaskantor. Und doch ist es bemerkenswert, denn zu Mozarts Zeiten war dies nicht selbstverständlich, denn damals war Bach nicht „in“, wie man heute sagen würde. Die Verbindung zwischen Bach und Mozart ist enger, vor allem individueller geprägt. Es spricht einiges dafür, daß Mozart Persönlichkeitsanteile von Johann Sebastian Bach in sich trug.
Schon die numerologische Analyse des Namens läßt aufhorchen. Der Name Wolfgang Amadeus Mozart ergibt die Summe 189, Quersumme 18, x-Faktor 20.

Die 20 spielt in der kabbalistischen Numerologie eine bedeutende Rolle. Hermetisch ist sie die Zahl des Mondes. Sie hat mit Schöngeistigkeit und Kunst zu tun, aber auch mit dem Erfüllen einer Mission, mit Wiedergeburt und Déjà-vu-Erlebnissen. Menschen, die die 20 im Namen tragen, sind sehr oft mit einem bestimmten Vorleben besonders eng verbunden und versuchen, dieses Leben neu aufzugreifen.
Generationen von Musikwissenschaftlern, aber auch von ganz normalen Menschen, die von Mozarts Musik verzaubert waren, haben sich immer wieder die Frage gestellt: Woher kam das Genie dieses Mannes? Wie war es möglich, daß er schon als Kind derart unsterbliche Musikwerke erschaffen konnte? Man weiß, daß der kleine Wolfgang beim Spielen auf der Straße oft seine Spielkameraden fluchtartig verließ und nach Hause rannte, weil ihm gerade eine Melodie eingefallen war, die er sofort zu Papier bringen wollte.
War Mozart womöglich die „Wiedergeburt" von Johann Sebastian Bach?

Abb. 30: Wolfgang Amadeus Mozart (1756-1791)

Abb. 31: Johann Sebastian Bach (1685-1750)

Die Halding-Analyse Mozarts zeigt, daß eine Verbindung zwischen den beiden vermutlich wirklich existiert. Aber nicht nur das – auch im Leben der beiden Männer gibt es einige bemerkenswerte Ereignisse, die im Zusammenhang gesehen die Vermutung stützen.
Vom Charakter her waren Bach und Mozart natürlich völlig verschieden. Der eine war ein zutiefst bürgerlicher, solider Mensch, ein Meister immerhin, aber – wie es der ursprünglichen Bedeutung des

Begriffs Meister entspricht – aus dem musikalischen Handwerk hervorgegangen. Der andere mit allen Attributen des Genies ausgestattet: Unstet, ruhelos, ausschweifend, keiner Konvention verhaftet, mit der ganzen Welt mehr oder weniger in Unfrieden lebend.
Aber vergessen wir nicht: *Niemand hat behauptet, Bach „sei" Mozart gewesen.* Jeder Mensch ist einmalig. Es ist aber denkbar, daß Mozart auf eine etwas ungewöhnliche Weise von den Fähigkeiten und Fertigkeiten profitieren konnte, die Bach erarbeitet hatte.
Man bezeichnet Johann Sebastian Bach heute nicht zu Unrecht als großes Vorbild und als Lehrmeister ganzer Komponistengenerationen. Dies gilt aber erst seit dem 19. Jahrhundert und geht speziell auf den Einfluß von *Felix Mendelssohn-Bartholdy* zurück, der übrigens nicht nur als Dirigent eine Bach-Renaissance einleitete, sondern in seinen eigenen Kompositionen – er war selbst ein musikalisches Wunderkind – immer wieder auch vom Stile Mozarts inspiriert wirkt, und das bei aller Unterschiedlichkeit zwischen den Stilrichtungen der Wiener Klassik und der deutschen Romantik.
Mitte des 18. Jahrhunderts jedenfalls gab es keine Bach-Schule. Da war der große Meister fast in Vergessenheit geraten. Den Ton gaben andere an: Im deutschsprachigen Raum vor allem *Georg Friedrich Händel*, *Johann Friedrich Fasch*, *Georg Philipp Telemann* und etwas später auch *Joseph Haydn*.
Schon in den letzten Lebensjahren Bachs zeichnete sich diese Entwicklung ab, weg von der strengen, kirchlich orientierten Musik, hin zur höfischen Unterhaltungskunst. Bach hatte, im Gegensatz zum gleichaltrigen Händel, diesen Absprung nie geschafft, sondern sich mehr und mehr in die Einsamkeit zurückgezogen. Er war damals alles andere als verehrt und bewundert, eher zum alten Eisen gerechnet und fast vergessen.
Einmal bot sich ihm noch die Chance, dem Zeitgeist zu folgen, als er im Jahre 1747 *Friedrich den Großen* in Potsdam besuchen durfte. Der Preußenkönig, selbst ein begabter Komponist, legte dem großen Meister eines seiner selbstgeschriebenen Themen vor mit dem Auftrag, es zu einer Fuge zu verarbeiten. Bach erfüllte den Wunsch, aber doch mit innerem Unbehagen, und so ging dieses Werk nicht ohne Grund unter dem Titel „Musikalisches Opfer" in die Musikgeschichte ein.
Johann Sebastian Bach hatte zu dieser Zeit seinen Lebensplan längst erfüllt, nämlich die Kompositionstechnik in allen ihren Formen zu einer nie zuvor gekannten Perfektion zu entwickeln. Um mehr zu

erreichen, nämlich eine Musik zu schreiben, die nicht nur die Menschen verzaubert, sondern etwas wirklich Neues, Revolutionäres darstellt, dazu reichte die ihm noch verbleibende Lebensspanne nicht mehr aus. So fing er auch gar nicht mehr damit an.

Knapp sechs Jahre nach Bachs Tod wurde Wolfgang Amadeus Mozart geboren. Der kleine Mozart fühlte sich ungeachtet des vorherrschenden Zeitgeistes sofort zur Musik Bachs hingezogen, wenn es auch zunächst die Werke *Johann Christian Bachs* waren, die er auf einer Reise nach London hörte und die seine ersten Symphonien stark beeinflußten. Der jüngste Sohn des Thomaskantors wurde auch zum zweiten Lehrmeister des kleinen Mozart (nach dessen Vater Leopold).

Später löste sich Mozart dann jedoch völlig von Stil und Tradition des Barock, verletzte ganz bewußt Kompositionsregeln, die Bach noch als unumstößlich aufgestellt hatte. Das ist kein Wunder, denn es wäre sicher nicht die Aufgabe Mozarts gewesen, ein zweiter Bach zu sein, sondern etwas zu schaffen, was über diesen hinausging. Bach stellte die Erfahrungen seiner und der vergangenen Zeit auf ein solides Fundament. So hatte Mozart festen Boden unter den Füßen, um die Evolution der Musik voranzutreiben, nicht ohne auch an jenem Fundament gehörig zu rütteln.

Dennoch hat sich Mozart niemals über Bach erhaben gefühlt, wie auch sein Klavierkonzert in c-moll beweist. Hatte er am Ende seines Lebens etwa unbewußt zu den Ursprüngen seiner Kunst zurückgefunden, zu einem Stil, zu dessen Überwindung er einst aufgebrochen war?

Zwei Jahre später, im Jahre 1788, besuchte Mozart auf einer Deutschlandreise auch die Thomaskirche in Leipzig und hörte dort eine Bachsche Motette. Er wurde von der Musik so ergriffen, daß er sich spontan an die Orgel setzte und zu improvisieren begann.

Und jetzt geschah etwas nahezu Unglaubliches: Ein alter Kirchendiener erschrak und glaubte einen Moment lang, sein alter Lehrmeister Johann Sebastian Bach sei von den Toten zurückgekehrt, um noch einmal auf seiner Orgel spielen zu können.

Er ahnte nicht, wie recht er möglicherweise hatte...

(Diese Geschichte basiert auf einem Text von uns, den Rainer Holbe in seinem Buch „Phantastische Phänomene – Erinnerungen an Atlantis“[28] publizierte).

Reinkarnation und die Medien

Schauen wir uns jetzt an, wie heutzutage die Journalisten mit dem Thema Reinkarnation umgehen. Generell kann man sagen – sehr unterschiedlich. Während z. B. Jürgen Fliege in seinen Fernsehprogrammen das Thema ruhig, behutsam und respektvoll zu vermitteln versuchte, gibt es auch andere, die in dieser Thematik alles durcheinanderbringen. Da sie sich dabei noch auf „Methoden der modernen Naturwissenschaften" berufen, erweckt dies natürlich sofort einen Eindruck von Seriosität und Glaubwürdigkeit beim Leser.

Am 3. 6. 2006 erschien im Berliner „Tagesspiegel" ein Artikel von Roland Knauer „In meinem früheren Leben". Wir möchten diesen Artikel hier umfassend zitieren und kommentieren. Damit Sie den Text ohne Emotionen lesen können, hier ein guter Tip: Lesen Sie bitte schnell noch einmal im Kapitel „Energy in Motion" nach.

„Wiedergeburten boomen zur Zeit in deutschen Medien: Der Entertainer Hape Kerkeling zum Beispiel lebte nach eigener Aussage bereits als Mönch im Zweiten Weltkrieg, im Trance sah er seinen eigenen Tod, als deutsche Soldaten ihn in einem polnischen Kloster erschossen. Andere Prominente outen sich mit ähnlichen Erfahrungen. Wahrnehmungsphysiologen wie Rainer Wolf von der Würzburger Universität aber haben so ihre Zweifel, ob dabei alles mit rechten Dingen zugeht.

Mit vielen anderen Forschern gemeinsam versucht er in der Gesellschaft zur wissenschaftlichen Untersuchung von Parawissenschaften (GWUP), solchen Phänomenen mit den Methoden der modernen Naturwissenschaften auf den Grund zu gehen - und findet erstaunliche Zusammenhänge."

An dieser Stelle müssen wir den Autor des „Tagesspiegel" kurz unterbrechen, denn diese Behauptung kann nicht einfach so im Raum stehen bleiben. Die GWUP ist seit vielen Jahren als „bellender Hund vom Dienst" bekannt, der immer dann herangezogen werden kann, wenn es etwas abzustreiten gilt. Wir sind durchaus der Meinung, daß Modellvorstellungen wie die der Reinkarnation und des Lebens nach dem Tode nur dann einer näheren Betrachtung wert sind, wenn sie sich mit dem Weltbild der modernen Naturwissenschaften vereinbaren lassen.

Nun haben wir schon mehrfach in Zeitungsartikeln und Fernsehsendungen Kommentare von GWUP-Mitgliedern aufmerksam verfolgt und mußten leider feststellen, daß sie von „neuesten Erkenntnissen der Wissenschaft" keine Ahnung haben, in vielen Fällen die Fakten verdrehen, ignorieren oder überhaupt nicht ausreichend kennen, und ihr methodisches Vorgehen ist geradezu katastrophal.

Das sind natürlich schwerwiegende Behauptungen, doch wir wollen sie anhand weiterer Passagen des „Tagesspiegel"-Artikels belegen. Was die moderne Wissenschaft wirklich zu solchen Themen zu sagen hat, werden Sie in diesem Buch noch finden.

Weiter im „Tagesspiegel"-Artikel:

„Waren Menschen dem Tode nahe, berichten sie zum Beispiel häufig, ihre Seele hätte den Körper bereits verlassen und sie hätten von außen beobachtet, wie die Sanitäter und Ärzte sich verzweifelt bemüht haben, sie ins Leben zurückzuholen.

Solche 'Grenzerfahrungen' aber beweisen ein Entweichen der Seele nicht unbedingt, meint Rainer Wolf. Reizen Forscher zum Beispiel mit Elektrosonden bestimmte Stellen im Gehirn gesunder Menschen, haben diese plötzlich ganz ohne Todesnähe genau die gleiche 'Out-of-Body' Empfindung und glauben, über ihrem eigenen Kopf zu schweben. Auf dem Weg zur nächsten Wiedergeburt aber ist die Seele damit kaum. 'Ich würde nie sagen, damit wäre gezeigt, daß die Seele bei diesen Menschen nicht entweicht', betont Rainer Wolf. Solche Experimente aber beschreiben zumindest, daß solche Erfahrungen auch anders als durch übersinnliche Erscheinungen zustande kommen können."

Das Wort „übersinnlich" zeichnet sich zunächst einmal dadurch aus, daß es heutzutage praktisch nur noch von Kritikern benutzt wird. Niemand, der sich ernsthaft mit diesen Themen beschäftigt, nennt das heute noch so. Der GWUP-Vertreter bringt hier außerdem so einiges durcheinander, z. B. Nahtoderlebnisse und Out-of-Body-Erfahrungen. Es ist allgemein bekannt, daß letztere bei lebenden Menschen auftreten können, wozu übrigens nicht unbedingt notwendig ist, das Gehirn mit Elektroden zu reizen (aber es geht natürlich so auch).[29] Außerdem ist es eine beliebte Methode der GWUP, Phänomene, die man abstreiten möchte, dadurch zu diskreditieren, daß man sie auf andere Phänomene zurückführt, an die man auch nicht glauben will. Weder beweist noch widerlegt das etwas, wie der GWUP-Wissenschaftler selbst konstatiert:

„Das Kreuz der Naturwissenschaftler ist aber, daß sie nicht beweisen können, ob etwas nicht existiert. 'Selbst die Existenz des Pumuckl aus

den Hörspielserien und Kinderbüchern können wir in der Realität nicht widerlegen', meint der Forscher. Schließlich könnte der Kobold ja in irgendeiner Ecke stecken, die noch kein Naturwissenschaftler unter die Lupe genommen hat. Positive Beweise dagegen sind das tägliche Brot von Naturforschern."

So sollte es sein. Die Realität sieht anders aus. Es ist nachgewiesenermaßen die Regel, daß GWUP-Vertreter vor laufenden Kameras behaupten, daß es irgend etwas nicht gebe, seien es nun Reinkarnation, UFOs, Außerirdische, Kornkreise oder für was auch immer sie als Experten herangezogen werden. Was Rainer Wolf hier dem „Tagesspiegel"-Redakteur sagt, klingt wieder sehr seriös, doch achten Sie in den nächsten Passagen bitte genau darauf, wie weit Anspruch und Wirklichkeit auseinanderklaffen:

„Also drehen die GWUP-Wissenschaftler den Spieß einfach um und versuchen, Reinkarnationen zu beweisen. Erzählt zum Beispiel ein Wiedergeborener Dinge, von denen er in seinem jetzigen Leben allen Bemühungen zum Trotz einfach keine Kenntnis haben kann, wäre ein solcher Beweis erbracht. Im Fall des Komikers Hape Kerkeling könnte man nun einfach nachforschen, ob es das betreffende Kloster wirklich gibt, ob dort wirklich deutsche Soldaten Mönche erschossen haben und ob Hape Kerkeling davon irgend etwas erfahren haben könnte, ohne daß er tatsächlich dort gelebt hat. Nennt der Komiker dann auch noch Details, die nur der erschossene Mönch selbst wissen könnte, wäre der Beweis für eine Wiedergeburt erbracht. Bisher aber ist ein solcher Nachweis in keinem einzigen Fall gelungen."

Zuerst die Tatsachenbehauptung: GWUP-Wissenschaftler versuchen Reinkarnation zu beweisen. Der Rest des Absatzes ist fast vollständig im Konjunktiv gehalten. Haben sie es nun getan oder nicht? Abschließend ein Allgemeinplatz, daß so etwas „noch in keinem einzigen Fall gelungen" sei. Meinen sie damit nur sich selbst oder auch alle anderen Forscher der Welt? Auf jeden Fall erfährt der Leser nichts darüber, ob sie den Reinkarnationserinnerungen von Hape Kerkeling nun wirklich nachgegangen sind. Statt Fakten nur Worthülsen.

Das Reinkarnationskonzept ist ein Denkmodell, das sich nicht beweisen läßt, sondern nur bewähren kann. In vielen bekannten Fällen gibt es eine große Zahl von Indizien, die dafür sprechen, daß ein Mensch über Erinnerungen an echte Erlebnisse eines früher lebenden Men-

schen verfügt. Die Existenz solcher Erinnerungen kann dem heutigen Menschen behilflich, aber auch hinderlich sein. Auf jeden Fall ist es ein vollkommen unsinniger Standpunkt, man könne sich erst dann mit Reinkarnation beschäftigen, wenn sie bewiesen sei. Aber jetzt wird die Argumentation des Wissenschaftlers noch bizarrer:
„Dabei gab es durchaus vielversprechende Ansätze. Da spricht ein Mädchen plötzlich eine Sprache, das es nie gelernt hat, der Verdacht auf eine Wiedergeburt liegt natürlich nahe. Bis irgendwann ein findiger Forscher entdeckt, daß früher ein Kindermädchen mit eben dieser Muttersprache das Mädchen betreut hat. Kinderlieder aber singen Kindermädchen gern in ihrer Muttersprache."
Wir würden zunächst einmal allen Eltern empfehlen, zumindest falls sie in Berlin wohnen, ihre Kinder in Kindergärten mit ausländischen Erzieherinnen zu schicken. Wie wir jetzt aus berufenem Munde gehört haben, garantiert das in Zukunft wunderbare Reinkarnationserinnerungen.☺
In unserer Praxis hatten wir selbst solche Fälle, in denen Menschen in Trance spontan in fremden Sprachen redeten, die sie normalerweise nicht beherrschten. Was kann man dazu sagen:
Erstens – für solche Situationen muß sich ein erfahrener Therapeut gut absichern. Selbst wenn ein Patient plötzlich chinesisch redet, muß er wissen, wie er reagieren soll.
Zweitens – „Ich habe gar kein Auto, Signorina." Was macht die GWUP, wenn jemand nie ein Kindermädchen hatte oder ein deutsches oder eines, das nicht singen konnte?
„Recht gut wissen die Forscher dagegen, wie die Erinnerungen an ein früheres Leben zustande kommen. Oft klappt das nur, wenn der Betroffene in Trance versetzt wird. Rainer Wolf aber weiß, daß sich dabei das Wahrnehmungsfeld des Betroffenen erheblich verengt, während gleichzeitig die Fantasie angeregt wird. Weil der Kontakt zum Therapeuten erhalten bleibt, baut der Mensch in Trance dessen Fragen und Vorschläge in seine Fantasien ein und berichtet von seinem Leben im alten Rom oder einer Landung auf einem fremden Planeten. Heftige Gefühlswallungen machen solche Fantasien oft glaubhaft, auch wenn sie meist der historischen Realität und damit einer Wiedergeburt widersprechen."
Also das ist der Hammer. Erstens ist es schon eine Frechheit zu behaupten, daß während der Trance das Wahrnehmungsfeld *verengt*

würde. Es wird nicht verengt, es wird verlagert. Wenn man etwas nicht weiß, sollte man auch nicht darüber reden.
Ein Beispiel: Man kann für eine ruhige und konstruktive Arbeit sorgen, indem man Geräusche von außen wie hupende Autos, klappende Türen etc. in die Trance mit einbaut, so daß die Menschen nicht in ihrer Konzentration gestört werden. Dadurch hat der Mensch mehr Möglichkeiten, sich auf sein Inneres zu konzentrieren und Zugang zu seinen unerschlossenen Quellen zu finden.
Würde der Kontakt zum Therapeuten nicht während der Trance erhalten bleiben, wäre das eine Katastrophe. Aber das bedeutet nicht, daß der Therapeut Vorschläge macht, was der Mensch sehen soll. Warum war Dorothea, die Angst vor Wasser hatte, nicht in Rom zwischen den Gänsen des Capitol gelandet? Hatte man ihr etwa kein geeignetes Ambiente empfohlen?
Natürlich kann ein unqualifizierter Therapeut den Leuten vieles einreden, und das geschieht leider auch immer wieder, und zwar wesentlich seltener im Zusammenhang mit Reinkarnation als z. B. mit angeblichen Fällen von sexuellem Mißbrauch. Es gibt auch Wissenschaftler, die ihr Fach nicht beherrschen...
„Für Wahrnehmungsforscher Rainer Wolf gibt es ein wichtiges Ergebnis seiner Disziplin, das eine Wiedergeburt recht unwahrscheinlich macht: Fällt im Gehirn ein bestimmter winziger Bereich aus, können die Betroffenen zwar noch hervorragend sehen, nehmen aber keine Bewegungen, sondern nur noch Standbilder wahr. Ist ein anderer Hirnbereich betroffen, fallen plötzlich alle Farben aus, obwohl die Bilder sonst gestochen scharf sind. 'Geist und Erinnerung sind eben an die Hardware Gehirn gebunden', schließt der Forscher daraus. Ganz so einfach kann die Seele also ohne Hardware anscheinend nicht zum nächsten Körper wandern.
Und Hape Kerkeling? Der kann uns doch unmöglich belogen haben. Oder? In seinem Film 'Kein pardon' gibt es eine Szene, in der nur so tut, als ob er sich an ein früheres Leben erinnert. Hape Kerkeling ist berühmt dafür, daß er in fremde Rollen schlüpft, so tut, als ob, und hinterher zeigt er uns eine lange Nase.
Wird er uns auch diesmal eine lange Nase zeigen? Wenn, dann erst, wenn sich sein neues Buch gut verkauft hat.“[30]
Also, was die Erlebnisse von Herrn Kerkeling betrifft – das ist seine Privatsache. Aber die Ausführungen des Herrn Wolf suggerieren

unterschwellig, daß bei Leuten, die sich in Trance an ein früheres Leben erinnern, irgendwelche Gehirnzentren ausgefallen sind.
Heutzutage ist die Gehirnforschung schon weit fortgeschritten, weiter, als es sich die meisten GWUP-Mitglieder vorstellen können. Daß bestimmte Gehirnzentren für bestimmte Aufgaben verantwortlich sind, ist nichts Neues. Schließlich leben wir in einer Zeit, in der man schon durch die Analyse sogenannter P300-Impulse die Erinnerungen eines Menschen mit der Realität abgleichen kann.[31] Gerade in der Gehirnforschung liegt eine Hoffnung, die Erlebnisse von Menschen verifizieren zu können. Voraussetzung ist aber, dabei nicht außer acht zu lassen, daß es noch etwas gibt, was sozusagen „hinter dem Gehirn steht" (vgl. „Das Klavier im Gehirn", S. 221ff.). Es ist erstaunlich, wie viele Forscher ihren Job verlieren könnten, wenn man eines Tages feststellen würde, welches Gehirnzentrum für das Erzählen von Unsinn zuständig ist! ☺
Daß das Gehirn als „Hardware" notwendig ist, damit ein Mensch seine Erinnerungen an andere Menschen vermitteln kann, bestreitet niemand. Nur – was hat das mit „Beweisen" für oder gegen Reinkarnation zu tun? Man kann auch kein Fernsehprogramm sehen, ohne einen Fernsehapparat zu besitzen. Beweist das etwas über den Ursprung der Programme? Natürlich nicht, und zumindest wissen wir alle, daß sie nicht im Fernsehgerät entstehen.
Man soll niemanden versuchen, von Reinkarnation zu überzeugen. Es ist das gute Recht des Menschen, das für wahr zu halten, was ihm beliebt. Aber wenn man über das Thema schon diskutieren will, dann muß man etwas mehr zu bieten haben als ausgefallene Gehirnzentren und ein ausländisches Kindermädchen. Also, Herr Wolf, Ihre fünf Minuten sind um!

Im Hintergrund läuft etwas anderes...

Der Artikel aus dem „Tagesspiegel" ist nur einer von vielen Fällen, wie den Menschen heutzutage das Thema Reinkarnation in der Öffentlichkeit nahegebracht wird. Deshalb ist es gut, falls es zu einer Diskussion kommt, einige wirklich fundierte Informationen parat zu haben, die zeigen, wie sich die Wissenschaft dieser Thematik heute tatsächlich annähert.
„In der Physik des 20. Jahrhunderts ist die Tatsache etabliert, daß der Beobachter und das beobachtete Objekt aneinander gekoppelt

sind. In der Biologie ist es Häresie". Dieses Zitat des Biologen Rupert Sheldrake drückt die ganze Crux aus. Die Physiker waren und sind immer die Vorreiter gewesen, wenn es um Paradigmenwechsel in der Wissenschaft ging. Bis die anderen Naturwissenschaften solche wissenschaftlichen Denkmodelle übernehmen, vergehen in der Regel Jahrzehnte.
Insofern könnte man ganz unterschiedliche Antworten zum Thema Leben nach dem Tod oder Reinkarnation erhalten, je nachdem, ob man einen Quantenphysiker oder einen Mainstream-Mediziner fragt. Die meisten Naturwissenschaften (mit Ausnahme der Physik) fußen heute noch auf einem physikalischen Weltbild aus dem 19. Jahrhundert.
Die Physiker sind schon seit langem auf der Suche nach der Seele. Ob sie sie inzwischen gefunden haben, darf eher bezweifelt werden. Doch sie fanden einige interessante Indizien.
Die sogenannte Post-Quantenphysik des Bewußtseins ist ein Forschungsgebiet, dem sich einige avantgardistische Physiker verschrieben haben. Zu ihnen gehören z. B. die amerikanischen Wissenschaftler Jack Sarfatti, Fred Alan Wolf oder John Cramer. Wir haben über ihre Theorien schon in früheren unserer Bücher geschrieben.[32]
Wenn man über Begriffe wie Geist und Seele redet, ist es klar, daß man nicht ausschließlich in der Materie steckenbleiben darf, sondern in den Grenzbereich zwischen dem Materiellen und dem Immateriellen und darüber hinaus vordringen muß.
Und hier wird es exotisch. Das erste, was man vermutlich benötigt, ist es, unser Verständnis des Energiebegriffs zu erweitern. Wenn der (immaterielle) Geist auf die Materie einwirken soll, muß dabei eine Energieform im Spiel sein. Möglicherweise muß diese Energie nicht einmal „neu" sein, sondern nur neu interpretiert werden. Nach den Theorien des Quantenphysikers David Bohm, eines Einstein-Schülers, handelt es sich bei dieser Energieform um eine „aktive Information".[33]
Der Physiker Paavo Pylkkanen sagte dazu, daß diese aktive Information in Situationen operiert, in denen die Quantenphysik benötigt wird. Dies löse das Problem der mentalen Kausalität, also wie mentale Zustände (als nicht-physikalische Zustände) den Verlauf physikalischer Prozesse beeinflussen können, ohne den Energieerhaltungssatz zu verletzen.[34]
Man muß sich die Konsequenzen vor Augen halten: Die aktive In-

formation ist eine intelligente Form von Information (und Energie) und noch dazu eine, die aktiv handeln kann.
Wie soll das vonstatten gehen? Die meisten von uns haben sicher schon davon gehört, daß es in der Quantenphysik den geheimnisvollen Dualismus von Wellen und Teilchen gibt. Materie scheint einmal als massives Teilchen, ein anderes Mal als sich ausbreitende Welle zu erscheinen, je nach Situation.
David Bohm interpretierte die Quantenphysik etwas anders. Für ihn war der Dualismus „Welle-Teilchen“ kein „Entweder-Oder“, sondern ein „Sowohl-Als auch“. Er veranschaulichte es so, daß ein materielles Teilchen auf seiner Quantenwelle reitet, die er auch „Pilotwelle“ nannte, so wie ein Windsurfer auf den Wellen.
Bleiben wir vorerst auf der Ebene der materiellen Welt und beobachten, was mit dem Windsurfer geschieht.
Was für Information ist einer Wasserwelle aufgeprägt? Eine bestimmte Oberflächenstruktur, die Temperatur des Wassers, die Geschwindigkeit der Wellen usw.
Der Surfer mit seinem Brett repräsentiert nun eine ganze Reihe eigener Informationen (z. B. Anstrich des Brettes, Form und Farbe des Segels, Statur und Persönlichkeit des Surfers), die mit der Information der Wasserwelle in Wechselwirkung treten. Diese Wechselwirkung erlaubt es dem Surfer, sich auf eine ganz bestimmte Art und Weise zu bewegen.
Falls Sie sich jetzt fragen, wozu wir Ihnen das alles erzählen: Ungefähr so, wie die Wasserwelle die Bewegung des Surfers steuert, stellen sich die Physiker vor, daß die Seele das Leben des Menschen lenkt.
Gehen wir jetzt – immer noch auf der Ebene des Materiellen – ganz, ganz weit zurück in der Zeit (keine Sorge, das wird jetzt keine Rückführung sein!). Wir gehen zurück zum Moment des Urknalls, als zu dem Augenblick, als das Universum aus einem einzigen Punkt heraus zu expandieren begann. In diesem ersten Moment gab es noch nicht viel, jedenfalls noch keine Materie, im Grunde auch keinen Raum und keine Zeit. Vielleicht gab es schon ein paar immaterielle Ideen. Und noch etwas mehr bildete sich in diesen ersten Sekundenbruchteilen des Universums: kosmische Axionen.[35]
Diese Axionen sind Elementarteilchen, die auf ihren experimentellen Nachweis bis heute noch warten. Ihre Existenz folgt aus bestimmten Inkonsistenzen in den Formeln der Quantenphysik. Beobachtet hat

man sie allerdings noch nicht. Beim Lawrence Livermore National Laboratory in den USA läuft derzeit ein Forschungsprojekt, um die Axionen dingfest zu machen.
Axionen wären nicht die ersten Elementarteilchen, die zunächst nur berechnet und erst später entdeckt wurden. Aufgrund dieser Berechnungen kennt man ihre Eigenschaften allerdings schon relativ genau. Sie haben eine unglaublich kleine Masse (etwa ein Milliardstel der Masse des Elektrons), sollen dafür aber zu den häufigsten Teilchen im Universum gehören. Es soll etwa 10 Trillionen Mal mehr Axionen geben als Protonen und Neutronen, aus denen unsere eigentliche Materie im Wesentlichen aufgebaut ist. Sie existieren sozusagen schon in der Grauzone zwischen der Materie und immateriellen Bereichen. Sie werden heute als einer der Hauptbestandteile der geheimnisvollen „dunklen Materie" des Universums angesehen.
Nach der Theorie entstanden die Axionen so früh nach dem Urknall, daß selbst unsere heute bekannten Grundkräfte wie Gravitation und Elektromagnetismus noch vereinheitlicht waren. Daraus folgt aber auch, daß sie nicht, wie die anderen bekannten Materieteilchen, aus thermischen Prozessen entstanden. Sie bewegen sich daher praktisch gar nicht, und ihre Temperatur liegt nahe beim absoluten Nullpunkt. Ein reichlich exotisches Zeug, und doch für die Suche der Physiker nach der Seele sehr wichtig.
Wenn nämlich die Axionen an relativ festen Orten im Universum verteilt sind, bilden sie aufgrund ihrer Eigenschaften eine überall gegenwärtige Matrix, eine Art Gitter. Die Physiker sprechen vom kosmischen Axionenfeld. Und jetzt kommt der Knalleffekt: Im Gegensatz zu anderen bekannten Materieteilchen, die relativ chaotische Bewegungen vollführen, sind die kosmischen Axionen hochgradig kohärent. Einen solchen Zustand nennt man Bose-Einstein-Kondensat, und man weiß, daß ein Axionenfeld mit derartigen Eigenschaften eine *nichtlokale Kommunikation über sehr große Entfernungen* erlaubt, und zwar unabhängig von der Lichtgeschwindigkeit.
Das kosmische Axionenfeld wäre also wie geschaffen als ein gigantischer, im Universum allgegenwärtiger Informationsspeicher sowie als Trägersubstanz für informationstragende Quantenwellen, kurz gesagt: für „aktive Information".
Tatsächlich vermuten die Physiker, daß das Axionenfeld Träger der Pilotwellen der Materie ist.

Erinnern wir uns jetzt wieder an den Windsurfer und die Wasserwellen. Die Materie im Universum wird in ihren Bewegungen gelenkt durch die quantenphysikalischen Pilotwellen, auf denen die Materieteilchen „surfen". Das heißt aber, daß die gesamte Entwicklung des Universums nicht zufällig abläuft. Sie würde vielmehr gelenkt aus einem zugrundeliegenden Informationsfeld, dessen Träger die Axionen sind.
Haben die Physiker auf diese Weise Rupert Sheldrakes morphogenetisches Feld lokalisiert? Vermutlich noch nicht ganz. Wir halten es zumindest für unwahrscheinlich, daß das morphogenetische Feld in unserer vierdimensionalen Raumzeit zu finden ist. Es dürfte eher in höheren Dimensionen des Hyperraumes beheimatet sein. Das Axionen-Informationsfeld könnte aber eine Schnittstelle sein, über die sich das morphogenetische Feld in der Raumzeit ausdrückt, so daß sich die dort gespeicherten Informationsmuster in der Materie manifestieren können.
Es gibt auch schon Vorstellungen darüber, wie diese Manifestation funktionieren könnte. Zum Beispiel ergaben die Berechnungen der Quantenphysiker, daß sich Axionen unter der Einwirkung elektromagnetischer Felder in Photonen, also Lichtteilchen, verwandeln können. Auf diese Weise würde auch die Information aus dem Axionenfeld (und damit letztendlich aus dem morphogenetischen Feld) in den elektromagnetischen Anteil z. B. des menschlichen Aurafeldes gelangen und von dort bis in die DNA in den Zellen. Aus der Wellengenetik wissen wir, daß die DNA Informationen aus Licht aufnimmt, speichert und weiterverarbeitet.
Und wo bleibt nun die Seele? Was die Seele selbst ist, weiß niemand. Sie dürfte wiederum in höheren Dimensionen angesiedelt sein. Physiker vermuten aber, daß Seelen über (makroskopische) Pilotwellen mit der Materie kommunizieren. In diesem Sinne wäre eine Seele eine individualisierte Informationsstruktur, die auf dem morphogenetischen Feld operiert, individualisierte Informationen abruft, speichert und mit anderen Informationen in Beziehung setzt. Über die Pilotwelle würde die Seele den Körper veranlassen, die in ihr gespeicherten Informationen in der Materie umzusetzen.
Erst durch ein solches Konzept individualisierter Seelen kommt so etwas wie Evolution ins Spiel. Informationen im morphogenetischen Feld tendieren lediglich zur Wiederholung. Im Sinne der fraktalen

Zeit stellen sie Zeitschleifen (rekursive Zeitvariablen) dar, und im Rahmen dieses Buches dürften sie mit dem Karma korrespondieren.
Erst dadurch, daß eine intelligente, aktive Energieform hinzukommt (Seele?), die derartige Zeitschleifen in der Materie ablaufen läßt und die Resultate bewertet, kann ein Lernprozeß einsetzen, d. h. das durch die Seele an die Pilotwelle vermittelte Informationsmuster verändert sich im Laufe der Zeit (progressive Zeitvariable).
Wir persönlich stehen diesem Bohmschen Denkmodell mit den Pilotwellen und Axionenfeldern ganz neutral gegenüber. Es ist auch noch keineswegs ausformuliert. Aber es ist ein Modell, das zum Verständnis der Seele beitragen kann und mit der modernen Naturwissenschaft verträglich ist.
Notabene: Wenn Sie jetzt noch einmal rückblickend den Artikel aus dem „Tagesspiegel" lesen, dann beurteilen Sie bitte selbst, ob der Herr von der GWUP wirklich auf der Basis moderner Naturwissenschaft argumentiert hat.
Es soll auch nicht der Eindruck entstehen, daß wir unbedingt die Seele wissenschaftlich beweisen wollen. Wie wir gesehen haben, ist dies – zumindest auf der Basis heutigen Wissens – auch gar nicht möglich. Diesen kurzen Streifzug durch die Post-Quantenphysik des Bewußtseins hielten wir aber aus zwei Gründen für sinnvoll:

1. Es ist immer möglich, daß Sie irgendwann einmal für eine Diskussion etwas stärkere Argumente brauchen. Und da ist es gut, etwas an der Hand zu haben, was man nicht so einfach in Frage stellen kann.
2. Um zu zeigen, daß es heute auch schon Wissenschaftler gibt, die sich mit der Thematik Geist-Seele-Körper auseinandersetzen.

Im Grunde weiß jeder Mensch, daß er eine Seele hat. Dafür braucht er eigentlich weder Beweise noch hochgestochene Theorien. Das Denken, Fühlen und Handeln bestimmt alle unsere Rhythmen des Lebens.
Unser Freund, Professor Ernst Senkowski, sagte uns einmal, er versuche so zu leben, daß er möglichst wenig Schaden anrichtet. In der heutigen Welt ist selbst das schon eine Herausforderung. Im Sinne des Reinkarnationsmodells könnte man fast sagen: *„Bitte verlassen Sie diesen Planeten so, wie Sie ihn vorzufinden wünschen."*
Es gehört zu den Eigenheiten der Natur, daß der Körper eines Lebewesens wie des Menschen nur für eine begrenzte Zeit Bestand haben

kann. Andererseits reicht ein Menschenleben nicht aus, um die Welt zu begreifen und mit ihr klarzukommen. Da wäre es durchaus sinnvoll, wenn die Natur es so eingerichtet hätte, daß Erfahrungen auch über die persönliche Lebensspanne eines Menschen hinaus weitergereicht werden könnten.

Die ewige Existenz des Bewußtseins bedeutet Ewigkeit. Und das heißt – es gibt keinen Anfang und kein Ende. Das menschliche Streben nach Wissen, nach dem Begreifen und Verstehen, ist auch ewig. Nur die Weisheit kann uns davor bewahren, bei diesem Streben gefährliche Doktrinen, Sekten und Kulte zu erzeugen und zu erlauben, daß sie sich entwickeln.

Es mag sein, daß wir es als Zivilisation noch nicht allzu weit gebracht haben. Als Individuen sind wir allerdings sehr unterschiedlich entwickelt. Der Reinkarnationsgedanke bedeutet nicht nur Probleme oder Ängste. Er bedeutet auch eine zweite Chance. Zu wissen, daß hinter unserer Existenz das Wissen und die Erfahrungen von Jahrtausenden stehen.

In gewissem Sinne sind wir alle Akteure in einem gigantischen kosmischen Schauspiel, in dem das Universum seine Möglichkeiten erprobt. Es kommt nur darauf an, dabei zu sein – be part of the game! Das bedeutet – jeder von uns geht seinen Weg, macht seinen Job, denn er ist ein Luxusmodell!

Niemand ist Nobody – und
Nobody is perfect.

Anhang

Liste der hermetischen Prinzipien

Zu den wichtigsten Entdeckungen der modernen Naturwissenschaft gehört die fraktale Struktur der Zeit. Die Zeit ist nicht mehr die gleichförmig und linear dahinfließende Größe, als die wir alle sie lange Zeit gesehen haben. Aus den Theorien des Chaos, der Fraktale und des Global Scaling folgt, daß unterschiedliche Zeitpunkte einander nicht gleichberechtigt sein müssen. Jedem Zeitpunkt entspricht eine bestimmte Zeitqualität. Das hat Einfluß auf die Art und Weise, wie ein Ereignis in unsere Realität treten kann.

Fraktale Zeit und Global Scaling erschaffen eine Realität, die zwischen Vorbestimmung und freiem Willen steht. Wir sind in unseren Handlungen grundsätzlich frei, ob und wie sie uns jedoch gelingen werden, hängt von unterschiedlichen Nebenbedingungen ab, nicht zuletzt vom gewählten Zeitpunkt. Zeitqualitäten sind Tendenzen oder Trends, die nicht zwingend sind, den Verlauf von Entwicklungen aber beeinflussen werden, ob sich etwas schnell oder eher schwerfällig entwickeln wird, ob eher innovative oder konservative Ziele begünstigt sind, ob die Resultate eher geistiger oder materieller Natur sein werden etc.

Was die Wissenschaft erst in den letzten Jahrzehnten herausgefunden hat, ist im Grunde seit Jahrtausenden überliefertes Erfahrungswissen der Menschheit. Die Existenz von Zeitqualitäten ist bereits Bestandteil der uralten Philosophie, die auf den sagenhaften Philosophen Hermes Trismegistos zurückgehen soll. Hierauf basiert auch das System der kabbalistischen Numerologie. Da das hebräische Alphabet 22 Buchstaben hat, führt dies zu einer Einteilung in 22 Zeitqualitäten und damit zu einer Aufteilung der Realität in 22 Begriffsklassen. Dabei wird jeder Begriff seiner speziellen Zeitqualität zugeordnet.

Die nun folgende Liste der hermetischen Prinzipien ordnet jeder der 22 Zeitqualitäten eine Reihe exemplarischer Begriffe aus unterschiedlichen Bereichen der Realität zu. Diese Liste wird bei der Interpretation kabbalistischer Namensanalysen herangezogen (siehe auch die zahlreichen Beispiele im Verlauf des Buches).

1 Merkur

Energie

Allgemeine Begriffe:

positiv:

Energie, Wille, Tatkraft, Mut, Geistesgegenwart, Schnelligkeit, Eifer, Aktion, Initiative, Engagement, Orientierung, Prinzipien, Konzentration, Eigenverantwortung, Vernunft, Autorität, Geschicklichkeit, Begeisterungsfähigkeit

negativ:

Hyperaktivität, Unrast, Jammern, Leidensmiene, Willenlosigkeit, Mutlosigkeit, Feigheit, Ungeschicklichkeit, Unvermögen, Unruhe

Tiere:

Falke, Kranich, Gepard, Gazelle, Kojote, Puma, Jaguar, Feuerfisch, Kardinal

Pflanzen:

Jasmin, Lavendel, Lorbeer, Oleander, Liane

Mineralien:

Feuerstein, Türkis, Lava, Topas

2 Jungfrau

Fleiß

Allgemeine Begriffe:

positiv:

Fleiß, Sammeln, Schwärmerei, innere Kraft, Abwarten, Wissen, Intuition, Lebenskultur, Intelligenz, Intellekt, Talent, Kreativität, Studien, Lerneifer, Theorie, Bewußtseinsentwicklung, Wissensdrang

negativ:

Unordnung, Nymphomanie, Planlosigkeit, Hemmung, Zersplitterung, Ausnutzen anderer, Oberflächlichkeit, Enttäuschungen, mangelndes Selbstvertrauen, Hypochondrie

Tiere:

Hamster, Eichhörnchen, Ameise, Dachs, Kanarienvogel, Lerche, Krähe

Pflanzen:
Kohl, Salat, Erdbeere, Himbeere, Kürbis, Mais, Hafer
Mineralien:
Rauchquarz, Dioptas, Magnetit

3 Waage

<u>Ausgeglichenheit</u>

Allgemeine Begriffe:

positiv:
Gemeinschaft, Gemeinsamkeiten, Ehe, Kommunikation, Ausgleich, innere Ruhe, Verständigung, Extrovertiertheit, Hilfsbereitschaft, Nachbarschaftssinn, Kooperation, Integration, Vermittlung, Frieden, Vernunft, Soziales Engagement, Freiheit, Kompromißbereitschaft
negativ:
„Fluff" reden, Phrasendreschen, Leichtgläubigkeit, Ungezügeltheit, übertriebene Nachgiebigkeit, Untertanengeist, Unentschlossenheit

Tiere:
Frosch, Wolf, Kamel, Lama, Qualle, Marabu, Strauß, Kormoran, Pelikan
Pflanzen:
Tulpe, Pflaume, Apfel, Birne, Quitte, Kirsche, Pfirsich, Mirabelle, Passionsblume
Mineralien:
Tuffstein, Rhodochrosit

4 Skorpion

<u>Werden und Vergehen</u>

Allgemeine Begriffe:

positiv:
Werden und Vergehen, Arbeit, Handlung, Tat, Systematik, Umsicht, Pragmatismus, Entscheidung, Öffentlichkeit, Wandlung der

Polaritäten, Auseinandersetzung mit Konflikten, konstruktive Problemlösung, Krisenbewältigung, Technokratentum, Loyalität

negativ:

voreiliges Handeln, Geltungsdrang, Kränklichkeit, maschinenhafter Eifer, Fatalismus, Intrigen, Bluff, falsche Höflichkeit

Tiere:

Skorpion, Mücke, Schlange, Adler, Moskito, Termite, Fliege, Stachelschwein, Koala, Känguruh, Mungo

Pflanzen:

Pfefferminze, Bärenklau, Salbei, Anis, Safran, Haselnuß, Walnuß, Paranuß, Mandel, Kichererbse

Mineralien:

Opal, Malachit, Kunzit

5 Jupiter

Expansion

Allgemeine Begriffe:

positiv:

Expansion, Fülle, Heilung, Religion, Helfen, Sensibilität, Feingeistigkeit, Subtilität, Edelmut, Großzügigkeit, Stil, Charakter, Niveau, Geradlinigkeit, Korrektheit, Integrität, Herkunft, Güte, Seelenstärke, Lebensfreude, Lachen, Humor

negativ:

Übermut, Übermaß, Workaholic, Genußsucht, Eifersucht, übertriebener Materialismus, Taktlosigkeit

Tiere:

Bär, Luchs, Muli, Reiher, Gartenschläfer, Haselmaus, Ibis, Flughund

Pflanzen:

Palme, Margerite, Kaktusfeige, fette Henne, Petunie, Aloe, Agave

Mineralien:

Beryll, Sodalith, Olivin

6 Venus

Liebe

Allgemeine Begriffe:

positiv:

Liebe, Erotik, weibliche Anziehungskraft, Sexualität, schöpferische Kraft, Prüfung, Kritik, praktische Forschung, Analyse, Interesse, Neugier, Aufklärung, Dankbarkeit, Erfindungsgabe

negativ:

Verführungssucht, Wollust, Perversion, Besitzgier, Spionage, unkritische Forschung, Wut, Aggression, Disziplinlosigkeit

Tiere:

Ziege, Esel, Giraffe, Schaf, Ozelot, Marder, Hyäne, Hyänenhund

Pflanzen:

Lilie, Rose, Aster, Gummibaum, Geldbaum

Mineralien:

Diamant

7 Schütze

Sieg

Allgemeine Begriffe:

positiv:

Sieg, Gewinn, Überwindung, Selbstüberwindung, Bilanz im Leben, Kraft des Alters, Ruhe bei der Arbeit, Abgeklärtheit, Beherrschung, Zähigkeit, Durchstehvermögen, Zielsicherheit, Überlegenheit, Souveränität, Überlegung, Strategie, Verzeihen, Lob

negativ:

Kriegslust, Sturheit, Streitlust, Egoismus, Fanatismus, Einmischungssucht, Pedanterie, Wortklauberei

Tiere:

Hahn, Schuhschnabel, Schwalbe, Mauersegler, Nabelschwein, Gürteltier, Wal, Delphin, Seekuh

Pflanzen:

Ahorn, Ginkgobaum, Pappel, Eiche, Robinie, Ulme, Birke

Mineralien:
Nephrit, Amethyst, Rhodonit

8 Steinbock

Gerechtigkeit

Allgemeine Begriffe:

positiv:
Gerechtigkeit, Recht, Ordnung, Ordnungsliebe, Einordnung in die Gemeinschaft, Gesetz, Rechtschaffenheit, Kampf gegen Ungerechtigkeit, Präzision, Konstruktivität, Fairneß, Integrität, inneres Gleichgewicht, Gesundheit, konservatives Denken, Etikette, Feingefühl, Krisenbewältigung

negativ:
Besserwisserei, Moralapostel, Undankbarkeit, Neid, Verdrossenheit, ultrakonservatives Denken, altes Denken

Tiere:
Steinbock, Eule, Krake, Hase, Kaninchen, Waldmaus, Hausmaus, Ratte, Iltis

Pflanzen:
Nußbaum, Farn, Gloxinie, Wurmkraut, Orchidee, Lupine, Brennessel, Taubnessel

Mineralien:
Blutopal, Jaspis, Saphir, heller Onyx, Mondstein, Rubin

9 Wassermann

Weisheit

Allgemeine Begriffe:

positiv:
Weisheit, Philosophie, Lösung, Erlösung, Nachdenklichkeit, neues Denken, höheres Bewußtsein, Arbeit an der Entwicklung, Freigeistigkeit, Selbsterkenntnis, Herzensbildung, Lebensklugheit, Wahrheitsliebe, Taktik, Diplomatie, Denkkultur, Bildung, Ökologie

negativ:

Prinzipienreiterei, Demagogie, rücksichtsloses Karrieretum, Sarkasmus, Engherzigkeit, Unbescheidenheit, Denkfaulheit, Nachreden von Parolen, Neigung zu Ausreden, Unlust zum Umdenken

Tiere:

Biber, Storch, Spottvogel, Kronenkranich, Dingo, Kröte, Bläßhuhn, Teichhuhn

Pflanzen:

Kiefer, Fichte, Tanne, Geranie, Begonie

Mineralien:

Smaragd, Zirkon, Hyazinth, Rutilquarz, Chalzedon

10 Uranus

Wechsel

Allgemeine Begriffe:

positiv:

Wechsel, Aufbruch, Umbruch, Neuanfang, moralische Umkehr, Leichtigkeit, Spontaneität, Änderung, Veränderung, Innovation, Neues, Reform, Übergangslösung, Trend, Flexibilität, Loslösung, Reisen, Unabhängigkeit

negativ:

Umsturz, Revolution, Unbeständigkeit, Unbeherrschtheit, Sprunghaftigkeit, Unzuverlässigkeit, Ziellosigkeit, heillose Unordnung, Hysterie, Launenhaftigkeit, Anarchie, Unsicherheit

Tiere:

Wüstenspringmaus, Strandläufer, Kampffisch, Chinchilla, Chamäleon

Pflanzen:

Mimose, Seerose, Lotos, Tollkirsche, Ackerwinde, Mistel

Mineralien:

Jade

11 Neptun

Spiritualität

Allgemeine Begriffe:

positiv:

Spiritualität, Esoterik, Kontakt zu anderen Bewußtseinsebenen, Kanal, Parapsychologie, Grenzwissenschaften, Sensitivität, Erkenntnis, Medialität, Nutzung neuer Energien, Kunst, Phantasiebegabung, Inspiration, innerer Lernprozeß, das Verborgene und Neue im Leben, Mystik, Geheimnisse, Astralwirken

negativ:

Unsicherheit, Kampf mit Worten, Bissigkeit, Unfähigkeit zum Vergeben, Kritiklosigkeit, Beeinflußbarkeit, Einseitigkeit, Asketentum, alles Nebulöse und Okkulte, schwarze Magie, Sektentum, Einmischung

Tiere:

Ochse, Moschusochse, Kuh, Truthahn, Wurm, Rabe, Kater, Lemur

Pflanzen:

Gras, Roggen, Weizen, Konifere, Schneeball, Froschlöffel

Mineralien:

Lapislazuli, Koralle, Bernstein

12 Fische

Opferbereitschaft

Allgemeine Begriffe:

positiv:

Opferbereitschaft, Erlösung, Geben, Hingabe, Aufopferung, Pflichterfüllung, Bescheidenheit, Selbstlosigkeit, Verzicht, Dienst am Nächsten, Verantwortung, Treue, klassische Wissenschaft, Technik

negativ:

Unterordnung, Verlust, Opfer im negativen Sinne, Lebenskrisen, Selbstzerfleischung, übertriebene Bescheidenheit, Demut, materialistisches Denken, Nihilismus

Tiere:

die meisten Fische, Maulwurf, Olm, Fledermaus, Nachtfalter, Panther, Blutegel

Pflanzen:

Latschenkiefer, Moos, Pilze, Efeu, Flechte, Alge, Tang, Gänseblümchen, Pampagras

Mineralien:

Rosenquarz, Turmalin, schwarzer Onyx, Kalkstein

13 Widder

Transformation

Allgemeine Begriffe:

positiv:

Höheres Wissen, Persönlichkeitstransformation, mutiges Anpakken der Lebensaufgaben, Flucht nach vorn, Umwandlung ins Geistige, Wiederaufbau, Neuorientierung, Neubeginn, Fortschritt, Einsicht

negativ:

Abschied, Tod, Krise, Zerstörung, Stillstand, Rückschritt, Dogmatik, kurzsichtiges Denken, Kraftprotzerei, Anrennen gegen Windmühlen, mit dem Kopf durch die Wand gehen

Tiere:

Widder, Fuchs, Schwein, Nerz, Elefant, Hirsch, Wüstenfuchs, Schakal, Wanze, Floh

Pflanzen:

Mandelbaum, Buche, Linde, Mangrove, Nordmanntanne, Luzerne

Mineralien:

Aventurin, Zitrin, Pyrit, Bergkristall

14 Stier

Kampfgeist

Allgemeine Begriffe:

positiv:

Kampfgeist, Disziplin, Pflichterfüllung, Mutterschaft, Verständnis, Pioniergeist, Zuverlässigkeit, Vorbildlichkeit, Ehrgeiz

negativ:

Haß, Jasagerei, übertriebene Nachgiebigkeit, Selbstverleugnung, reaktionäres Denken, Diktator, Machtgier

Tiere:

Stier, Nutria, Schwan, Gans, Möwe, Dickhornschaf, Kondor, Geier

Pflanzen:

Quecke, Mohn, Dahlie, Gardenie, Kornblume

Mineralien:

Calcit, Granat

15 Saturn

Ausstrahlung

Allgemeine Begriffe:

positiv:

Ausstrahlung, Einfluß, Anziehungskraft, Magnetismus, Aura, Charme, Anmut, Charisma, Wirkung, Kompetenz, Macht, Meditation

negativ:

Arroganz, Leichtlebigkeit, Herausforderung des Schicksals, Hazardspiel, Beeinflussung anderer, Offenlegung der Probleme, negative Überraschungen, Tollkühnheit, Stolz

Tiere:

Rochen, Robbe, Sturmvogel, Laus, Elster, Rotkehlchen, Goldhähnchen

Pflanzen:

Nelke, Primel, Jute, Yucca, Stachelbeere, Johannisbeere, Flieder

Mineralien:

Fluorit, Gemme, Hämatit

16 Mars

Lernprozeß

Allgemeine Begriffe:

positiv:

Lernprozeß, Einweihungsweg, Menschenkenntnis, Bereitschaft zur Ich-Überwindung, Erkenntnisfähigkeit

negativ:

Schwierigkeiten, Probleme, Hindernisse, Grausamkeit, Sadismus, Masochismus, Chaos, Katastrophen, Krieg, Militarismus, Leid, seelische Belastung, Extremsituationen, Liebeskummer, Trauer, Angst

Tiere:

Albatros, Uhu, Kakerlake, Zecke, Hai, Antilope, Eisbär, Kauz, Krustenechse

Pflanzen:

Portulak, Rittersporn, Fliegenfalle, Distel, Schwertlilie, Stiefmütterchen, Studentenblume

Mineralien:

Achat, Schneckenachat, Moosachat

17 Zwillinge

Nächstenliebe

Allgemeine Begriffe:

positiv:

Nächstenliebe, Wahrheit, Aufrichtigkeit, Glaube, Hoffnung, Idealismus, Wärme, Herzlichkeit, Mitgefühl, Mitleid, Gutmütigkeit, Unschuld, Nachsicht, Freundschaft, Verwandtschaftssinn, Bruderliebe, Beistand

negativ:

Unruhe, Nervosität, Wahn, Phantasterei, Unsinn, Scherze, Narrheiten, Uniformität, Lächerlichkeit, Heuchelei, Zwiespalt

Tiere:

Muschel, Schnecke, Kuckuck, Gelbspötter, Waran, Vielfraß, Foxterrier, Dackel

Pflanzen:
Dattelpalme, Hanf, Kaffeestrauch, Teestrauch, Hopfen, Melisse
Mineralien:
Schiefer, Glimmer, Feldspat

18 Krebs

Anpassungsfähigkeit

Allgemeine Begriffe:

positiv:
Anpassungsfähigkeit, Selbstvertrauen, Schlagfertigkeit, Wunsch nach Anerkennung, Häuslichkeit, Freude an kleinen Dingen, Lebensbejahung, Rückzug, Innenschau, Kampf um den Glauben
negativ:
Lüge, Unklarheit, Verbrechen, Dummheit, Einfältigkeit, Verleumdung, Anprangern, Rufmord, Unrecht, Ungerechtigkeit, Egoismus, Sucht, Verfolgung, Destruktivität, Unordnung, Unfallneigung, Krankheit, Gefahr

Tiere:
Krebs, Amöbe, Kolibri, Gartenrotschwanz, Igel, Otter, Schildkröte
Pflanzen:
Stechapfel, Mistel, Orangenbaum, Zitronenbaum, Zwiebel, Knoblauch, Paprika, Pfeffer
Mineralien:
Heliotrop, Gneis, Sugilit

19 Löwe

Harmonie

Allgemeine Begriffe:

positiv:
Harmonie, Zufriedenheit, Glück, Seelenfrieden, Freude, Liebenswürdigkeit, Freundlichkeit, Kameradschaftsgeist, Positives Denken, moralische Kraft, Würde, Seelenstärke

negativ:

Faulheit, Langsamkeit, Schwerfälligkeit, Gier, Eigensinnigkeit, Geiz, Macho, Majestätsgebaren, Verschlossenheit, Einsiedelei

Tiere:

Löwe, Tiger, Leopard, Bisamratte, Flamingo, Alpaka, Yak

Pflanzen:

Tomate, Kartoffel, Königin der Nacht, Silberdistel, Akazie

Mineralien:

Karneol, heller Saphir, Chrysokoll, Aquamarin

20 Mond

Erwachen

Allgemeine Begriffe:

positiv:

Erwachen, Wiedergeburt, Weiblichkeit, Erfüllen einer Mission, karmische Wiederbegegnungen, Schlüsselerlebnisse, Déjà-vu-Erlebnisse, geistige Orientierung, Weiterentwicklung, Aufmerksamkeit, Schöngeist

negativ:

Stagnation, menschliche Schwäche, Gedankenlosigkeit, Begriffsstutzigkeit, Schlafwandeln, Traum, Traumtänzerei, unrealistische Haltung, Versponnenheit

Tiere:

Amsel, Star, Pferd, Katze, Nachtschwalbe, Rohrdommel, Koboldmaki, Schuppentier

Pflanzen:

Maiglöckchen, Schneeglöckchen, Christrose, Blutahorn, Schafgarbe, Dornbusch

Mineralien:

Bimsstein, Selenit, Granit

21 Sonne

Erfolg

Allgemeine Begriffe:

positiv:

Erfolg, Chancen, Aufstieg, Fortschritt, Ansehen, Ehre, Prominenz, Karriere, Ruhm, Männlichkeit, Resonanz, Wärme, Ruhe, Lebenskraft, Schlaf

negativ:

Strebertum, Konkurrenzdenken, verantwortungsloses Handeln, Schläfrigkeit, Schlappheit

Tiere:

Murmeltier, Biene, Schmetterling, Siebenschläfer, Mandrill, Gibbon, Schimpanse, Gorilla, Pavian

Pflanzen:

Narzisse, Goldregen, Forsythie, Glockenblume, Fingerhut, Kaktus, Knabenkraut

Mineralien:

Tigerauge, Basalt, Chrysopras

22 Pluto

Erdgebundenheit

Allgemeine Begriffe:

positiv:

Erdgebundenheit, Heimatliebe, Heilkunst, Medizin, Hypnose, Magie, Visionen, Außersinnliche Wahrnehmungen, Genialität, Klarheit im Denken, Lauterkeit, Priestertum

negativ:

Wahrsagerei, alles Plutonische und Satanische, Menschenverachtung, Irritation, Wunschdenken, Phantasterei, Selbsttäuschung, Kriechertum, Kälte, Starre, Chauvinismus, Rassismus, Imperialismus

Tiere:

Pudel und viele andere Hunde, Maulesel, Krokodil, Erdferkel, Ameisenbär, Waschbär, Panda

Pflanzen:

Islandmoos, Krüppelkiefer, Edelweiß, Enzian, Mammutbaum

Mineralien:

Eiskristall, Perle

Anmerkungen

Viele Themen, die in diesem Buch zur Sprache kamen, haben wir bereits in früheren Büchern ausführlich abgehandelt. Wir wollten uns an solchen Stellen nicht wiederholen und erneut abhandeln, was viele unserer Leser schon kennen. Daher weisen wir bei den entsprechenden Passagen darauf hin, in welchem unserer Bücher der interessierte Leser dazu mehr finden kann.

[1] Diesen und die folgenden Berichte von Transplantationspatienten entnahmen wir einer TV-Dokumentation des Discovery Channel.

[2] Quelle: Patientenratgeber Nierentransplantation. Klinikum der J. W. Goethe-Universität Frankfurt/Main

[3] Mehr zu diesem Thema in unserem Buch „Fehler in der Matrix".

[4] Quelle: Joanna Burakowska, Przypadek Omm Seti, Nieznany Świat Nr. 1/2005, auf der Basis von „Das große Buch antiker Geheimnisse" von P. James und N. Thorpe

[5] zitiert aus Fosar/Bludorf: Der kosmische Mensch.

[6] Als Fraktale bezeichnet man komplizierte Formen mit gebrochener Dimension, die einige charakteristische Eigenschaften aufweisen, z. B. Skaleninvarianz (ähnliches Aussehen bei unterschiedlichen Vergrößerungsmaßstäben). Genaueres hierzu im weiteren Verlauf des Buches (S. 100ff.) sowie in unserem Buch „Zeitfalle".

[7] Als fraktale Zeitschleifen bezeichnet man Ereignisse, die dazu neigen, sich in identischer oder ähnlicher Form wiederholen. Mehr darüber finden Sie auch im Kapitel „Zahl und Schicksal" sowie im Buch „Zeitfalle".

[8] Das Thema Wellengenetik handeln wir ausführlich ab in unserem Buch „Vernetzte Intelligenz"

[9] Genau genommen werden die drei Dimensionen des Raumes im Buch Sefer Jezira durch die unteren sechs Sephiroth beschrieben, die den Richtungen Norden, Süden, Westen, Osten sowie Oben und Unten zugeordnet werden. Die oberen vier Sephiroth stehen für die Elemente Feuer und Wasser, für das Gesetz der Polarität und die oberste Sephira für die ungeteilte Einheit Gottes.

[10] Diesen Fall handeln wir ausführlich im Buch „Zeitfalle" ab.

[11] Genaueres zu diesem Thema im Buch „Zeitfalle".

[12] s. „Zeitfalle"

[13] unter „zyklisch“ versteht man in diesem Zusammenhang nicht, daß die Entwicklung wirklich im Kreise verläuft. Ein zyklischer Attraktor kann beliebig komplizierte Bahnen beschreiben, es kommt nur darauf an, daß er irgendwann wieder zum Ausgangspunkt zurückkehrt und die Bahn von vorne beginnt.

[14] Über die Matrix des Ortes schreiben wir ausführlich in unserem Buch „Terra Incognita“.

[15] Siehe unser Buch „Zaubergesang“

[16] Genaueres hierzu in unserem Buch „Vernetzte Intelligenz“.

[17] Siehe unser Buch „Zeitfalle“

[18] Daraus resultierte der gleichnamige Titel eines früheren Buches von uns zum Thema Reinkarnation und Karma.

[19] siehe „Zeitfalle“

[20] eine polnisch-französische Coproduktion aus dem Jahre 1991.

[21] Quelle: Rätsel multiple Persönlichkeit. Discovery Channel 1999.

[22] Davison/Neale: Klinische Psychologie.

[23] Genaueres hierzu in unserem Buch „Fehler in der Matrix“

[24] siehe „Zeitfalle“

[25] Zitat: Hubert Scharl, Heilpraktiker und Hypnosetherapeut

[26] Rainer Holbe: Die Botschaft der Engel

[27] siehe unser Buch „Zeitfalle“

[28] Rainer Holbe, Phantastische Phänomene – Erinnerungen an Atlantis.

[29] s. „Vernetzte Intelligenz“

[30] Quelle: Roland Knauer: In meinem früheren Leben. Tagesspiegel, Berlin 3. 6. 2006

[31] siehe „Zaubergesang“

[32] hauptsächlich in „Fehler in der Matrix“ und „Zeitfalle“

[33] David Bohm: A new theory of the relationship of mind and matter.

[34] Zitiert nach Richard Ruquist: A Dark Matter Model of Consciousness.

[35] Das Folgende nach Richard Ruquist: A Dark Matter Model of Consciousness. a.a.O.

Literatur

Für die Recherchen zu diesem Buch zogen wir eine große Zahl veröffentlichter (und nicht veröffentlichter) Quellen heran. Wir können Ihnen hier aus dieser umfangreichen Quellensammlung nur eine kleine Auswahl an weiterführender Literatur geben.

Bandler, Richard und John Grinder: Neue Wege der Kurzzeittherapie, Junfermann-Verlag

Bandler, Richard und John Grinder: Reframing, Junfermann-Verlag

Bohm, David : A new theory of the relationship of mind and matter. Nachdruck aus Philosophical Psychology, Vol. 3, No. 2, 1990, pp. 271-286. Department of Theoretical Physics, Birkbeck College, University of London (o.J.)

Burakowska, Joanna: Przypadek Omm Seti, Nieznany Świat Nr. 1/2005, Warszawa 2005.

Capra, Fritjof: Das neue Denken, Scherz-Verlag

Capra, Fritjof: Das Tao der Physik, Scherz-Verlag

Capra, Fritjof: Wendezeit, Scherz-Verlag

Cerminara, Gina: Erregende Zeugnisse von Karma und Wiedergeburt, Knaur-Verlag

Corsini, Raymond J. (Hrsg.): Handbuch der Psychotherapie, Verlag für Psychologie Dr. C. J. Hogrefe

Currie, Ian: Niemand stirbt für alle Zeit, Goldmann-Verlag

Davies, Brian: Exploring Chaos. Theory and Experiment. Reading, Mass.

Davison, Gerald C. und John M. Neale: Klinische Psychologie, Psychologie Verlags Union

Dethlefsen, Thorwald und Rüdiger Dahlke: Krankheit als Weg, Goldmann-Verlag

Dethlefsen, Thorwald: Schicksal als Chance, Goldmann-Verlag

Diehl, Bernhard J. M. und Theres Miller (Hrsg.): Moderne Suggestionsverfahren, Springer-Verlag

Dürr, Hans-Peter (Hrsg.): Physik und Transzendenz, Die großen Physiker unseres Jahrhunderts über ihre Begegnung mit dem Wunderbaren, Scherz-Verlag

Einstein, Albert: Grundzüge der Relativitätstheorie, Vieweg-Verlag

Erickson, Milton und Ernest Rossi: Hypnotherapie, Pfeiffer-Verlag

Fosar, Grazyna und Franz Bludorf: Der kosmische Mensch, Frankfurt 1992.

Fosar,Grazyna und Franz Bludorf: Fehler in der Matrix. Peiting 2003.

Fosar, Grazyna und Franz Bludorf: Im Netz der Frequenzen. Peiting 2004.

Fosar, Grazyna und Franz Bludorf: Resonanz der Psyche, Frankfurt 1993.

Fosar, Grazyna und Franz Bludorf: Terra Incognita, Marktoberdorf 2005.

Fosar, Grazyna und Franz Bludorf: Vernetzte Intelligenz. Aachen 2001.

Fosar, Grazyna und Franz Bludorf: Zaubergesang. Marktoberdorf 2002.

Fosar, Grazyna und Franz Bludorf: Zeitfalle. Peiting 2005.

Fraser, Mark W., Peter J. Pecora und David A. Haapala: Families in Crisis, The Impact of Intensive Family Preservation Services, Aldine de Gruyter

Gleick, James: Chaos - die Ordnung des Universums, Knaur-Verlag

Gribbin, John: Auf der Suche nach Schrödingers Katze, Serie Piper

Grinder, John und Richard Bandler: Therapie in Trance, Klett-Cotta-Verlag

Hawking, Stephen: A Debate on Open Inflation. Cambridge 1998.

Hawking, Stephen W.: Eine kurze Geschichte der Zeit, Rowohlt-Verlag

Hawking, Stephen: Space and Time Warps. Cambridge 1998.

Hawking, Stephen: The Universe in a Nutshell. Potsdam 1999.

Heim, Burkhard: Der Elementarprozeß des Lebens, Resch-Verlag

Heim, Burkhard: Der kosmische Erlebnisraum des Menschen, Resch-Verlag

Heim, Burkhard: Postmortale Zustände? Die televariante Area integraler Weltstrukturen, Resch-Verlag

Heiß, Peter: Holographie-Fibel, Wittig Fachbuch

Holbe, Rainer: Die Botschaft der Engel, Knaur-Verlag.

Holbe, Rainer: Phantastische Phänomene – Erinnerungen an Atlantis, Herbig-Verlag

Jacobsson, Nils-Olof: Leben nach dem Tod?, Econ-Verlag

Jankovich, Stefan von: Ich war klinisch tot, Drei Eichen Verlag

Jung, Carl Gustav: Archetypen, dtv

Jung, Carl Gustav: Der Mensch und seine Symbole, Walter-Verlag

Jung, Carl Gustav: Die Beziehung zwischen dem Ich und dem Unbewußten, dtv

Jung, Carl Gustav: Typologie, dtv

Jürgens, Hartmut, Heinz-Otto Peitgen, Dietmar Saupe u.a.: Chaos und Fraktale, Spektrum der Wissenschaft, Verständliche Forschung

Kacser, Claude: Spezielle Relativität, Verlag Berliner Union

Katsman, Alex: Physical Model Of The Parallel Ethereal World. Haifa 2004

Leuner, Hanscarl: Lehrbuch des Katathymen Bilderlebens, Verlag Hans Huber

McLean, Penny: Alltag mit Schutzgeistern, Peter Erd Verlag

Meckelburg, Ernst: Der Überraum, Hermann-Bauer-Verlag

Meckelburg, Ernst: Zeittunnel, Verlag Langen-Müller

Meinhold, Werner: Das große Handbuch der Hypnose, Ariston-Verlag

Moody, Raymond: Leben vor dem Leben, Rowohlt-Verlag

Murphy, Joseph: Die Macht Ihres Unterbewußtseins, Ariston-Verlag

Novalis: Die Lehrlinge zu Saïs, Die große Erzählerbibliothek der Weltliteratur

Peitgen, Heinz-Otto, Hartmut Jürgens und Dietmar Saupe: Chaos - Bausteine der Ordnung. Hamburg, 1998.

Peitgen, Heinz-Otto, Hartmut Jürgens und Dietmar Saupe: Fraktale - Bausteine des Chaos. Hamburg, 1998.

Ratzinger, Joseph: Kommentar zum Geheimnis von Fatima. Vatikan 2000.

Reeves, Hubert: Schmetterlinge und Galaxien, Hanser-Verlag

Reinecker, Hans (Hrsg.): Lehrbuch der klinischen Psychologie, Verlag für Psychologie Dr. C. J. Hogrefe

Resch, Andreas (Hrsg.): Bewußtseinszustände, Imago Mundi Bd. 12, Resch-Verlag

Ritter-Schaumburg, Heinz: Die Kraft der Sprache, Herbig-Verlag

Ruelle, David: Zufall und Chaos, Springer-Verlag

Ruquist, Richard: A Dark Matter Model of Consciousness. Quantum Mind 2003, Tucson 2003.

Scharl, Hubert: Handbuch der Regressions- und Reinkarnationstherapie, WBV Biologisch-Medizinische Verlagsgesellschaft

Scharl, Hubert: Moderne Hypnosetechniken für Mediziner, Verlag T. Marczell

Scharl, Hubert: Tiefenhypnose, D. Münks-Verlag

Schwarzer, Ralf (Hrsg.): Gesundheitspsychologie, Verlag für Psychologie Dr. C. J. Hogrefe

Sheldrake, Rupert, Terence McKenna und Ralph Abraham: Denken am Rande des Undenkbaren, Scherz-Verlag

Sheldrake, Rupert: Das schöpferische Universum, Meyster-Verlag

Talbot, Michael: Das holographische Universum, Knaur-Verlag

Talbot, Michael: Mystik und neue Physik, Heyne-Verlag

Tausch, Reinhard und Annemarie Tausch: Gesprächspsychotherapie, Verlag für Psychologie Dr. C. J. Hogrefe

Tepperwein, Kurt: Die hohe Schule der Hypnose, Goldmann-Verlag

Trautmann, Werner: Naturwissenschaftler bestätigen Re-Inkarnation, Walter-Verlag

Vas, Jószef: Hypnose bei Psychosen, Quintessenz

Walter, Katya: Chaosforschung, I Ging und genetischer Code, Diederichs-Verlag

Werner, Helmut: Die Kabbala. Komet-Verlag, Köln.

Wilber, Ken (Hrsg.): Das holographische Weltbild, O.W.Barth-Verlag

Bildquellennachweis

Archiv der Autoren: 1, 6, 7, 8, 9, 10, 11, 12, 13, 15, 18, 20, 21, 22, 23, 24, 25, 26, 27, 28, 29; The Enterprise Mission: 2, 3, 4; Nieznany Świat: 5; Smithsonian Institute: 17; Internet: 14, 16, 19, 30, 31.

Über das Buch

Es gibt Reinkarnation – doch jeder von uns ist einmalig.
Niemand ist Nobody. Wir alle tragen in uns Informationen über frühere Ereignisse, Gefühle und Emotionen. Es ist unsere Aufgabe, aus diesen Grundlagen eine neue und selbstbewußte Persönlichkeit zu entwickeln. Bei den meisten Menschen geschieht dies vollkommen unbewußt (und nicht immer erfolgreich). Andere versuchen, sich dieser Informationen bewußt zu werden. Sie sind abrufbar

- In der Meditation
- In Träumen
- Durch Surfen im morphogenetischen Feld
- In einer Rückführung
- In Deja-vu-Erlebnissen
- Durch Remote Viewing
- Ganz spontan durch plötzliches Wissen

Niemand ist Nobody. Doch wir sind nicht derselbe, der wir einmal „gewesen“ sind. Jeder Mensch ist einmalig und unwiederholbar. Darin liegt eine Chance, erfolgreich zu sein und alte Belastungen loszuwerden. Das Schicksal läßt sich korrigieren!
Niemand ist Nobody. Selbst bei Organtransplantationen übernimmt der Mensch oft Persönlichkeitsanteile des Spenders. Auch hier sind bewußte Korrekturen möglich.
Offene Wissenschaftler dringen bereits in Bereiche vor, die bislang nur der Spiritualität zugänglich waren.
Das Wissen alter Kulturen und moderne wissenschaftliche Erkenntnisse erzeugen eine feste Basis, die jeder von uns braucht, um sich in der heutigen globalisierten Welt orientieren zu können.
Ein modernes Reinkarnationsmodell ist vorwärts gewandt – die vergangene Gegenwart versucht uns zu überholen.

Über die Autoren

Grazyna Fosar • Franz Bludorf

Autoren der Bestseller „Vernetzte Intelligenz“, „Zaubergesang“ und „Fehler in der Matrix“

Grazyna Fosar studierte Physik und Astrophysik, Franz Bludorf Mathematik und Physik. Nach längerer Tätigkeit im Wissenschafts- und Forschungsbereich zusätzlich Ausbildung als Heilpraktiker und Hypnosetherapeuten. Sie wohnen und arbeiten in Berlin.
Schwerpunkte ihrer Forschungsarbeit sind die Post-Quantenphysik des Bewußtseins, Geomantie sowie Umweltbelastungen durch elektromagnetische Frequenzen. Seit 1989 sind sie Herausgeber des Magazins KonteXt. Sie sind Autoren zahlreicher Bücher zu populärwissenschaftlichen und grenzwissenschaftlichen Themen, die in mehrere Sprachen übersetzt wurden:

Top Secret Umbra • Terra Incognita • Zeitfalle • Im Netz der Frequenzen • Fehler in der Matrix • Zaubergesang • Spektrum der Nacht • Vernetzte Intelligenz • Das Erbe von Avalon • Resonanz der Psyche • Reif für die Zukunft • Der kosmische Mensch • Dialog mit dem Unsichtbaren

Grazyna Fosar und Franz Bludorf sind durch zahlreiche Fernseh- und Rundfunkauftritte bekannt (u.a. SAT-1, RTL, TV-Berlin/TV-München, Bayerischer Rundfunk, FAB-Berlin, Sender Freies Berlin, Radio "FRITZ"/SFB, News-Talk-99,6, BBC-Inforadio). Franz Bludorf ist seit Dezember 2004 Chefredakteur der Zeitschrift Matrix3000, Grazyna Fosar leitet dort die Ressorts Wissenschaft und Grenzwissenschaft. Darüber hinaus publizieren sie regelmäßig Artikel in weiteren Zeitschriften (u.a. Raum&Zeit, Magazin2000plus).

Auf der Internet-Site der Autoren finden Sie eine Vielzahl von Informationen, die weit über die Themen dieses Buches hinausgehen.

Kontakt zu den Autoren:
Grazyna Fosar • Franz Bludorf • Postfach 242 · D-12112 Berlin
Fax: 030-79 01 48 94
E-Mail: mail@fosar-bludorf.com
Internet: www.fosar-bludorf.com

Register

Grazyna Fosar
Franz Bludorf
Zeitfalle
Michaels Verlag

Grazyna Fosar • Franz Bludorf
Im Netz der Frequenzen
Elektromagnetische Strahlung, Gesundheit und Umwelt • Was man darüber wissen muß

Grazyna Fosar
Franz Bludorf
der Matrix
Leben Sie nur, oder wissen Sie schon?
Michaels-Verlag

MVV

Michaels Verlag & Vertrieb GmbH
Ammergauer Str. 80 - 86971 Peiting, Tel.: 08861-59018
Fax: 08861-67091, e-mail: mvv@michaelsverlag.de
Internet: www.michaelsverlag.de

Wilfried Hacheney

Feuer - Geheimnis der Geburten

168 Seiten, 8 Abb., EUR 22,80

ISBN: 3-89539-805-5 (Hardcover)

Die Geschichte des Feuers ist die Bewußtseinsgeschichte des Menschen. Das sichtbare Feuer ist nur eine Position des Feuers, nur eine der möglichen Erscheinungsformen innerhalb eines umfassenden Kräftestufenplanes.

"Im Feuer wird Sein zum Werden. Im Feuer erneuert der Mensch die Gottheit. Im Feuerdurchgang findet der Mensch die Freiheit - zur Gestaltung einer neuen Welt. Im Feuer begegnet der Mensch dem Heiligsten - nämlich sich selbst ..."

Wilfried Hacheney

Paradies auf Erden

ca. 80 Seiten EUR 9,90 ISBN: 3-89539-621-4 (Softcover')

Das Büchlein basiert auf mehrere Aufsätze der Matrix3000 und stellt die Aufgabe des Menschen in den Mittelpunkt.
Kein Buch über seine physikalische Forschungsarbeit
-kein "Wasserbuch" sondern eine Betrachtung über das Wesentliche dem alles zugrunde liegt.Ein kleines, leicht verständliches Grundlagenwerk.

MVV Michaels Verlag & Vertrieb GmbH
Ammergauer Str. 80 - 86971 Peiting, Tel.: 08861-59018
Fax: 08861-67091, e-mail: mvv@michaelsverlag.de
Internet: www.michaelsverlag.de

Tepperwein / Aeschbacher

Von der Sprachlosigkeit in Beziehungen

Euro 24.90 ISBN 3-89539-202-2

Dieses Buch verwebt auf meisterhafte Art und Weise Tiefenpsychologie mit Gesetzen der praktischen Lebensführung, Rhetorik mit unbewussten geistigen Gesetzmäßigkeiten. Beziehung ist ein Lernspiel. Das Buch erklärt die Regeln, nach denen das Spiel abläuft.
Hier wird kein Blatt vor den Mund genommen. Zugleich bedient sich die Sprache der Autoren eines gehobenen Niveaus, das nie die Fassung verliert.

Tepperwein / Aeschbacher

Die Kraft der Intuition - Die geistigen Gesetze

Euro 21.90 ISBN 3-89539-204-9

Das Buch kann Ihr Leben verändern!
Geht es doch um die Grundfragen des Lebens und eine faszinierende Möglichkeit, Ihr Leben neu zu gestalten: erfolgreicher, harmonischer, glücklicher und liebevoller.
Könnten Sie sich vorstellen, jahrelang blind durch das Leben geirrt zu sein und plötzlich sehen zu können?
Das Buch lädt Sie ein, die Augen zu öffnen und Ihr Leben im Licht zu führen.

Tepperwein / Aeschbacher

Der Mann in den Jahren

Euro 24.90 ISBN 3-89539-203-0

Dem Leser öffnet sich durch das Studium dieses Buches die Türe zu einem völlig neuen Umgang mit sich selber und mit seinen Mitmenschen in seiner Eigenschaft als Mann. Hierfür bedient es sich detaillierter Übungen, praxisnaher Rezepte aber auch klassischer Weisheitslehren, die hier in einem völlig neuen Gewand präsentiert werden.
Frauen, die ihre Männer besser verstehen wollen, erhalten hier wertvolle Tipps, um auch ihren Froschkönig in einen Prinzen zu verwandeln.

MVV

Michaels Verlag & Vertrieb GmbH
Ammergauer Str. 80 - 86971 Peiting, Tel.: 08861-59018
Fax: 08861-67091, e-mail: mvv@michaelsverlag.de
Internet: www.michaelsverlag.de

Arthur M. Miller

Büchlein wider die Schwermut

EUR 12,80 ISBN: 3-89539-493-9

Es ist für uns als Verlag eine große Freude nach dem „Büchlein vom reinen Leben“ ein weiteres Werk von Arthur Maximilian Miller veröffentlichen zu dürfen.
Das Buch: „Büchlein wider die Schwermut“ ist eine meditative Betrachtung über die Schwermut und wie wir sie wandeln können. Ein Text der aufmerksame Herzen verdient.

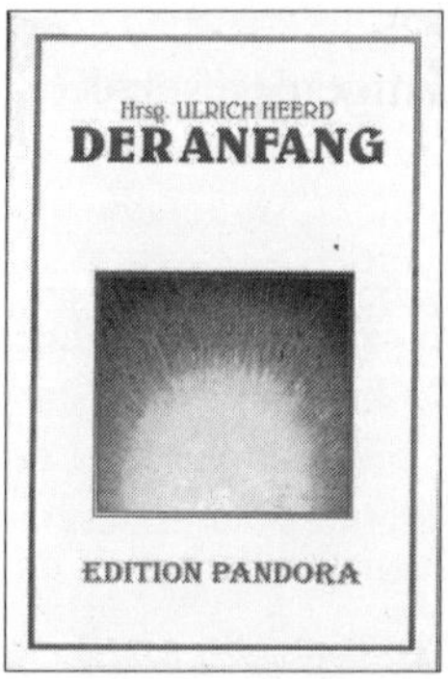

Ulrich Heerd

Der Anfang

EUR 9,50 ISBN: 3-89539-298-7 (Paperback)

Der Autor erzählt von der „Mitte der Nacht“ und beschreibt seine persönliche „Einweihung“. Er schildert uns seine Begegnung mit einer Wesenheit, die er „Maria Sophia“ nennt, und an ihrer Hand durchschreitet er die Sternensphäre, um am „See ihrer Augen kniend“ den Urbeginn der Schöpfung zu sehen.
Das Buch hat nicht den Anspruch, letzte Wahrheiten zu verkünden, „denn der Welt ist nicht Not an Antworten. Der Welt mangelt es an wirklichen Fragen.“
Eine Reise zum Beginn der Zeit.

Arthur M. Miller

Das Büchlein vom reinen Leben

EUR 11,00 ISBN: 3-89539-101-5 (Leinen gebunden)

Dieses Buch ist ein Schulungsweg, es ist ein fast kindlich anmutendes Werk, eine Meditation über die Reinheit. Einfach in der Sprache weckt es die „gute Seite“ in den Seelen der LeserInnen.
Ein liebenswertes Büchlein über die Einfachheit, die Einheit und die Reinheit. Ein Buch, das die tiefsten Seelenschichten anspricht und vor dessen Klarheit sich kein Leser verschließen kann.

MVV Michaels Verlag & Vertrieb GmbH
Ammergauer Str. 80 - 86971 Peiting, Tel.: 08861-59018
Fax: 08861-67091, e-mail: mvv@michaelsverlag.de
Internet: www.michaelsverlag.de

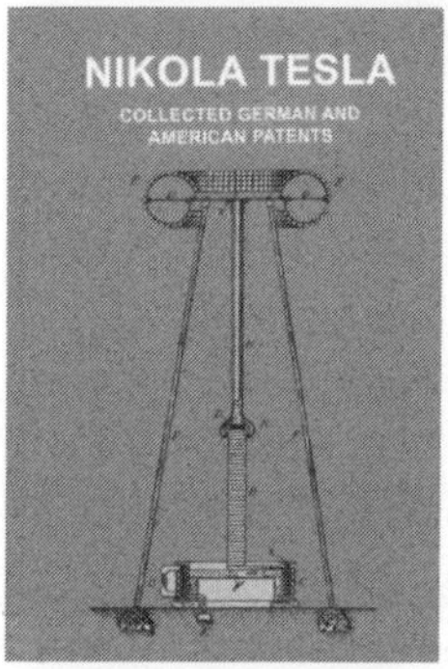

Nikola Tesla

TESLA-PATENTE

Hardcover, 816 Seiten
dt./engl. Sprache, EUR 76,90 ISBN: 3-89539-246-4

Dieses Werk komplettiert das Gesamtwerk Nikola Teslas. Auf über 800 Seiten werden alle deutschen und US-Patentschriften Teslas veröffentlicht.

Nikola Tesla

Der Bildband

EUR 29,90 ISBN 3-89539-239-1

Mit Nikola Teslas Bildband veröffentlicht die Editon Tesla einen weiteren Schatz. Nach der Gesamtausgabe aller verfügbaren original Tesla-Texte (inzwischen auch in englisch) und sämtlichen deutschen und amerikanischen Patenten nun das zweisprachige Werk (englisch / deutsch) von über 100 bisher meist unveröffentlichten Fotos aus dem Leben und der Arbeit des Genies.

Nikola Tesla

Der Erfinder des Radios

ca. 224 Seiten, ISBN 3-89539-230-8, Euro 21,90

Bei einem Gerichtsverfahren zwischen Marconi Company und Atlantic Communication Company (Nikola Tesla) im Jahre 1915 wurde einwandfrei festgestellt: der alleinige Erfinder des Radios und aller dazugehörenden Patente ist nicht Marconi sondern Nikola Tesla.Das Interview stellt aber ein einmaliges geschichtliches Dokument dar, das nicht hoch genug bewertet werden kann.

Das Magazin zu diesen Themen

MATRIX3000

Einzelheft: EUR 6,50 - Abo Inland (6 Ausg.): EUR 39,00
Abo Ausland (6 Ausg.) EUR 48,00

Eine verbindende Brücke

... zwischen Wissenschaft, Spiritualität, Politik und Kultur zu bauen und den Horizont für neue Erkenntnisse zu öffnen, ist das erklärte Ziel der Zeitschrift Matrix3000. Themen- und Autorenauswahl zeigen das breite Spektrum, das seit 1999 behandelt wurde.

Neue Wissenschaft

Levitationsforschung, Antigravitation, morphische Felder, Flanagan-Forschung, Phänomene, Nanometrie, Tesla, Haarp, Mobilfunk, Freie Energie...

Therapie und Gesundheit

Radionik, Germanium, Ecotherapie, Familienaufstellungen, Impfen und homöop. Alternativen, Klangtherapie, micraVision, Megamin, Ritalin ...

Macht und Schatten

Bewußtseinskontrolle, Zinswirtschaft, Strahlencocktail à la Handy, Strahlenopfer in Deutschland, Berliner "Glücks"frequenzen...

Kulturelle Wurzeln

germanische Edda, Mayaforschung und Atlantissuche, Keltenschanzen, Kaspar Hauser, Schamanismus, Hermes Trismegistos...

Bewußtsein und Spiritualität

Meditationen zum Tarot und christliche Hermetik, Hl. Geometrie, organisches Handeln, Sphären der Obertonmusik, Geomantie...

Mehr zu Themen und Autoren finden Sie im Internet: **www.matrix3000.de**